마흔,
논어를
읽어야할
시간

'내 인생의 사서四書' 시리즈

고전을 소개하기로 했을 때 처음에 『논어』에서 시작했다가 『중용』으로 이어지고 다시 『대학』과 『맹자』를 준비하면서 사서 시리즈를 생각하게 되었다. 『논어』는 복잡한 삶에서 지켜야 할 고갱이를 말한다. 『중용』은 이리 치이고 저리 흔들리는 삶에서 중심을 잡아 평범함의 가치를 새삼 느끼게 한다. 『대학』은 삶을 이끌어가는 생각의 집을 짓기 위해 갖추어야 할 설계도를 간명하게 그리게 한다. 『맹자』는 세상이 나와 다르더라도 꿋꿋하게 내 길을 걸어가는 기개를 말한다.

이처럼 사서를 따로 읽고 또 겹쳐 읽으면 『논어』에서 보지 못한 것을 『중용』에서 볼 수 있고 또 『논어』에서 본 것을 『중용』에서 다시 만날 수 있다. 『맹자』에 없는 것을 『대학』에서 만날 수 있고 『맹자』에서 본 것을 『대학』에서 재회할 수 있다. 사서는 따로 있는 것이 아니라 서로 함께 있으면 서로가 빛이 나게 도와주는 역할을 한다. 『논어』에 그치지 않고 다른 세 권으로 책읽기를 넓혀간다면 동양 고전에서 말하는 '사상 자원'을 제대로 만날 수 있다. 우리는 사서를 통해 유학의 고전에 묻혀 있는 사상 자원을 캐내서 삶의 여정과 그 여정을 통해 일군 생각의 집을 더 풍성하고 아름답게 일구게 될 것이다.

인생의 굽잇길에서 공자를 만나다

마흔, 논어를 읽어야할 시간

신정근 지음

21세기북스

옛말에 "십 년이면 강산도 변한다"라고 한다. 세상사의 변화무쌍함을 이르는 말이다. 요즘 십 년이 되기도 전에 세상이 확 바뀐다. 특히 인공지능, 사물인터넷, 감성로봇, 플랫폼 산업 등 4차 산업혁명이 화두가 되면서 그 변화가 더더욱 빨라지고 있다. 앞으로 변화의 속도가 더 빠르면 빠르지 더 느려지는 일은 없을 듯하다.

세상이 빠르게 바뀌는 것을 막을 수는 없다. 변하는 것을 막는다고 하더라도 변화의 시간을 조금 늦출 수 있지만 변화 자체를 막을 수는 없다. 세상이 바뀌더라도 바뀔 수 없는 것도 있다. 일찍이 공자는 세상사의 변화에서 더할 것은 더하고 뺄 것은 빼는 손익損益 작업을 해야 하지만 삶을 지탱하는 원칙은 바꿀 수 없다고 말한 적이 있다. 그것이 바로 『마흔, 논어를 읽어야 할 시간』에서 함께 이야기하고자 했던 '삶의 고갱이'라고 할 수 있다.

『마흔, 논어를 읽어야 할 시간』이 나온 지도 팔 년의 시간이 지났다. 빠른 세상의 흐름에 비춰보면 책의 내용이 그대로 있을 수가 없다. 사례나 예시 그리고 내용에서 팔 년 전의 흐름에서 쓴 부분이 있다. 그중에는 시대를 비춰보는 거울로서 여전히 생명력을 지니고 있지만 일부는 철 지난 이야기라는 느낌을 주는 경우가 있다. 팔 년의 시간은 철 지난 이야기의 느낌을 더 크게 만들었다. 이리하여 개정판을 내는 용기를 내게 되었다.

『마흔, 논어를 읽어야 할 시간』이 나오면서 사람들이 고전을 대하는 태도가 조금 달라졌다는 느낌을 받았다. 이전에는 한자와 한문에 익숙한 경우 "요즘 사람들은 동양의 고전이 얼마나 좋은지 왜 모를까?"라고 말하지만 친숙하지 않을 경우 "옛날 옛적 이야기가 오늘날에 무슨 소용이 있을까?"라고 말하며 편이 나뉘어져 있었다. 이 책을 접하면서 많은 분이 '동양 고전도 현대인의 심성에 맞닿을 수 있다'라며 긍정적인 관심을 보여주었다.

그 이유야 여러 가지가 있겠다. 한자와 한문을 잘 몰라도 원문과 번역문에 좀 더 친근하게 다가갈 수 있고 내용도 과거보다 현대의 사례를 다루었기 때문에 관심을 열지 않았을까 생각해본다. 언어는 시대적으로도 바뀌고 사회적으로도 바뀌고 개인적으로도 바뀐다. 동양 고전의 언어는 시대와 사회에 따라 끊임없이 다시 쓰이면서 그 시대 사람과 만날 수 있게 된다. 같은 말이라도 "아 다르고 어 다르다"라고 하듯이 동양 고전의 언어도 끊임없이 탈바꿈을 할 수밖에 없다. 이는 팔 년 전에 나왔던 『마흔, 논어를 읽어야 할 시간』의 언어도 조금 바뀌어야 하는 이유이기도 하다.

『마흔, 논어를 읽어야 할 시간』이 삶의 고갱이를 다루는 만큼 그 내용은 글을 쓴 나 자신에게로 되돌아온다. "나는 그렇게 살았을까?" 이 물음은 나를 돌아보게 하는 습관이 되게 만들었다. 오늘날 사회가 절대주의가 아니라 다원주의의 특성을 보이므로 이 책의 내용은 '이런 점을 생각해보면 어떨까?'라는 일종의 제안이다. 제안을 받아들일 수도 있고 더 좋은 쪽으로 생각을 해볼 수도 있고 거꾸로 다른 제안을 할 수도 있다. 이 책의 제안으로 이야기꽃이 활짝 피어 삶이 윤택해지기를 바란다.

특히 개정판 『마흔, 논어를 읽어야 할 시간』은 『중용』 『대학』 『맹자』와 함께 사서四書 시리즈의 한 권으로 자리하게 된다. 서로 겹쳐 읽는다면 유학에서 이야기하고자 했던 삶의 고갱이를 더 다양하고 확실하게 만날 수 있으리라.

『논어』의 고갱이를 가졌는가

일의 흐름을 끊었다가 다시 시작하거나 반가운 사람을 만날 때 빠뜨릴 수 없는 것이 있다. 바로 커피다. 나는 처음에 『논어』가 에스프레소와 닮았다고 생각했다. 에스프레소가 커피의 커피이듯이 『논어』는 사서삼경 중에서 으뜸 자리를 차지하고 있기 때문이다. 하지만 다시 생각해보니 아무래도 에스프레소는 『역경』에 더 어울릴 듯하다. 『역경』은 개인이든 조직이든 공동체든 생과 사, 길과 흉이라는 운명을 다룬다. 사람에게 운명만큼 진하고 쓴맛이 어디 있겠는가. 그래서 나는 에스프레소 자리를 『역경』에게 넘겨주고 『논어』에 어울리는 커피를 다시 생각해봤다.

　일단 『논어』는 문장이 강건하지도 않고 웅변적이지 않으며 잔잔하다. 내용도 추상적이거나 고차원적이지 않고 지상파 방송의 아침 프로그램처럼 귀와 눈에 쉽게 들어온다. 그래서 다들 쉽게 『논어』에 달려들지만 실상 접하고 나면 "에이, 겨우 이딴 소리 가지고는……"이라며 책을 집어 던질 수 있다.

　사실 중국 철학사를 통틀어 관심이 가장 넓고 생각이 가장 깊으며 종합 능력이 둘째가라면 서러운 송나라의 철학자 주희도 처음에는 『논어』에 별다른 매력을 느끼지 못했다. 그냥 늘 부모님으로부터 듣는 '좋은 말씀'과 같은 잔소리로 생각했을 정도다. 조선의 이이도 그랬다. 두 사람은 도교와 선불교에 심취하는 등 먼 길을 돌아온 뒤에야 비로소 『논어』의 매력에 푹 빠져서 그 묘미를 느끼기 시작했다. 쉬우면서도 깊은 맛이 바로 『논어』의 특징이다.

그래서 나는 『논어』를 카페모카에 견주어본다. 우리는 처음에 입술과 혀로 초콜릿 가루를 만난다. 다음으로 잔을 약간 기울이면 느리게 움직이는 구름 같은 휘핑크림을 만난다. 휘핑크림이 입술에 닿을라치면 어느 사이에 에스프레소와 데운 우유로 된 카페라테가 입속으로 쏙 들어온다. 다른 맛의 침입에 잠시 움찔하지만 좀 있다가 다시 컵을 기울인다. 기호에 따라 달리 만들어 먹겠지만 카페모카의 세 가지 맛과 느낌은 그렇게 진하지도 그렇게 자극적이지도 않다. 혀를 잘 굴리면 다르면서도 한곳에 어우러진 맛을 음미할 수 있다.

인생이 어찌 한 층으로 되어 있겠는가. 『논어』도 여러 층으로 되어 있다. 따라서 『논어』도 평이하지만 사람에 따라 읽을 때마다 맛이 다르다. 이 때문에 "이거 왜 이래!"라고 흠칫 놀랄 수는 있지만 금방 다른 맛으로 버무려진 맛의 향연을 즐기게 될 것이다. 카페모카의 잔을 기울이면 또 다른 맛을 느낄 수 있듯 『논어』도 읽고 들여다보면 다른 맛이 나의 마음으로 들어와 자리를 차지한다. 그때 카페모카가 주는 맛과 느낌만큼이나 『논어』가 주는 맛과 느낌도 부드러우면서도 깊다.

공자는 『논어』에서 세상 사람들을 괜찮게 만들어서 사람 사이를 아름답게 물들이는 품격을 이야기하고 있다. 사실 공자라고 하면 사람들은 그를 개인의 인격에 초점을 맞춰 성인이라 말한다. 그만큼 그와 나 사이에 차이가 벌어지게 된다. 하지만 공자를 철학과 종교의 성인으로 높이 띄우기 이전에 고단한 시대를 슬기롭게 헤쳐나간 지도자로 보자.

그는 오늘날보다 더 빡빡했으면 빡빡했지 결코 느슨하지 않았던 시대를 살며 절망 속에 희망을 길어내고 혼란 속에 질서를 찾아내 그것을 널리 퍼뜨리려고 안간힘을 썼던 인물이다. 이로 인해 '주유철환周遊轍環'이란 말이 생겨났다. 수레를 타고 세상을 뺑뺑 돌아다녔다는 뜻이다. 여행 때문이든 사업 때문이든 오늘날 우리도 비행기를 타고 세계 곳곳을 누빈다. 빗대어 표현하면 '주유기환周遊機環'이라고도 할 수 있겠다. 이처럼 우리도 인생의 굽이를 넘어가며 저 한 사람은 기본이거니와 딸린 사람과 걸음을 맞추며 앞으로 나아가지 않는가! 이끌어간다는 점에서 나와 다를 바 없는 공자를 통해서 인생과 사회의 난제를 푸는 비결을 이야기해 보자.

요즘도 사람이 둘만 모여도 내가 잘났니 네가 잘났니 다투며 우당탕 싸우기 마련이다. 그런데 공자는 출신 성분이 다른 3000여 명의 제자 집단을 이끌면서 그들 사이를 탁월하게 조율해 개개인의 능력을 최대로 끌어올렸다. 물론 그가 만들어낸 것은 사람들이 먹고 입는 생필품이나 먹고사는 문제를 풀어내는 자본이 아니었다. 그것은 지혜이자 의미였다. 그것이 얼마나 깊으면 3000여 명의 목마름을 풀고도 남았으며 허기를 채우고도 남았을까? 이로 인해 공자의 말과 행동이 그의 죽음과 함께 사라지지 않고 시대를 넘어 오늘날까지도 인류의 정신적 자산으로 이야기되는 것이다. 이렇게 보면 우리는 『논어』를 통해 공자라는 역사적 인물의 품격을 엿볼 수 있을 뿐 아니라 커다란 조직을 살맛나는 공동체로 만들어가는 지도자의 품위를 느낄 수 있다.

이 책에서는 주로 두 가지를 살펴보려고 한다. 하나는 공자의 말을 통해서 '나' 자신이 품격 있는 사람이 되기 위해서 갖춰야 하는 덕목을 알아보는 것이고, 다른 하나는 공자가 어떤 덕목을 어떻게 발휘했기에 주위 사람들과 목표를 함께하며 자신들의 세계를 만들어갔는지를 알아보는 것이다. 『논어』에 나오는 말로 하면 이 둘은 '수기안인修己安人'이라고 할 수 있다. 자신을 잘 건사하면서 주위 사람들을 편안하게 하는 것이다. 우리가 무엇을 위해서 그렇게 해야 하느냐고 물을 수 있지만 결국 우리네 인생도 수기안인으로 요약되지 않겠는가? 이처럼 수기안인은 오래된 질문이지만 낡은 질문이 아니다. 그것은 수시로 끄집어내서 나의 앞길을 비춰보도록 만드는 빛과 같은 것이다.

『논어』와 관련해서 재미있는 이야기가 있다. 태조 조광윤을 도와 송나라를 일으켰던 조보趙普라는 사람이 있었다. 그는 일찍이 전쟁터에서 사느라 글을 읽을 짬이 없었다. 송나라를 세운 뒤에 그는 퇴근하면 문을 걸어잠근 채 책읽기에 공을 들여 학식을 쌓게 되었다. 하지만 조광윤이 죽고 태종이 즉위한 뒤에 조보가 승상이 되자 주위 사람들은 조보의 짧은 가방끈을 두고 수군거리기 시작했다. 겨우 『논어』 반쯤 읽은 사람이 뭘 하겠느냐는 투였다. 조보는 이런 소문을 듣고서 자신을 변명하지도 않고 허세를 보이지도 않았다.

그는 솔직하게 말했다. "지난날 『논어』 반 권의 지식으로 태조를 도와 천하를 안정시켰으니 이제 그 반 권의 지식으로 태종을 도와 태평한 세상을 만들겠다." 이 일로 인해서 '반부논어半部論語'니 '반부논어치천하半部論語治天下'라는 고사가 생겨났다.

사실 우리가 이 세상을 살아가는 데 꼭 많은 지식이 필요한 것은 아니다. 많이 안다고 꼭 인생을 잘사는 것도 아니다. 또 많이 배웠다고 꼭 투자를 잘하고 사업을 잘 경영하는 것도 아니다.

문제는 핵심이다. 나무에 비유하면 고갱이다. 중요한 것은 많이 외워서 때에 맞게 읊조리는 것이 아니라 고갱이를 꽉 잡고서 언제 어디서든지 그것을 자유롭게 쓰는 것이다. 그렇게 하려면 단순히 들어본 것으로는 부족하고 그냥 아는 것으로도 부족하다. 제대로 알아서 언제든지 불러낼 수 있도록 아는 것이 늘 준비된 상태에 있어야 한다. 그러기 위해서는 많이 아는 것이 아니라 핵심을 제대로 알아야 한다.

우리는 『논어』를 좀 안다며 여기저기 떠벌리는 허풍쟁이가 되지 않고 조보가 되어야 한다. 『논어』를 피와 살이 되도록 읽어야 하는 것이다.

차례

1강 적용 굽잇길을 돌파하는 공자의 인생 매뉴얼

2강 감동 천년의 스승, 공자의 감동 리더십

3강 본보기 공자가 가려 뽑은 최고의 인물 열전

4강 형상화 어떻게 살아야 할지 막막한 당신에게

5강 덕목 내 인생의 꽃을 피우는 공자의 가르침

6강 핵심 절대 흔들리지 않는 나만의 가치

일러두기

1 『논어』 원문 번역은 신정근, 『공자씨의 유쾌한 논어』(사계절, 2011, 3쇄)에 따른다. 이 책과 『공자씨의 유쾌한 논어』는 자매편으로 서로 단점을 보완할 수 있다.

2 원문을 설명하면서 '입문入門'(문에 들어섬), '승당升堂'(당에 오름), '입실入室'(방에 들어섬), '여언與言'(함께 말하기)의 단계를 설정해서 빠른 걸음으로 진행하면서도 정확하며 깊이 있는 이해가 가능하도록 했다. '입문'은 해당 구절의 현대적인 맥락을 소개하고, '승당'은 『논어』의 원문을 독음과 번역을 곁들여서 제시하며, '입실'은 『논어』 원문에 나오는 한자어의 뜻과 원문 맥락을 풀이하고, '여언'은 『논어』를 현대 관점에서 되새겨볼 수 있는 방안을 제시하고 있다. 이들 말은 모두 『논어』에서 따온 것이다. 예컨대 '입문'은 19,23/511에서, '승당'과 '입실'은 11,15/283에 나오고, '여언'은 03,08/048, 07,29/180, 15,08/403에서 따왔다. 이 중 앞의 세 가지는 이미 널리 쓰이지만 '여언'은 여기서 처음으로 사용한 것이다.

3 『논어』를 모두 101가지 주제로 나눠 원문의 의미를 정확하게 풀이해 일상생활의 해당 상황에서 적용할 수 있도록 만들었다. 이를 위해 먼저 『논어』 전문을 크게 여섯 가지 범주, 즉 6강綱으로 분류하고 6강을 각각 31, 22, 21, 9, 12, 6가지의 세부 주제별, 즉 101조목으로 분류했다. 이 책은 내가 『논어』를 따라가는 것이 아니라 나의 관심사에 따라 『논어』를 끌어올 수 있도록 만든 것이다.

4 이해와 식별의 편리를 위해 원문을 네 글자로 압축해 표제어로 제시했는데, 이를 위해 『논어』 원문에다 강조점을 두고 밑줄을 그었다.

5 6강과 101조목은 구체적인 문제에서 시작해서 추상적인 가치로 끝맺는 순서로 이루어져 있다. 처음에 우리가 일반적으로 부딪히는 상황에 관련된 『논어』 원문을 살펴보고 차츰 뒤로 가면서 『논어』에서 강조하는 핵심 가치를 이해하도록 했다. 필요에 따라서는 뒤에서 앞으로 읽어도 무방하다.

6 전체 101조목은 한 달에 스물다섯 가지씩 읽으면 네 달 만에 다 읽을 수 있다. 그렇게 세 번 되풀이하면 1년에 세 차례를 읽게 된다. 그러면 『논어』의 세계가 나의 삶으로 걸어들어올 것이다.

7 『논어』의 같은 구절도 원문 번역과 표제어 제시 등 맥락에 따라 각기 달리 표현했다.

8 『논어』 구절의 출처를 밝히기 위해 숫자를 사용했다. 예컨대 「학이」의 다섯 번째 장에 나오면 01,05/005로 표기했다. 01,05는 제일 첫 편의 다섯 번째 장을 가리킨다. 『논어』 전체를 편장으로 구분하지 않으면 모두 516장으로 되어 있는데 005는 그중 다섯 번째 장이라는 것을 가리킨다. 이 분류는 『공자씨의 유쾌한 논어』의 분류에 따랐다.

1강 적용

굽잇길을 돌파하는
공자의 인생 매뉴얼

1강에서는 우리가 인생에서 만나는 서른한 가지 문제를, 공자가 제안한 매뉴얼에 따라 풀어보고자 한다.

살다 보면 우리는 해결하기 어려운 문제를 만나곤 한다. '문제'는 영어로 problem이다. problem은 '~앞에'라는 pro와 '놓다'라는 blem이 합쳐진 말이다. 나의 문제, 즉 my problem은 내가 걸어가는 길 앞에 방해물이 떡 버티고 있는 것이다. 우리가 차를 가지고 어디로 가는데 길에 커다란 돌이 놓여 있는 경우를 상상해보라. 기도한다고 될 일이 아니고 마법을 걸 일도 아니다. 내가 스스로 돌을 치우지 않는 한 나는 앞으로 나아가지 못한다. 혼자 힘으로 움직일 수 없다면 머리로 온갖 생각을 짜내서 돌을 옮길 궁리를 하게 된다.

그렇다면 나의 인생길에 커다란 돌덩이와 같은 문제가 생긴다면 어떻게 해야 할까? 당연히 치워야 한다. 어떻게? 나의 힘으로 되지 않을 때 우리는 나를 넘어선 다른 곳으로 눈을 돌릴 수밖에 없다. 그때 가장 손쉬운 해결책이 바로 책이다. 『논어』를 바로 그런 책으로 읽어보자. 언제 어디에서 무슨 일이 터질지 모르는 인생사의 굽이에서 손쉽게 꺼내볼 수 있는 책으로 말이다.

가끔 죽고 싶도록 힘이 들 때가 있고, 한 걸음조차 옮길 힘이 없을 때가 있다. 그때 어머니, 사랑하는 사람, 추억의 한 장면, 아이의 웃음, 감동받았던 영화, 사진 등 중에 하나라도 우리의 시야를 지나가면, 축 늘어졌던 팔과 다리에 힘이 들어가고 포화 상태에 있던 뇌에 신선한 공기가 공

급되기 시작한다. 마법과도 같다. 생각이 극단적으로 치달릴 때도 그렇다. 책 속에서 읽었던 한 구절이 나를 붙잡을 수 있다.

이제 『논어』를 이렇게 읽어보자. 내가 문제 상황에 놓여서 어찌할 줄 모르거나 어려움에 빠져서 손쓸 도리가 없을 때 가장 먼저 떠올릴 수 있는 해결의 실마리로 말이다. 사람마다 인생에서 만나는 문제야 제각각 다르겠지만 대부분 다음 여섯 단계를 겪으면서 해결의 실마리를 찾는다. 문제를 만나면 '결단(01~05) → 변화(06~10) → 실행(11~15) → 궤도(16~20) → 성공(21~25)과 실패(26~30) → 은퇴(31)'의 수순을 겪는다. 이 사이클을 되풀이하다가 한계 때문이든 나이 때문이든 은퇴(세대교체)를 하게 된다. 앞의 여섯 가지 단계마다 『논어』에서 5구절을 뽑고 세대교체와 관련해서 1구절을 뽑았다. 모두 31구절이다. 하루에 한 꼭지씩 읽으면 한 달이 걸린다. 이 사이클은 한 달 중 초순의 결단과 변화, 중순의 실행과 궤도(안정화), 월말의 성공과 실패라는 결과와 맞물리면서 마지막 31일은 은퇴(세대교체)에 대응할 수 있다.

31구절, 『논어』의 내용을 주로 네 글자로 압축해서 상황에 맞게 내놓았다. 실생활에 그대로 써먹다가 나중에 자신의 생각을 덧보태 창조적으로 활용할 수 있게 되기를 바란다.

01
응시

잘못을 고치기에 우물쭈물하지 않는다

물탄개과勿憚改過(01.08/008)

입문　사람, 특히 연예인이 가장 싫어하고 무서워하는 것은 무엇일까? 바로 자신의 화장하지 않은 얼굴이라고 한다. 감추고 싶은 것을 그대로 드러낼 수밖에 없기 때문이다. 최근 리얼리티 TV 프로그램이 인기다. 가능한 한 단점을 감추려는 속성을 갖는 연예인이 화장기 없고 푸석푸석한 얼굴을 그대로 드러내고 알리고 싶지 않은 사적 비밀까지도 무의식중에 밝힌 것이다. 그런데 시청자들은 역설적으로 그걸 보고 그들에게 더 정감을 느끼고 호의를 갖는 모양이다.

　사람은 보통 자신의 단점을 드러내기를 좋아하지 않는다. 뜻하지 않게 단점이 드러났으면 재빨리 감추려고 한다. 예컨대 힐을 신은 여성이 시내버스를 급히 타려 하다가 중심을 잃고 넘어졌다고 하자. 그이는 어디를 다쳤는지 확인하기보다는 자신이 넘어져서 우스꽝스럽게 되었다는 데 더 민감해져 재빨리 그 자리를 벗어나려고 한다.

　숨기려고 해서 영원히 감출 수 있는 것은 아니다. 숨기부터 하고 고칠 것을 생각하지 않는다면 앞으로 숨길 일이 또 생길 수 있다. 정녕 무엇을 부끄러워해야 할까?

승당　공 선생이 이야기했다. "자율적 인간이 무겁게 굴지 않으면 권위가 서지 않고, 그럴 경우 배운 게 있더라도 굳건하지 않게 된다. 자율적 인간이라면 충실과 믿음을 자기 행동의 주인으로 삼고, 자기만 못한 자를 친구로 사귀지 말 것이며 잘못을 저지를 경우 반성하고서 고치는 일을 피하지도 싫어하지도 말라."

子曰: 君子不重, 則不威, 學則不固. 主忠信. 無友不如
자왈 군자부중 즉불위 학즉불고 주충신 무우불여
己者. 過則勿憚改.
기자 과즉물탄개

입실　중重은 무게가 무겁다는 뜻이지만 여기서는 사람이 무겁다, 가볍게 굴지 않는다는 뜻을 나타낸다. 위威는 위엄, 위세, 권위를 나타낸다. 고固는 굳다, 단단하다는 뜻이다. 주主는 임금, 주인, 주체, 가장 중요하다, 주되다, 위주로 하다는 뜻이다. 충忠은 진심, 충실, 진실의 뜻이다. 신信은 믿다, 진실하다, 진실의 뜻이다.

　무無는 기본적으로 없다는 뜻이지만 여기서는 '~하지 말라'는 물勿의 뜻으로 쓰인다. 우友는 벗, 벗하다는 뜻이다. 과過는 지나치다, 허물, 죄의 뜻이다. 탄憚은 꺼리다, 화내다, 주저하다라는 뜻이다.

여언　용기 하면 포탄이 쏟아지고 목숨이 위태로운 전쟁터를 쉽게 떠올릴 수 있다. 하지만 생각해보면 연인에게 사랑을 고백할 때도 용기가 필요하다. 사랑하면서도 뒤로 숨고 만날 기회가 생겨도 피해 다니느라 말 한 마디도 못하는 사람이 있다. 그래서 "용기 있는 자가 미인을 얻는다"라는 말이 생겨났을 것이다.

　우리나라처럼 체면을 중시하는 문화권에서는 자신의 단점이 사람들 앞에서 낱낱이 벗겨지는 것을 죽음보다도 끔찍하게 싫어하는 사람이 많다. 하지만 정작 중요한 것은 과실이나 단점이 있다는 것을 알면 고치는 것이다. 우리나라 사람은 단점이 드러나는 것을 끔찍하게 싫어하면서도 그것을 고치는 데는 그다지 열성적이지 않다.

그래서 공자는 힘주어 말했다. "잘못을 했다는 것이 문제가 아니라 잘못을 하고서도 고치지 않는다면 이게 바로 진짜 잘못이라고 할 만하다"(과이불개過而不改, 시위과의是謂過矣. 15.30/425). 우리는 이런 맥락에서 공자가 왜 안연을 그렇게 좋아하는지 알 수 있다. 공자의 평가에 따르면 안연은 자신이 저지른 잘못을 두 번 다시 되풀이하지 않았기 때문이다 (불이과不貳過. 06.03/124). 보통사람은 '불이과'는 아니더라도 '불십과不十過'라도 되면 좋을 것이다.

우리는 어떻게 하면 안연처럼 될 수 있을까? 가장 중요한 것은 우리가 자신의 단점을 정면으로 응시할 수 있는 용기를 갖는 것이다. 잘못을 마주하고서 인정하지 않는다면 잘못을 고칠 수 없다. 약속 시간에 30분이나 늦고서도 변명으로 일관하면서 다음에 잘하겠다고 하면 그 사람은 다음에도 늦을 것이다.

자신의 잘못을 인정해야만 다음에는 이전과 똑같은 방식으로 대응하지 않겠다는 회개의 굳센 의지가 생겨난다. 그 과정에서 일의 진행을 바둑의 복기처럼 천천히 되돌아보면서 언제 어느 지점에서 무엇이 문제가 되었는지를 샅샅이 찾아내게 되고, 다음에 그것이 나타나려고 하면 굳세게 쳐내서 이전의 문제를 되풀이하지 않을 수 있다.

예컨대 술로 문제를 일으키는 사람이라면 술자리 후 다른 사람들에게 먼저 정중하게 사과해야 한다. 그리고 피해를 입은 상대에게 자신이 언제 어떤 잘못을 했는지 물어야 한다. 이로써 정확하게 무엇이 문제인지 진단이 끝나는 것이다. 다음에 술을 마실 때 이전과 같은 징후가 엿보이기 시작하면 아예 술을 마시지 않거나 상대의 양해를 구해서 자리를 떠야 한다. 그렇지 않으면 불이과는 불가능할 뿐만 아니라 백과百過 아니 천과 千過로 이어지게 될 것이다. 나에게 잘못이 있을 때 만인이 보는 광장에서 발가벗은 채로 서 있을 수 있는 용기를 발휘한다면 '불이과'에 가까워질 것이다.

02 **고독**	**고상함의 길은 외롭지 않다** 덕불고德不孤(04.25/091)

입문　사람을 좌절하게 해서 힘들게 하는 것이 무엇일까? 여럿이 있겠지만 고독만큼 견디기 어려운 것도 없다. 고독에도 여럿이 있다. 첫째, 처벌을 받아서 누구도 '나'를 아는 척하지 않는 고독이 있다. 둘째, 함께 출발했지만 애써 노력해도 자꾸만 뒤로 처지면서 겪는 고독이 있다. 셋째, '내'가 가고자 하는 길이 타당한데도 누구의 동조를 받지 못해 버려지는 느낌이 드는 고독이 있다. 넷째, 시대를 너무 앞서갔던 탓에 세상으로부터 따뜻한 눈길을 받지 못하는 처절한 고독이 있다.

　고독이 깊어지면서도 길이 나뉜다. 고독에 넘어져 서서히 무너지는 경우도 있고 고독에 아랑곳하지 않고 꿋꿋하게 버티는 경우도 있다. 공자는 고독을 심하게 앓은 모양이다. 그는 고상함에서 고독을 이겨내는 힘을 찾고 있다.

승당　공 선생이 들려주었다. "고상함(흡인력)의 길은 외롭지 않다. 반드시 함께하려는 이웃이 있기 마련이다."

子曰：德不孤, 必有鄰.
자 왈　덕 불 고　필 유 린

입실　고孤는 외롭다, 홀로의 뜻이다. 필必은 반드시, 꼭의 뜻이다. 린鄰은 이웃, 이웃하다의 뜻이다.

덕德은 우리말에서 유덕有德하다, 덕목德目, 덕성德性, 덕육德育, 덕장德將처럼 널리 쓰이고 있다. 여러 가지 용례가 있는 만큼 그 의미도 다양하다. 개념의 의미를 쉽게 알기 어려울 경우 반대 개념을 통해서 도움을 받을 수 있다. 여기서 덕은 력力, 리利와 반대로 쓰인다. 력은 육체적이거나 물리적인 힘을 가리킨다. 리는 물질적이거나 금전적인 소득을 가리킨다. 덕은 물리적인 힘과 다르지만 사람을 움직이고, 금전적 소득으로 환산되지 않지만 사람이 관심을 갖도록 만드는 특징을 갖고 있다. 덕은 고상한 사람에게 깃들어 있는 사람의 품격이라고 할 수 있다. 물론 고상함은 고고함으로 비춰져서 쉽게 다가서지 못하게 하는 측면이 있으면서도 저속하지 않아서 사람으로 하여금 닮고 싶은 바람을 일으키기도 한다. 우리나라 사람들은 명품이라면 사족을 못 쓴다. 이런 행태도 결국 물질적 측면에서 고상함을 소비하려는 변형된 심리를 반영하고 있는 것이다.

여기서 고상함의 덕을 너무 도덕적인 인격으로 한정시키지 말고 일을 추진하는 스타일, 주위 사람과 구별되는 개성, 변화를 일구는 지도력, 사람과 어울리는 태도 등으로 넓게 이해해보자. 우리는 스스로 생각할 때 합리적이고 타당한 주장을 하면 누구나 호응하리라 예상하지만 실제로 냉담한 반응에 적잖게 놀라기도 한다. 이렇게 상처를 받다 보면 다른 사람들 앞에 나서서 뭔가를 하자고 총대를 메기보다는 뒤에서 따라가려는 태도를 취하게 된다. 주위 사람의 인정을 받지 못하고 홀로 떨어져 있는 고독을 겪는 것이 너무나도 버겁기 때문이다.

공자도 자신이 걸어가는 길이 올바르다고 확신했지만 시대로부터 열렬한 지지를 받기는커녕 냉담한 거절을 당했다. 하지만 그는 낙담하지 않았고 자신이 가고자 하는 길을 간다면 어딘가에 자신을 이해해주고 자신의 어깨를 다독이며 따뜻한 말을 건네줄 사람이 있다고 확신하고 있다. 이는 괜한 허상이 아니라 있을 수 있는 삶의 실상이다. 공자는 역시 고독의 샘물을 적지 않게 마셔본 듯하다.

여언 세상살이에서 홀로 떨어지는 고독을 싫어하다 보니 우리 사회에서 제 한 몸을 지키는 처세술이 널리 퍼지게 되었다. 이를 두고 어느 날부터 갑자기 땅에 납작 엎드려서 꼼짝하지 않는다며 복지부동伏地不動이라고 비난하기 시작했다. 사람들은 복지부동을 고사성어처럼 알고 있지만 사실 출처는 군사 용어다. 핵폭발이 일어날 징후가 있으면 지하 대피소로 피하는 것이 제일 좋다. 그럴 여유가 없을 때는 핵폭발의 섬광을 눈으로 보지 말고 귀를 막고서 몸을 엎드린 자세를 하는데, 이때 배를 땅에 붙이지 않고 떼는 자세를 유지하는 것이 좋다. 배를 지면에 붙이지 않아야 폭발의 충돌을 흡수하지 않을 수 있다. 이 자세가 바로 복지부동이다. 이렇게 보면 우리는 복지부동을 말의 출처나 원의로부터 아주 동떨어지게 새로운 방식으로 사용하고 있는 셈이다. 요즘 복지부동은 정권 교체나 인사 발령이 있을 때 공무원 등이 문책당할 일을 하지 않거나 사소한 일조차 꺼리며 일손을 아예 놓고 있는 행태를 가리킨다. 즉 복지부동은 무사안일, 보신주의와 같은 뜻으로 쓰이고 있다.

복지부동이란 말을 들으면 안타깝기도 하지만 서글프기도 하다. 원래 사람이 나약하기 짝이 없기 때문이다. 이를 벗어나기 위해 개인의 영웅심에만 호소할 수 없다. 우리가 주위 환경에 좌우되지 않고 소신을 가지고 의욕적으로 일하는 사람을 우대하는 풍토를 만들어야 한다. 그렇지 않는 한 정권 교체 등 환경의 변화가 일어나는 상황이라면 으레 '복지부동'이란 말을 듣지 '덕불고'라는 믿음을 갖지 못할 것이다.

03
선택   두 차례 검토하면 충분하다
재사가의再斯可矣(05,21/113)

입문   사람은 선택 앞에서 서성거린다. 물론 미래를 알 수 있다면 선택하기가 쉽다. 선택지 중에 좋은 결과로 이어지는 것을 고르면 되니까. 하지만 인간은 신과 같은 예지를 가지고 있지 않으므로 선택을 재빨리 하지 못한다. 2010년 경기도지사 선거에 나왔고 2011년 김해(을) 국회의원 보궐선거를 지휘했던 유시민이 생각난다. 흔히 그를 두고 예선에서는 이겨도 결선에서 진다고 한다. 그는 너무 생각을 많이 한 것이 아닐까?

선택에 미적거리는 사람의 심리는 복잡한 듯해도 단순하다. 이것을 선택하자니 저것이 더 나아 보이고, 저것을 하자니 이것이 더 나아 보이고

……. 이런 식으로 생각이 이랬다저랬다 하다 보니 둘 중 하나를 고르기가 참으로 어렵다. 선택의 무게에 짓눌리다 보면 차라리 내가 아니라 누군가가 이것과 저것 중에 하나를 꼭 집어주면 좋겠다는 생각마저 하게 된다. 하지만 선택의 고통을 겪지 않으려는 책임자만큼 무능한 사람은 없다. 공자는 불확실성 앞에서 결단을 미루는 이를 위해 숙고의 횟수를 줄이라고 제안하고 있다.

승당　계문자는 사안을 두고 세 차례 검토한 뒤에 비로소 실행에 옮겼다. 공 선생이 그 이야기를 전해 듣고서 한마디 했다. "두 차례 검토하면 괜찮다."

季文子三思而後行. 子聞之曰: 再斯可矣.
계 문 자 삼 사 이 후 행　자 문 지 왈　재 사 가 의

입실　계문자는 공자가 생존하던 당시 노나라 국정을 실질적으로 쥐락펴락하던 인물이다. 제도상으로 보면 노나라에서는 제후가 최고 책임자였다. 하지만 당시에 제후는 허수아비 신세였고 대부가 대대로 지위를 세습하면서 실력자로 군림했다.

재再는 보통 부사로 두 번, 다시의 뜻으로 쓰이지만 여기서는 두 번 하다로 쓰인다. 사斯는 지시대명사로 이것을 가리키는데 여기서는 '~하다면 곧 ~하다' 식으로 쓰인다.

자칫하면 위 구절은 선택과 결정의 횟수 차이를 말한 것으로 보일 수 있다. 하지만 3과 2는 실제 차례라기보다 서너 차례나 한두 차례 등 대략적인 정도를 나타낸다. 우리가 흔히 결정을 앞두고 "언제 결정이 나나

요?"라고 물으면 "한두 번 더 생각해보고 결정합시다"라고 대답한다. 이 때 한두 번은 꼭 한 번과 두 번의 횟수라기보다 더 시간을 두고 생각해보 겠다는 보류의 뜻이다. 이를 한두 번이 아니라 서너 번이라고 하면 결정 이 차일피일 늦춰지면서 언제 마무리될지 모르게 되는 것이다. 요즘 좀 변했지만 예전에는 중국과 거래를 하다 보면 결정이 늦어져서 속 터지는 일이 많았다.

여언   결정의 상황은 두 가지다. 하나는 한 가지를 두고 할 것인지 말 것인지 결단을 내려야 하는 상황이고, 다른 하나는 두 가지 이상의 방안 을 두고서 더 좋은 것을 선택해야 하는 상황이다. 결정은 신중하게 내려 져야 하지만 그렇다고 늦어져서는 안 된다. 결정이 늦어지면 개인이든 단 체든 지침이 없어지고 일이 진행되지 못해 모든 상황이 정지된다.

그리스로마 신화에서 시간의 신이자 기회의 신으로 카이로스가 있다. 그는 생김새가 사람의 흥미를 자아내기에 충분하다. 앞머리는 덥수룩하 고 무성한데 반면 뒷머리는 대머리다. 발에는 날개가 달려 있고 손에는 저울과 칼을 들고 있다. '기회'는 앞머리가 무성해서 누군지 알아채지 못 해 그냥 지나치기 쉽다. 물론 알아본다면 기회를 잡아채기란 쉬울 것이 다. 하지만 보통사람은 '기회'가 자신의 옆을 지나쳐도 기회인지 모른다. 그런데 지나친 뒤에 혹시 '기회'인 듯싶어서 붙잡으려고 해도 털 하나 없 는 뒷머리라 잡지 못하고 놓치기 십상이다.

날개는 기회가 그만큼 빨리 사람으로부터 멀어진다는 뜻이리라. 그럼 저울과 칼은? 저울은 기회인지 아닌지 정확하게 헤아리는 것과 관련이 있고, 칼은 우물쭈물 미적거리지 않고 기회다 싶으면 단칼에 결단을 내리는 것과 관련이 있다. 기회를 잡으려면 저울의 혜안, 칼의 결단이 필요한 것이다. 공자가 세 번이 아니라 두 번 하라고 말한 것은 모든 상황에서 그렇게 하라는 뜻이 아니라 멈칫멈칫하면서 주저하는 마음을 칼로 싹둑 잘라내라고 주문하는 것이리라.

04
결단

많이 듣고 미심쩍으면 제쳐둔다
다문궐의多聞闕疑(02.18/034)

입문　아무리 잘난 사람도 서둘러 지나가지 못하고 꼭 멈췄다가 가는 경우가 있다. 판단을 내려야 할 때다. 점심때 짬뽕과 자장면을 두고서도 머뭇거려서 "빨리 골라!"라는 다그치는 소리를 듣는데, 인생과 사업의 명운이 걸린 문제라면 주저하기 마련이다. 판단을 앞두고 사람은 세 가지 양상을 보인다. 첫째, 길게 생각할 게 없다는 듯이 시간적 여유가 남았는데도 서둘러 결론을 내는 '속단형'이 있다. 둘째, 모든 문제를 검토할 마지노선을 쳐놓고 그 안에서 꼼꼼하게 따져서 논의를 끝내는 '시한형'이 있다. 셋째, 시한이 다가와야 겨우 움직이지만 결국 시한을 넘겨서 질질 끌다가 늦출 수 없을 때가 돼서야 비로소 결정하는 '유예형'이 있다.

　샐러리맨의 성공신화를 낳았던 김우중은 1993년에 세계경영을 부르짖으며 '2000년까지 해외법인과 사업장 등 1000여 개 국제협력 네트워크 구축' 등을 목표로 내걸었다. 한국이 가공수출 단계를 벗어나야 했던 시점에서 세계경영은 적절한 경영전략이라고 할 수 있다. 문제는 속도와 자본 그리고 방법이었다. 필요한 자본이 속도를 따라가지 못하자 그는 적자를 흑자로 바꾸는 분식회계를 했고 해외 차입금을 도입하면서 불법을 동원했다. 이로 인해 대우그룹은 해체되었고 수많은 노동자는 실직의 고통을 겪었으며 그 자신도 2006년에 유죄 판결을 받음으로써 샐러리맨의 영웅에서 부도덕한 기업인으로 추락했다. 이는 그가 내렸던 수많은 판단'들'의 귀결인 셈이다. 참으로 판단은 어렵고 무겁다.

승당　자장이 관직 생활의 자세를 물었다. 공 선생이 일러주었다. "여러 소리를 들어보고서 미심쩍은 것은 옆에 제쳐두고 그 나머지를 아주 조심스레 말하라. 그러면 잘못을 덜하리라. 여러 가지를 찾아보고서 문제가 될 만한 것은 옆에 제쳐두고 그 나머지를 매우 조심스레 실행하라. 그러면 뉘우치는 일을 덜하리라. 말에서 잘못을 덜하고 실행에서 뉘우치기를 덜하면 안정된 직장 생활이 그 가운데에 자리 잡게 될 것이다."

子張學干祿. 子曰 : 多聞闕疑, 愼言其餘, 則寡尤, 多見
자 장 학 간 록　자 왈　다 문 궐 의　신 언 기 여　즉 과 우　다 견
闕殆, 愼行其餘, 則寡悔. 言寡尤, 行寡悔, 祿在其中矣.
궐 태　신 행 기 여　즉 과 회　언 과 우　행 과 회　록 재 기 중 의

입실　궐闕은 보통 대궐을 가리키는데 여기서는 빼놓다, 유보하다는 뜻이다. 과寡는 적다는 형용사로 많이 쓰이지만 여기서는 적게 하다, 줄이다는 뜻이다.

　위의 대화는 제자 자장이 관직의 자세를 묻고 공자가 이에 답하는 형식으로 되어 있다. 내용을 보면 꼭 관직(직장) 생활에만 적용되지 않고 다

른 인간관계에도 적용될 만하다. 내용은 그렇게 어렵지 않지만 특히 궐闕, 신慎, 과寡 등 소극적인 어휘가 눈에 들어온다. 공직이란 국민을 상대로 정책을 입안하고 집행하는 자리로서 책임이 무겁다. 한번 결정이 내려지면 뒤집기도 어렵거니와 잘잘못에 대한 책임이 뒤따른다. 그러니 쉽게 말하고 빨리 처리하고서 여기저기 부딪치기보다는 돌다리도 두드려 가는 심정으로 소극적인 자세를 갖게 되는 것이다.

의심할 게 없는 것은 그만큼 분명하다는 뜻이므로 바람직하다. 반면 의심이 없다는 것은 지성이 박약해서 사태를 사방팔방으로 뚫어보지 못한다는 뜻이므로 문제를 낳을 수 있다. 까닭 모를 불신을 위한 의심이 아니라 확실성을 위한 의심은 섣부른 판단의 가속을 늦추는 브레이크와도 같다.

여언　　다문궐태가 오늘날 한국 사회에서 잘 어울리는 곳이 있다. 언론과 검찰이다. 상업성을 위해 사실 여부가 확인되지 않은 기사를 내보내서 당사자에게 씻을 수 없는 피해를 주는 경우가 많다. 또 사법적 진실을 첨예하게 가리는 와중에도 검찰이 피의사실을 언론에 흘려 여론 재판을 유도하고 피의자를 심리적으로 압박하는 경우가 있다.

한때 세상을 떠들썩하게 했던 전직 대통령의 자살도 여과되지 않은 사실의 누설과 관련이 된다. 아니나 다를까! 조선일보사 사옥 입구 벽면에 확대된 신문 창간호에 김윤식이 쓴 '多聞闕疑, 愼言其餘' 글씨가 있다. 이는 단순히 써놓고 끝낼 것이 아니라 기사 작성과 편집 과정에서 굳건하게 지켜야 할 계율이다.

판단判斷 한자를 잘 들여다보자. 둘 다 끊는 도구가 있다. 판 자에는 칼도刀가 있고, 단 자에는 도끼 근斤이 있다. 그만큼 판단이 어렵기도 하지만 일단 내려버리면 앞과 뒤가 판연判然히 달라진다는 말이다.

　판단이 실수로 이어지는 것은 칼을 너무 일찍 휘두르거나 도끼를 너무 늦게 내리찍는 데서 생긴다. 복수의 생각 중에 어느 쪽으로 기울어지지 않고 공평하게 검토하기란 사람으로서 쉽지도 않고 긴장감을 버티기도 어렵다. 그렇다고 더 버텨서 검토해야 하는데 시간의 무게와 외부 압력에 밀려 중심을 놓치면 섣부른 판단이 나오게 된다. 반면 복수의 생각을 두고 결정의 무게와 결과의 엄정함을 스스로 굳건하게 견디지 못하고 전을 굽듯이 이리 뒤집고 저리 뒤집느라 기회를 놓칠 수도 있다. 둘 다 스스로를 이기지 못해서 일어나는 일이다.

05 창조 | 내 길은 내가 정한다
인능홍도人能弘道(15.29/424)

입문　아이디어, 협상 방안을 짜내기 위해 회의를 하면 "무슨 좋은 생각 없어?"라는 말이 곳곳에서 흘러나온다. 참여자들이 신경을 집중해서 이런저런 방안을 쏟아내고 나면 일순간 정적이 감돈다. 모든 것을 한꺼번에 또는 하나씩 해보고서 좋은 것을 고를 수는 없다. 지도자는 그중에 하나를 선택해야 하는데, "조금 쉬었다 생각해봅시다" 또는 "좀 더 따져보고 결정합시다"라고 말하며 지금까지 열띤 분위기를 냉각시켜버린다.

책임이 무겁더라도 결정을 내려야 할 때 내려야 하지만 그 무게로 인해 주저하게 되는 것이다. 결정이 내려질 때까지 바로 지도자가 다른 사람이 나아갈 길을 막고서 못 나가게 하고 있는 것이다. 나아갈 길이 문제가 아니라 사람이 문제인 것이다. 익숙한 길이 아니라 새로운 길, 위험 부담이 많은 길은 사람을 더욱 얼어붙게 만든다.

벤치마킹이다, 선진화다, 선진기법이다, 첨단기술이다 해도 사람이 그것을 100퍼센트 수용해서 제대로 사용하지 못한다면 무용지물이다. 결국 사람이 문제가 되는 것이다.

유학儒學을 조롱하거나 부정적으로 묘사할 때 사람들은 유학의 유를 '유柔'나 '나儒' 자와 연관지어 유약하다거나 나약하다는 이미지를 퍼뜨렸다. 이 구절을 보면 적어도 공자는 백척간두에서 진일보할 사람이지 주저하다가 뒤로 떨어질 사람은 결코 아니다.

승당　공 선생이 이야기했다. "사람이 길을 넓혀가야지 길이 사람을 넓힐 수는 없다."

子曰 : 人能弘道, 非道弘人.
자왈　인능홍도　비도홍인

입실　홍弘은 넓다, 넓히다는 뜻이다. 도로가 좁고 교통량이 많아지면 2차선을 4차선으로 넓히고 또 모자라면 4차선에서 8차선으로 길을 넓히게 된다. 사람이 1센티라도 넓혀야 길이 넓혀지지 도로가 스스로 좁다고 생각해서 자신을 넓힐 수는 없다.

도道는 구체적인 길의 이미지도 가지고 있지만 여기서는 추상적 의미를 가리킨다. 홍도弘道는 가치가 적용되는 세계를 넓힌다는 뜻이다. 미국이 완전히 100퍼센트 자유와 정의, 민주주의를 위해서 세계 경찰의 역할을 수행한다고 가정해보자. 독재자가 자국의 시민을 학살할 경우 미국이 그 나라에 군사적으로 개입해 독재자를 축출한다면 그것을 홍도라고 할 수 있다. 그리고 조선 후기 최고의 풍속 화가이자 산수화에 능했던 김홍도金弘道의 이름도 이 구절과 관련이 있을 듯하다.

인人은 무슨 뜻일까? 쉬운 듯하지만 여기서 인의 뜻을 알아야 구절의 의미를 놓치지 않고 제대로 옮겨줄 수 있다. 이 인은 이 사람이나 저 사람의 개별적인 사람이 아니라 종으로서의 사람을 가리킨다.

여언 우리나라는 과거에 저임금을 바탕으로 원자재를 수입해서 제품을 만들어 수출해서 먹고살 길을 찾았다. 하지만 지금 중국을 비롯해서 우리나라를 위협하는 나라들이 있다. 이제 싸고 좋은 물건이 아니라 비싸지만 흉내 낼 수 없어 살 수밖에 없는 물건을 만들어야 한다.

선진국이 된다는 것은 우리가 기준을 만드는 나라가 된다는 것이다. 훔치거나 베껴서는 순간을 넘어설 수는 있지만 긴 시간을 버틸 수는 없다. 나는 정치든 경제든 무슨 일만 있으면 "외국 사례가 어떠하다"든지 "다른 나라는 어떠하다"라는 말로 앞길을 찾으려는 시도를 보면 '우리가 아직도 멀었구나'라는 생각을 한다. 이렇게 인재가 필요한데도 사람을 암기 위주의 입시에 내몰고 영혼 없는 외국어 공부에 올인하게 만들고 있다.

공자와 비슷한 취지의 말을 순자荀子도 뛰어난 표현으로 말하고 있다. 「지도자의 길君道」에서 그는 말했다. "유난군有亂君, 무난국無亂國. 유치인有治人, 무치법無治法." 글자대로 옮기면 다음과 같다. "난군만 있지 난

36

국은 없다. 치인만 있지 치법은 없다." 좀 더 살을 보태서 옮기면 다음과 같다. "어지럽히는 지도자가 있어서 나라가 어지러운 것이지 처음부터 어지러운 나라는 없다. 제대로 다스리는 지도자가 있어서 나라가 다스려지는 것이지 처음부터 잘 다스린 나라는 없다."

우리는 이제 자동판매기에 주기적으로 상품을 바꾸는 사람을 키워낼 것인지, 아니면 새로운 자동판매기를 만드는 사람의 기를 펼치게 할 것인지 선택의 상황에 놓여 있다. 정부나 학교, 부모는 말로는 후자를 바란다고 하지만 하는 짓을 보면 늘 전자에 머무르고 있다.

06
신중 | 어떤 일도 만만한 것은 없다
임사이구臨事而懼(07.11/162)

입문 해야 할 일이 주어질 때 사람들이 보이는 반응에는 몇 가지 유형이 있다. 첫째, 일을 피해 다니다가 정작 일이 닥치면 우왕좌왕하며 아무런 대책을 세우지 못하는 기모棄謀 유형이 있다. 둘째, 일의 특성을 요모조모 뜯어보고서 돌다리도 두드리며 가듯 철저하게 준비하는 호모好謀 유형이 있다. 셋째, 앞뒤 재어보지도 않고 무턱대고 "Let's go!"를 외치다가 현장에서 "아차!" 하며 후회하는 무모無謀 유형이 있다.

누구나 자신이 하는 일이 잘되기를 바라지만 사람이기에 일이 마무리되기 전에는 그 결과를 알 수 없다. 사람은 일과 그 결과 사이에서 그렇게 조바심내고 초조해하며 그렇게 궁금해하고 불안해한다. 조바심을 달래고 불안을 잠재우느라 괜히 다른 사람에게 "어떻게 될 것 같아?"라고 운을 떼보기도 하고 난생처음으로 점을 쳐보기도 한다. 공자는 사람이 일을 앞두고 어떤 자세를 가져야 바람직한지에 대해 이야기하고 있다. 그 관점은 신적 관점이 아니라 철저히 보통사람의 마음과 하나도 다를 바가 없다.

승당　자로가 물었다. "선생님이 삼군 참모총장으로 전군을 지휘한다면 누구랑 함께하시겠습니까?" 공 선생이 대꾸했다. "맨손으로 호랑이를 때려잡으려다 물려 죽거나 맨몸으로 강을 건너려다 허무하게 빠져 죽어도 후회하지 않을 사람과 나는 함께하고 싶지 않다. 반드시 할 일을 앞에 두고 두려워하고 미리 꾀(계획)를 내서 일을 잘하려는 이와 함께할 것이다."

子路曰 : 子行三軍, 則誰與? 子曰 : 暴虎憑河, 死而無
자 로 왈　자 행 삼 군　칙 수 여　자 왈　폭 호 빙 하　사 이 무
悔者, 吾不與也. 必也臨事而懼, 好謀而成者也.
회 자　오 불 여 야　필 야 림 사 이 구　호 모 이 성 자 야

입실　자로는 무사 출신이었는데(3강 64조목 '편언절옥' 참조), 공자를 만나서 그의 제자가 된 뒤에 보디가드로서 스승의 신변을 철저하게 지켰다. 그는 스승을 완전히 닮고자 했지만 끝내 그렇게 될 수 없었던 인물이다. 열의로 무장했지만 사려가 뒤따라주지 않았고, 공자보다 먼저 죽었다.
　　여與는 함께, 더불어의 부사로 많이 쓰이지만 여기서는 참여하다, 함께하다는 동사로 쓰이고 있다. 폭暴은 갑자기, 사납다의 뜻으로 쓰이지

만 여기서는 무기 없이 맨손으로 싸우다는 뜻이다. 임臨은 마주하다, 내려다보다는 뜻이다. 구懼는 두려움, 두려워하다는 뜻이다. 모謀는 꾀, 계책, 꾀하다는 뜻이다.

폭호빙하暴虎憑河는 공자가 지어낸 말이 아니라 『시경』의 「높은 하늘小旻」에 나오는 시구를 재조합한 말이다. 이 말은 위험 앞에서도 꺾이지 않는 용맹무쌍함을 읊고 있지만 공자는 부정적으로 비평하고 있다. 공자는 『논어』에서 군사적 용기를 무턱대고 예찬하지 않고 늘 예의禮義라는 사회 제도나 정의의 규제를 받아야 한다고 역설하고 있다(5강 87조목 '무의위란' 참조). 그는 예의의 규제를 벗어난 용기가 당시에 나타난 사회 혼란의 주된 원인이라고 보았기 때문이다. 아울러 공자는 폭호빙하를 가지고 은근히 다혈질적이어서 물불 가리지 않는 자로에 비유하고 있다.

여언　일을 처리하는 방식은 바로 리더십과 직결된다. 공자가 생각하기에는 군사를 운용할 때 제아무리 죽음을 두려워하지 않는 용맹이 중요하다고 하더라도 그것이 전부가 아니다. 전쟁은 한 개인의 생명만이 아니라 공동체의 운명과 직결되는 문제이므로 전투에서 용기를 발휘하는 것만큼 전투에 앞서 전략과 전술을 짜는 것이 중요하다. 싸워서 진 뒤에 '앞으로 이렇게 하지 말아야지!'라고 후회할 게 아니라 싸우기 전에 후회할 일을 하지 않도록 대비해야 한다. 그래서 공자는 꼭 전쟁이 아니더라도 일을 앞두고 가볍게 생각할 게 아니라 두려워하고, 무모하게 덤벼들게 아니라 계획을 세워서 결실을 이루도록 권고하고 있다.

공자의 이러한 사고는 『손자병법』에도 그대로 이어지고 있다. 손자는 공자의 '호모好謀'라는 말을 이어받아서 공격을 계획한다는 「모공謀攻」

에서 널리 알려진 말을 했다. "상대를 알고 자신을 알면 백 번 싸우더라도 결코 위태로워지지 않는다"(지피지기知彼知己, 백전불태百戰不殆). "백번 싸워서 백 번 이기는 것은 최선의 최선이 아니다. 싸우지 않고 상대 병사를 굴복시키는 것이 최선의 최선이다"(백전백승百戰百勝, 비선지선자야非善之善者也. 부전이굴인지병不戰而屈人之兵, 선지선자야善之善者也).

우리가 흔히 백전불패百戰不敗라고 알고 있는 구절은 잘못이고 원문엔 백전불태라고 되어 있다. 패는 싸워서 지는 것이고 태는 지기 이전의 상태보다 위험한 상황에 놓이는 것이다. 즉 지피지기를 하면 위험한 상황에조차 놓이지 않으니 진다는 것은 있을 수 없는 일이다. 문맥을 보면 왜 '패'가 아니라 '태'여야 하는지 알 수 있다.

공자와 자로의 관점 차이는 진秦나라 붕괴 이후 패권을 다투었던 유방과 항우의 리더십 차이에 대입할 수도 있다. 항우가 압도적 전력을 바탕으로 저돌적인 공격을 일삼았다면 유방은 전력의 열세를 시인하고서 국면마다 자신을 낮추면서 힘을 키웠다. 군사의 리더십으로 볼 때 자로가 항우에 가깝다면 공자는 유방에 가깝다고 할 수 있다.

07
변화 | 새것은 옛것 속에 들어 있다
온고지신溫故知新(02.11/027)

입문　요즘은 "바꿔야 한다!"라며 혁신과 창조를 부르짖는 변화의 시대다. 하지만 변화는 쉽지 않다. 한 사람이 반대되는 두 가지 역할을 해야 하기 때문이다. 내가 바뀌어야 하는 대상이면서 동시에 바꿔야 하는 주체인 것이다. 도대체 어디에서 변화의 실타래를 풀어갈 것인가? 첫째, 바꾸는 척하며 변화의 목소리가 줄어들 때까지 숨죽여 지낸다. 둘째, 자신을 내버리고 앞서가는 곳을 훔쳐보며 따라간다. 셋째, 자신을 돌아보고서 그 안에서 실마리를 찾는다. 대처하는 방식에 따라 변화가 시늉으로 그칠 수도 있고 제대로 된 개선을 낳을 수도 있다.

프로 스포츠에서 모든 팀은 우승을 목표로 정규 리그를 치른다. 리그가 끝나고 나면 구단주는 내년 시즌에 더 좋은 성적 또는 우승을 거두기 위해서 재정비 계획을 세운다. 감독을 바꾸기도 하고 팀끼리 선수를 바꾸기도 하며 신인 선수를 데려오기도 한다. '내'가 변화의 시기에 서 있다면 어떻게 해야 할까? 이를 공자는 옛것과 새것의 변증법적인 관계로 풀어가고 있다.

승당　공 선생이 들려주었다. "옛것을 익혀서 새것을 뽑아낸다면 충분히 스승이 될 만하다."

子曰 : 溫故而知新, 可以爲師矣.
자 왈　온 고 이 지 신　가 이 위 사 의

입실　온溫은 데우다, 익히다라는 뜻이다. 온고의 뜻이 잘 들어오지 않으면, 찬밥을 전자레인지에 데우면 갓 한 새 밥처럼 뜨끈뜨끈해지는 것을 떠올리면 충분하다.

그래도 의미가 잘 들어오지 않으면 묵은 밥을 익혀서 식혜(단술)를 만드는 것을 생각하면 좋겠다. 師사는 군대, 많은 사람, 벼슬아치 등 집합명사로 쓰이지만 여기서는 스승, 리더의 뜻이다.

여기서 주목해야 할 것은 공 선생이 혁신과 창조의 변화를 변증법적으로 설명하는 방식이다. 그는 새것을 도입하기 위해 옛것을 철저하게 내팽개치거나 옛것과 아무런 관련이 없는 새것을 말하지 않는다.

새것은 늘 새것이 아니며 시대와 상황에 따라 옛것으로 바뀌어간다. 새것은 옛것 속에 들어 있으면서 옛것의 한계를 해결하고서 등장하는 것이다. 흔히 새것 하면 옛것을 철저하게 두드려 부수고 그 자리에 전혀 다른 것이 자리하는 것으로 생각하는데, 그렇다면 공자의 말은 약간 당혹스러울 수 있다.

여언 온고지신을 유선 전화기에서 무선 전화기로, 다시 스마트폰으로 이어지는 통신의 진화와 견줘서 생각해보자. 유선 전화로는 전화기가 있는 장소에서만 통화할 수 있다. 이에 사람들이 선이 없어도 전화기에서 조금 떨어져서 통화를 할 수 있으면 좋겠다고 생각해서 무선 전화기가 나왔다. 다시 장소에 구애받지 않고 통화하고 게임도 하고 영화도 보고 싶다는 생각에 따라 스마트폰이 나왔다.

사실상 유선 전화기 안에 다음에 나타날 무선 전화기의 모습이 들어 있고, 또 무선 전화기 안에 스마트폰의 모습이 들어 있는 것이다. 즉 스마트폰(새것)이 어느 날 갑자기 하늘에서 뚝 떨어진 것이 아니라 유무선 전화기(옛것)가 나아갈 방향으로 진행되면서 생겨난 것이다. 옛것이 안고 있는 문제를 풀기 위해서 새것이 필요하므로 새것은 이미 옛것 속에 그 정체를 드러내고 있는 셈이다. 과거가 현재와 미래의 얼굴인 셈이다.

창조는 옛것의 문제를 찾아서 해결하면서 새것이 모습을 드러내는 온고지신의 과정에서 이룩된다. 이런 점에서 온고지신은 『대학』에서 말하는 나날이 새로워지는 일신日新의 진화와 일맥상통한다고 할 수 있다.

우리 사회에서는 새것과 창조를 슬로건처럼 너무 큰소리로 외친다. 그리하여 옛것이 변화와 발전을 가로막는 괴물이나 암세포인 양 혐오하게 만든다. 또 옛것을 두드려 부수거나 깡그리 없애버리는 것을 능사로 생각한다. 하지만 이는 오산이다. 아니 오산을 넘어서 정치적 의도를 깔고 있다. 진정으로 환골탈태換骨奪胎하는 것이 아니라 자신의 세력을 키우고 상대를 없애기 위해서 '변화'와 '창조'를 외치는 것이다.

1993년에 "마누라와 자식 빼고 다 바꾸라!"라는 말이 언론 지상을 뜨겁게 달궜다. 사실 이 말도 변화의 절실함, 질 위주의 경영, 상품 생산에서 모방을 벗어나 선도를 하자는 취지로 받아들이면 문제될 게 전혀 없다. 하지만 그 말 자체는 창조를 일궈낼 변화의 방향이나 원칙에 대해서는 별다른 지침을 던져주지 못한다. 불필요한 오해를 받을 수 있다. 기업 경영이면 기업에 초점을 둬야지 그와 상관없는 사생활을 끌어들이느냐, 기업가가 사람의 독립적인 정신세계에 간섭하느냐 등의 다양한 비판을 받을 수 있다.

변화가 필요하면 사람을 자극하는 구호가 아니라 방향과 의미를 담아내는 우리 시대의 고전적인 어록을 만들면 좋겠다. 없다면 온고지신은 변화를 지도하는 말로서 기억할 만하다.

변화는 무조건 와자지껄 부르짖는 것이 아니라 알차게 일구는 것이다. 혁신과 창조의 변화는 외양을 번지르르하게 고치는 것이 아니라 내실을 굳건하게 다지는 것이기 때문이다.

08 중용

길을 양 갈래로 나눠 두드리다

고기양단叩其兩端(09.08/218)

입문　나라마다 사회적으로 중요한 사안이 있으면 지역별로 정당별로 의견이 첨예하게 갈린다.

우리나라의 경우 '4대강 사업' 하면 한쪽은 홍수를 예방하며 고용 효과가 크다고 주장하고 다른 한쪽은 고용 효과도 미미할 뿐 아니라 오히려 환경 재앙을 일으킨다고 주장한다. 우리나라와 미국 그리고 EU 사이의 FTA 체결과 관련해서도 한쪽은 한국 경제가 나아갈 방향이라고 보며 찬성하는 반면 다른 한쪽은 얻는 것보다 잃는 것이 많으며 그로 인해 한국 경제가 거덜나게 생겼다고 극력 반대했다.

두 주장이 너무나 선명하게 갈려서 그 사이에 또 다른 입장이 있을 수 없는 듯하다. 우리가 이 두 극단에 사로잡혀 있는 한 상대를 납득시킬 수 없으며 결국 힘의 우위를 내세워 논란을 잠재우려고 하게 된다. 이런 형태는 우리나라 정치를 후진적인 상태로 머물게 하는 근본적인 원인이기도 하다.

공자는 하나의 사안에 대해 첨예하게 맞서는 극단적인 두 주장만이 있다고 생각하지 않는다. 그는 양극단 사이에 수없이 많은 창조적이며 생산적인 길이 있다고 본다. 날뛰던 소를 제압하려면 두 뿔을 꽉 잡고서 소의 운신을 제어하면 된다. 공자는 우리에게 날뛰는 소가 무서워서 저 멀리 구석에 있지 말고 그라운드에 나와서 극단의 두 뿔을 잡으라고 권유한다. 그게 '고기양단'의 길이다.

승당　　공 선생이 솔직하게 이야기했다. "내가 많이 아는 사람으로 보이는가? 믿기 어렵겠지만 나는 참으로 아는 게 없다. 못난 사람이 검은 의도를 가지고 나에게 뭔가를 물어본다면 나는 순간 어떻게 해야 할지 몰라 멍해진다. 하지만 나는 물음이 갈 수 있는 두 갈래를 하나하나 캐물어서 의문을 다 풀어줄 뿐이다."

子曰 : 吾有知乎哉? 無知也. 有鄙夫問於我, 空空如也.
자왈　오유지호재　무지야　유비부문어아　공공여야
我叩其兩端而竭焉.
아고기량단이갈언

입실　　지知는 지식, 앎이란 명사로 쓰이지만 문맥상 지식이 많다 또는 지식이 없다로 옮겼다.

　　공자는 누군가 질문을 하면 상대방이 시원해지게끔 대답해주곤 했다. 그 결과 당시 사람들은 공자를 모르는 것 없이 모든 것을 아는 사람으로 간주한 듯하다. 하지만 정작 공자 자신은 아는 것이 없다며 세인들의 기대를 부정해버린다.

　　공자는 모든 것을 알아서 사람들이 질문하면 대답을 하나씩 끄집어내주는 것이 아니다. 그는 질문을 받으면 그 속에 들어 있는 다양한 측면을 쪼개고 나누어서 생각의 갈래를 정리해주는 것이다. 상대방은 공자와 이야기를 나누면 이전과 달리 뭔가 정리되는 느낌이 들므로 공자가 모든 것을 안다는 착각을 하게 되는 것이다.

　　비부鄙夫는 사전적으로 식견이 좁고 무식한 사람을 가리킨다. 문맥으로 보면 비부는 어떤 목적을 가지고 공자에게 접근해서 그를 난처하게 만들려는 사람을 가리킨다. 이렇게 보면 비부는 고집이 세서 자신의 낡은 생각을 고집하는 완부頑夫와 같다. 이처럼 근거 없는 확신범은 예나 지금이나 사람들을 불편하게 만든다.

고叩는 두드리다, 때리다의 뜻이지만 여기서는 묻다, 끌어당기다의 뜻으로 쓰였다. 양단兩端은 두 극단을 가리킨다.

여언　예컨대 남한이 북한을 대상으로 하는 정책 수단으로 정치와 경제를 분리해서 경협을 활발하게 하자는 쪽도 있고 둘을 연계시켜서 정치적 변화가 없으면 북한을 경제적으로 고립시키자는 쪽도 있다. 또 원치 않는 임신의 경우 태아도 생명이므로 낙태를 허용할 수 없다는 쪽도 있고 산모의 의지가 우선적으로 고려되어야 한다는 쪽도 있다. 양극단이 팽팽하게 맞서면 상대를 굴복시키는 길 이외에 다른 방법이 없다.

이럴 때 공자라면 어느 한쪽이 낫다고 손을 들어주는 것이 아니라 각각이 가진 문제점을 들춰내서 보다 합리적인 결론을 내리도록 한다. 그것이 바로 '고기양단'이다. 어느 한쪽을 절대 진리로 믿고 조금의 의심을 하지 않는다면 결국 양극단이 만날 지점은 없다. 절대 진리인 양 말하지만 사자의 눈으로 극단을 들여다보면 각각 허점과 한계가 보이게 된다.

양극단의 어느 한쪽도 진리를 독점할 수 없다. 중요한 것은 양극단이 상대를 제압하기 위해 미쳐 날뛰는 것이 아니라 서로가 동의할 수 있는 새로운 공간을 창출하는 것이다. 우리는 정치만이 아니라 사회의 여러 분야에서 이익을 대변하는 집단들에게 다음을 강하게 물어볼 수 있다.

자신의 존재감을 위해 특정 집단의 이해를 국민의 이해인 양 여론을 호도하지 않았는가? 반대를 위한 반대를 하지 않았는가? 양극단의 주장을 합치시킬 수 있는 길을 찾기 위해 모든 지혜를 짜내는 데 게으르지는 않았는가?

분명히 갈등이 있는 것을 없다고 목소리 높이거나 갈등을 푸는 창조적인 길을 외면하고 갈등을 흥행을 위한 전가의 보도로만 사용한다면, 우리 사회는 갈등 너머의 새로운 사회로 나아갈 수 없다.

09
비교

좋은 곳을 골라 따라가다

택선종지擇善從之(07.22/173)

입문　사람의 일생은 '경쟁'의 연속이다. 정자는 수정을 위해서 경쟁하고 사람은 태어나서도 살기 위해 끊임없이 경쟁한다. '경쟁이 없으면 발전이 없고 도태만 있다'라는 생각이 만고의 진리인 양 삶과 사회의 전 영역에서 경쟁을 도입하고 있다. 경영 평가는 기업에서만 하는 줄 알았는데 요즘은 대학이나 공기업 나아가 정부기구에서도 한다. 그 뒤에 구조 조정이나 조직 개편이 뒤따른다. 이어서 살아남은 자와 떠나는 자의 운명이 엇갈리게 된다.

경영 평가를 외치는 사람들을 보면, 그들은 사람을 믿지 못하고 조직을 믿지 못하는 모양이다. 오로지 조직 바깥의 평가단이 내부 문제를 손바닥 보듯 들여다보고 앞으로 나아갈 길을 환히 비춰주리라 생각하는 듯하다. 이때 내부 사람은 발전을 가로막아 조직을 정체 상태로 떨어뜨리는 원흉으로 여겨진다.

오늘날에는 자신이 자기 자신을 가장 잘 알고 조직 내부가 조직을 가장 잘 들여다볼 수 있다는 생각을 귀담아들을 필요 없는 헛소리로 안다. 자신이 찾아낸 길이 남이 찾아준 길보다 정확하다는 말은 잠꼬대처럼 여긴다. 공자는 이와 다르다. 그는 스스로 문제를 찾고 해결하는 자기주도적인 개혁을 말하고 있다.

승당　　공 선생이 이야기했다. "경험을 해보니 세 사람 정도 함께 길을 가다 보면 그 속에 반드시 우리가 보고 배울 스승이 있기 마련이다. 구체적으로 말하자면 나는 그 사람들의 뛰어난 점을 골라서 따라해볼 수 있고 반대로 모자라는 점을 찾으면 나에게 있는 그런 점을 고칠 수 있다."

子曰：三人行, 必有我師焉, 擇其善者而從之, 其不善
자왈　삼인행　필유아사언　택기선자이종지　기불선
者而改之
자이개지

입실　　삼인三人은 반드시 꼭 세 사람이어야 한다기보다는 세 사람 정도로 받아들이면 좋겠다. 행行은 줄, 행실, 가다, 다니다는 뜻이다. 필必은 반드시, 꼭, 틀림없이의 뜻이다. 사師는 이끌다, 무리, 스승, 전문가란 뜻이다. 택擇은 고르다, 가리다는 뜻이다. 선자善者는 좋은 것, 장점, 뛰어난 점이란 뜻이다. 개改는 고치다, 바꾸다는 뜻이다.

여언　　우리나라는 근래 들어서 창의력, 창의성, 창의를 부쩍 강조하고 있다. 교육 현장만이 아니라 기업 경영에서도 창의의 가치를 강조한다. 지금까지 선진국을 모방하면서 용케 이 정도의 경제를 일궈냈지만 앞으로 4차 산업혁명의 시대에서는 더는 모방으로 발전이 불가능하므로 창의로 승부를 걸어야 한다는 주장이다. 타당한 말씀이다.

그런데 사회를 보면 곳곳에서 경영 평가를 내세우면서 구조 조정을 상시적으로 하고 있다. 이 과정에서 학교의 '나'나 회사의 '나' 등의 숱한 '나'들은 한구석에 몰려 있고 평가단이 마치 점령군인 양 학교로 회사로 진입해서 보고 싶은 자료를 내놓으라고 하면서 경영 실적을 후려치고 새로운 경영 목표를 설정한다. 이렇게 결과가 나오면 '나'는 새로운 목표를 달성하는 데 보탬이 되는 인재가 되기 위해서 교육을 받는다. 다시 일상으로 돌아와서 나는 새로운 '나'가 되기 위해 분투해야 한다. 이것은 창의와 거리가 멀다.

우리나라는 이처럼 창의와 거리가 먼 환경에서 창의를 외치고 있다. 이 역설적이면서 코미디 같은 상황이 지속될수록 창의 때문에 당하는 고통은 늘어날 것이다.

창의는 어디에서 오는가?

첫째, 기존 매뉴얼을 충분히 숙지한 뒤에 그것을 재조합하고 재편집하면서 다른 아이디어가 샘솟는다. 또 기존 매뉴얼을 끝까지 파악했는데도 그것이 문제 해결에 도움이 되지 않을 때 완전히 다른 것에 대한 사고가 싹트기 시작하는 것이다. 매뉴얼을 익히려고 할 즈음이면 경영 평가다 뭐다 해서 있던 것을 죄다 끌어내고 다음 날 새로운 것을 집어넣어야 하는 상황에서 '창의'는 생겨날 수가 없다. 창의는 망망대해에 낚싯줄을 드리워놓고 대어를 낚는 것에 견줄 수 있는 것이 결코 아니다. 창의는 번쩍이는 것이기는 하지만 오로지 운수에만 달린 것이 아니라 고통스런 숙련 뒤에 찾아오는 손님인 것이다.

둘째, 자기주도적인 시공간에서 자유로운 생각이 찾아오지 시키면 시키는 대로 굴러가면서 생각을 짜낸다고 해서 창의가 샘솟지 않는다. 지금의 형세를 보면 학생과 사람을 하나같이 창의력이 부족한 문제적 존재로 만들어놓고 무엇을 주입하면 창의력이 생길까 생각하고 있다. 적극적이지 못하고 소극적이며, 능동적이지 못하고 수동적이며, 주도적이지 않고 추수적인데, 어떻게 발랄하고 거침없고 분방한 창의가 찾아오기를 바라는가?

공자의 말을 다시 보라. 자기주도적인 사람은 어떤 상황에서도 스스로 배울 것을 찾는다. 모든 곳이 자신을 일깨우는 교육 현장이자 자신을 가다듬는 도량이다(2강 35조목 '학무상사' 참조).

10
도전

평화의 길은 양보하지 않는다
당인불양當仁不讓(15.36/431)

__입문__   사람은 자유를 누리고자 한다.

전근대는 계급과 신분으로 사람을 얽어매던 시절이라 사람이 자유를 꿈꾸더라도 현실에서 거부당했다. 오늘날은 계급과 신분이 없으므로 그러한 차별은 당하지 않는다. 하지만 자유는 그냥 주어지는 것이 아니라 일정 정도 노력해서(싸워서) 얻는 것이다.

예컨대 사람은 어려서 부모의 지원에 의존하기 때문에 무엇을 하려고 하더라도 부모의 허락을 받아야 한다. 학교에 가게 되면 생활과 학습 두 측면에서 선생님의 관문을 거쳐야 한다. 성인이 되어 직장에 다니면 의사 결정 과정에서 상급자의 승인 절차를 꼭 거쳐야 한다. 내가 무엇을 자유롭게 하더라도 삶의 각 단계에서 내 앞에 떡하니 버티고 서 있는 상대를 넘어서야 한다.

특히 우리나라처럼 아직 공과 사가 엄격하게 구분되지 않고, 법(신) 아래 모두 평등하다는 의식이 강하지 않은 상태에서 기존과 다른 것을 하기가 그렇게 쉽지는 않다. 금방 건방지다거나 도발적이다라는 말이 퍼진다. 예컨대 여성의 흡연은 대학과 지인의 모임이 아니면 아직도 자유롭지 않다. 피워서는 안 된다는 주장에 맞서 피울 권리가 있다는 것을 내세워야 한다. 또 자식이 원하는 대학의 전공을 선택하기 위해서는 부모와 오랜 싸움을 거치고 서로 상처를 주고받은 뒤에야 그것이 조정된다.

'유학' 하면 순종적인 인상이 떠오를지 모르지만 공자는 그렇지 않았다. 그는 스승의 권위에까지 맞서 싸우라고 말하고 있다. 무슨 맥락일까?

승당　공 선생이 단호하게 이야기했다. "평화 문제와 관련해서는 스승에게도 자신의 뜻을 굽히지 않는다."

子曰: 當仁, 不讓於師.
자왈　당인　불양어사

입실　당當은 닥치다, 들어맞다, 관련되다의 뜻이다. 양讓은 남에게 미루다, 물러서다의 뜻이다. 사師는 무리, 전문가, 우두머리, 스승의 뜻이다. 여기서 스승은 단순히 나를 가르치는 특정한 선생이기도 하지만 그것보다 기존의 진리를 대변하는 가치 체계를 소유한 인물을 나타낸다.

스승의 위상은 역사적으로 끊임없이 변해왔다. 오늘날 우리는 선생 없이도 공부할 수 있는 시대에 있다. 선생을 대신할 만한 도구들이 많이 있기 때문이다. 예컨대 모르는 단어의 뜻과 발음은 사전을 찾아보면 알 수 있다. 모르는 분야는 도서관의 책을 빌리거나 인터넷을 검색하면 궁금증을 풀 수 있다. 가보지 않은 곳은 동영상과 블로그를 통해서 실제로 가본 것보다 더 잘 알 수 있다. 사정이 이렇다 보니 스승의 권위가 날로 약해지고 있다.

과거에는 선생이 책을 먼저 읽어야 학생이 그 발음대로 따라 읽을 수 있고 선생이 풀이해줘야 학생이 그 의미를 이해할 수 있었다. 또 선생이 책을 보여줘야 책이 있다는 것을 알았다. 이처럼 기초적인 것부터 심층적인 것까지 선생이 없다면 학생은 한 걸음도 나아갈 수가 없었다. 사정이 이렇다 보니 선생의 권위는 거의 절대적이어서 감히 선생에게 다른 생각을 말한다는 것이 결코 쉽지 않았다.

그런데도 공자는 학생이 스승에게도 양보하지 않아야 한다고 선언하고 있으니, 이는 참으로 도발적인 발언으로 자기 믿음에 대한 확고한 신념을 보여주는 것이다. 혹여 지금껏 공자가 기성의 권위에 납작 엎드렸거나 아무런 소리도 내지 못한 채 숨 죽여 지냈으리라 생각했다면 여기서 우리는 그 생각을 고쳐먹어야겠다.

여언　　우리나라 속담에 "지렁이도 밟으면 꿈틀한다"라는 말이 있다. 이 말은 아무리 눌려 지내는 미천한 사람이나 순하고 성격 좋은 사람이라도 너무 업신여기면 가만있지 않는다는 뜻이다. 지렁이 또한 죽지 않으려고 움직이는 것이다. 이 구절도 '인'이 지렁이의 목숨만큼 공자 사상에서 절대적 고갱이에 해당한다는 뜻이리라. 따라서 인은 개인만이 아니라 공동체의 생명을 좌우하는 결정적인 문제라고 할 수 있다(6강 97조목 '극기복례' 참조). 사람과 공동체가 죽느냐 사느냐라는 문제는 전쟁 또는 평화와 관련된다. 그래서 나는 인을 평화라고 풀이하고자 한다.

명나라 말 청나라 초, 고염무는 명나라가 멸망하자 비밀조직을 결성해서 반청 운동을 벌이다가 실패했다. 그 뒤 그는 청나라 조정에 참여하기를 거부하고 저술로 일생을 마쳤다. 그는 자신의 대표작이라 할 수 있는 『일지록日知錄』에서 "천하흥망天下興亡 필부유책匹夫有責"을 주장했다.

천하가 번성하고 쇠퇴하는 데는 논에 농사짓고 산에서 나무하는 보통 사람에게도 책임이 있으므로 천하의 일을 나 몰라라 할 것이 아니라 문제가 있는지 없는지 늘 살펴야 한다는 뜻이다. 즉 천하는 왕이나 사대부가 다스린다고 생각해서 필부는 나 몰라라 해서는 안 되며 자기 책임을 져야 한다는 것이다.

1997년 외환사태가 일어난 뒤 우리는 공무원이나 대통령의 책임을 부르짖었다. 물론 그들이 책임을 벗어날 수는 없지만 시민에게도 책임이 없다고 할 수 없다. 왜냐하면 사소한 것이면 몰라도 '국가 부도'와 같은 중대 사안이 생기는데 몰랐다는 것도 문제이고 알았다면 대책을 요구하지 않은 것도 문제이며 문제가 생긴 뒤에 책임을 묻지 않은 것도 문제다. 그냥 넘어갈 수 있는 것과 그렇지 않고 반드시 책임을 물어야 하는 것을 혼동해서는 안 되겠다. 그냥 넘어가지 말아야 할 것을 넘어가게 되면 무수한 사람들이 겪지도 않을 고통을 또 겪게 된다. 심지어 생을 단념하기도 한다. 이것은 진정 누구의 책임일까?

11

능력 | 군자는 밥그릇과 다르다
군자불기君子不器(02.12/028)

입문　직업에서 스페셜리스트와 제너럴리스트 중 어느 쪽이 중요한 지 논란이 많다. 제너럴리스트를 중시하는 쪽은 사람이 늘 말단에 있지 않으므로 여러 부서를 돌면서 회사의 전반적인 사정을 알아야 한다고 말한다. 반면 스페셜리스트를 중시하는 쪽은 아무리 일반적인 안목이 중요하다고 하더라도 특정 분야를 책임지고 처리하는 전문적 식견을 쌓아야 한다고 말한다.

　어느 하나가 모든 직종에 획일적으로 적용될 수는 없다. 언론사 일처럼 다방면의 경험과 다재다능한 능력이 중요하면 순환 보직을 실시하는 게 바람직하다. 반면 연구소 일처럼 업무가 고도로 전문화되어 있어서 둘 이상을 넘나들 수 없으면 한 분야의 장기근무를 보장하는 게 낫다.

　그렇다면 특정 업무를 처리하는 것이 아니라 지역 사회에서 활동하거나 자신의 인생을 꾸려나갈 때는 어느 쪽이 더 나을까? 이에 대해 공자는 스페셜리스트보다 제너럴리스트 쪽에 손을 들어주었다. 왜 그런지 살펴보도록 하자.

승당　공 선생이 들려주었다. "군자는 (밥)그릇이 아니다."

子曰 : 君子不器.
자왈　군자불기

입실　군자는 문맥에 따라 군주와 같은 통치자 또는 자기 주도적인 사람을 가리킨다(4강 75조목 '불우불구' 참조). 한정된 세계에 관심을 두기보다 전체 입장에서 위험을 관리하며 세계 전체에 책임을 지는 지도자나 리더를 가리킨다. '기器' 자는 따지고 보면 흥미를 자아낸다. 우리가 어떤 사람이 기대했던 것에 미치지 못할 때 "그 사람, 그릇이 그것밖에 되지 않다니……"라는 말을 한다. 공자는 사람 크기를 그릇에 처음 비유한 인물이다. 공자는 제나라의 뛰어난 재상이자 포숙아와의 우정으로 널리 알려진 관중을 두고 "관중의 그릇이 작다"라며 '기' 자를 쓰고 있다. 이렇게 보면 사상가는 생각도 깊어야 하지만 언어 표현도 뛰어나야 하나 보다. 이런 뜻으로 기량器量이란 말도 있다.

최초의 한자 사전이라고 할 수 있는 허신의 『설문해자說文解字』에서 '기' 자를 재미있게 풀이하고 있다. 글자 모양을 쳐다보면 입 구口자 네 개와 개 견犬자로 되어 있다. 기물(물건)이 많으므로 이를 잃어버리지 않으려고 개를 두고서 지킨다는 뜻이다(기물흔다器物很多, 용구간수用狗看守). 우리는 일자리를 밥그릇에 견줘서 조직 내부의 다툼을 밥그릇 싸움이라고 한다. 허신은 오래전부터 탁월하게도 '기' 자에서 빼앗고 뺏기는 싸움의 이미지를 읽어내고 있다.

그릇은 네모든 원형이든 한번 모양이 정해지면 그것을 바꾸지 못한다. 군자불기는 군자가 특별한 모양, 일정한 용도로 정해져서 다른 일을 할 수 없는 그릇이 아니라는 뜻이다. 군자는 스페셜리스트보다 제너럴리스트에 가깝다. 스페셜리스트는 지도자가 될 수 없다는 뜻이 아니다. 스페셜리스트가 지도자가 된다면 새로운 역할을 위해 제너럴리스트로서의 안목을 보완해야 한다.

여언　군자는 현대 사회에 어울리는 인물일까? 먼저 이익 창출을 우선시해야 하는 자본주의 기업에서 군자는 설 땅이 없어 보인다. 하지만 이는 하나만 알고 둘은 모르는 것이다. 현대의 기업 운영에서는 기업의 사회적 책임이나 윤리 경영이 하나의 화두로 떠오르고 있다.

기업이 차갑고 냉혹하게 이익을 내는 데만 몰입하고 이익을 낳아준 지역 사회와 공동체에 아무런 책임을 지지 않는다면 부정적인 이미지를 갖게 된다. 이로 인해 기업은 지속적인 성장을 위해 엄청난 리스크를 떠안아야 한다. 만약 지금까지 기업이 차가운 이익을 뜨겁게 벌어들이는 소인의 이미지를 강하게 가졌다면 앞으로는 일정한 이익을 공동체와 나누는 군자의 이미지를 강화시켜야 한다. 군자가 자본주의와 맞지 않는 것이 아니다. 자본주의에 군자를 담아야 할 것이다.

사회 정치의 경우 사람들은 한때 김두관 전 행자부 장관이 이장과 군수를 지낸 터라 그 이상의 자리인 국회의원·장관·지사에 어울리지 않는다고 입방아를 찧곤 했다. 사람은 사람마다 어울리는 자리가 있어서 다른 것을 넘볼 수 없다는 말이리라. 사람에 따라서 이 말은 들어맞을 수도 있다. 하지만 정작 중요한 것은 사람이 자리에 신경 쓰지 않고 주어진 역할을 제대로 척척 해내는 것이다. 이때 군자불기는 된사람의 뜻으로 자리에 연연하지 않는다는 말이지 남들에게 대접받을 만한 자리를 골라간다는 말이 아니다. 반면 기초의원을 해야 할 때도 기초의원 자리는 한사코 거부하고 국회의원 자리만을 고집피우는 것은 더 이상한 일이다. 이 논리에 따르면 직업에 귀천이 있다는 말이다. 군자불기는 누구를 배제하고 뭔가를 독차지하라는 논리가 아니라 어떠한 자리에서도 나에 사로잡히지 않고 남과 함께 잘할 수 있는 것을 생각해보라는 논리다.

12

모방

나은 자에게 배우고 어깨를 나란히하다

견현사제見賢思齊(04.17/083)

입문　초등학교 운동회에서 100미터 달리기는 빠지지 않는 종목이
다. 모두 동일한 출발선에서 시작하지만 조금만 지나면 차이가 생긴다.
사람이 그 차이에 보이는 반응은 몇 가지가 되지 않는다. 첫째, 영화나 드
라마의 흔한 스토리에서 보이듯 실력으로 안 되니 반칙을 해서라도 차이
를 뛰어넘으려고 한다. 둘째, 만화영화 〈달려라 하니〉의 영심이처럼 라이
벌 나애리와 선의의 경쟁을 벌여 이기려고 끝까지 노력한다. 셋째, 영화
〈말아톤〉(2015)의 초원이처럼 자폐증에도 불구하고 남과 경쟁하기보다
자신을 넘어서려는 방식으로 세상과 소통한다. 넷째, 차이 앞에 절망하
거나 애써 무관심하며 그냥 주저앉는다. 다섯째, 차이 앞에 일어섰다가
주저앉고 주저앉았다가 일어서며 도전과 포기를 되풀이하는 길이다. 이
중 견현사제는 영심이가 나아갔던 길과 제일 가깝다.

　한국이 해방을 맞이하고서 얼마 있지 않아 전쟁으로 신석기 시대와
같은 폐허 상태가 되었다. 그 이후 압축 성장을 통해 오늘날 세계 10위권
규모의 경제를 이룩했다. 앞을 향해 달려오면서 우리가 가졌던 생각은
오늘날 말로 하면 '벤치마킹', "당신의 경쟁 상대는 누구입니까?"이고 『논
어』의 말로 하면 '견현사제'다. 당신은 자기계발을 위해 누구를 롤 모델
로 삼고 있는가?

승당　공 선생이 들려주었다. "뛰어난(앞선) 자를 보면 따라잡아서 같

아지도록 하라. 뒤처지는 자를 보면 교훈을 찾아서 스스로 반성하라."

子曰:見賢思齊焉, 見不賢而內自省也.
자왈 견현사제언 견불현이내자성야

입실　현賢은 어질다, 현자의 뜻으로 쓰이는데 여기서는 '~보다 낫다, 뛰어나다'로 쓰였다. 견見은 기본적으로 눈으로 보는 것이지만 책에서 알게 되거나 이야기로 전해 듣는 것을 포함해서 그런 상황을 만난다는 식으로 생각하면 좋겠다. 내內는 다른 사람의 사례를 나의 삶 속으로 끌어들인다는 뜻으로 안으로 나타낸다는 말이다. 성省은 발음이 둘인데, '성'으로 읽으면 살피다, 깨닫다의 뜻이고 '생'으로 읽으면 덜다, 줄이다의 뜻이다.

앞에서는 내가 뒤처졌을 때 앞으로 나아가기 위해 롤 모델을 찾으라고 주문하고 뒤에서는 나보다 뒤처진 상대를 보고서 자신의 반면교사反面敎師로 경계하라고 주문한다. 따지고 보면 모두 내가 타인을 통해 자신을 돌아본다는 점을 말하고 있으므로 둘은 다른 각도에서 같은 말을 하고 있는 것이다.

여언　신은 전지전능하므로 몰라서 당황하거나 잘못해서 걱정할 일이 없다. 반면 사람은 준비를 철저히 한다고 하더라도 앎과 능력에 한계가 있으므로 문제가 생길 수밖에 없다. 절차를 꼼꼼하게 챙겨서 잘하려고 해도 돌출 변수가 생겨서 일을 그르치기도 하고, 덜렁덜렁했는데도 운이 좋아서 일이 잘 풀리기도 한다.

하지만 일의 승패를 오로지 운이나 변수의 탓으로 돌리고 노력을 게

을리할 수 있을까? 없을 것이다. 사람은 할 수 있는 한 최선을 다할 수밖에 없다. 이때 우리는 자신의 한계를 인정하면서도 그것을 넘어서는 방법을 찾아야 한다. '내'가 모든 것을 다 해볼 수 없으므로 나 아닌 다른 사람이 한 것을 보면 도움을 받을 수 있다.

동양에서는 역사를 정리하는 책 제목에 거울을 뜻하는 감鑑 자를 많이 넣었다. 예컨대 사마광의 『자치통감資治通鑑』이 있고, 서거정의 『동국통감東國通鑑』이 있다. 이는 역사에서 그냥 사실을 볼 것이 아니라 그것을 '나'를 비춰보는 거울로 생각하라는 뜻이다.

역사의 거울을 들여다보면 인물에는 두 가지 유형이 있다. 하나는 긍정적인 사례이고 다른 하나는 부정적인 사례다. 자신보다 나은 인물을 보면 질투하기도 하고 모방하기도 한다. 질투는 나에게 없는 것을 가진 상대와 같아지려고 하기보다는 상대가 가졌다는 사실을 인정하지 않으려는 태도다. 모방은 상대가 가진 것을 나도 가져서 서로 같아지려는 태도다. 특히 모방은 언제 어디서나 자신의 단점을 메우려고 할 때 더 적극적인 의미가 살아난다. 공자도 "세 사람이 함께 길을 가다 보면 그 속에 반드시 나의 스승이 있다"(삼인행三人行, 필유아사必有我師. 07.22/173)라고 하며 늘 배우려는 자세를 잃지 않았다.

반면 부정적인 유형을 보면 보통 비난하고 애써 자신과 아무런 관련이 없다고 손사래를 친다. 하지만 실패에서 배운다고 하듯이 다른 사람의 경험을 통해서 어느 순간 나 자신도 그렇게 될 수 있는 가능성을 미리 방비할 수 있다. 이와 관련해서 오래된 말로 『시경』 「학의 울음鶴鳴」에 나오는 "다른 산의 나쁜 돌도 나의 옥을 다듬는 데 도움을 줄 수 있다"(타산지석他山之石, 가이공옥可以攻玉)라는 말이 있다.

또 중국 근대에 엄청난 정신적 상흔을 남긴 문화대혁명 기간에 마오쩌둥이 말한 반면교사론 또는 반면교육론이 있다. 즉 "가장 심한 범죄를 저지른 자 이외에는, 소수의 나쁜 사람들을 체포하거나 가두거나 제명하지 말고 단위單位에 남겨 그의 모든 정치적 세력을 박탈하고 고립시켜 반면교사로 삼아야 한다"라는 말이다. 반면교사는 혁명에 위협이 되기는 하지만 반면反面으로 사람들에게 교훈이 되는 계급·집단·개인이란 뜻이다(우리나라는 1980년대 이후로 널리 쓰이기 시작해서 지금 상용되고 있다. 사실 용례만으로 보면 공산혁명의 성공과 관련되므로 한국어로의 유입은 이적 행위가 된다).

13
언행 | 말은 굼뜨게 실행은 재빠르게
눌언민행訥言敏行(04.24/090)

입문   사람을 처음 만날 때 우리는 "신뢰감이 간다"는 말로 상대에 대한 호의를 나타낸다. 같이 일을 해보다 보면 처음의 호의는 두 갈래로 나뉜다. 하나는 호의가 사실로 나타나서 상대를 실제로 신뢰하게 되는 경우이고 다른 하나는 호의가 실망으로 바뀌어 상대를 더는 믿지 못하고 자신의 평가를 거둬들이게 되는 경우다.

불신은 어디에서 오는 걸까? 말이나 실행과 관련해서 생각하면 말과 행동이 일치하지 않기 때문이리라. 말하는 것은 어렵지 않다. 그냥 입을 놀리면 된다. 예컨대 "내일 안으로 끝낸다" "이번 시험에서 점수를 10점 이상 올리겠다" "경쟁사보다 가격을 낮게 납품할 수 있다"처럼 말이다. 하지만 자신의 능력이나 주위 여건을 고려하지 않고 내뱉은 말은 금방 자신에게로 되돌아온다. 말한 대로 제대로 지키지 못하면 불신이 싹트게 된다. 공자는 언과 행의 속도 문제에 주목해서 이야기를 펼치고 있다.

승당　공 선생이 들려주었다. "군자, 자기주도적 인물이라면 말할 때 굼뜨지만 실행할 때는 재빠르게 하려고 한다."

子曰：君子欲訥於言而敏於行.
자 왈　군 자 욕 눌 어 언 이 민 어 행

입실　눌訥은 말을 더듬거린다는 뜻이다. 민敏은 재빠르다, 영리하다는 뜻이다. 속도로 보면 눌과 민은 정반대다. 눌은 듣는 상대를 답답하게 할 정도로 느려터진 것이고 민은 상대방이 깜짝 놀랄 정도로 재빠르게 일을 처리하는 것이다. 나아가 민은 입의 혀같이 재빨리 다른 사람의 뜻대로 완벽하게 호흡을 맞추는 것이다.

　이 문장은 문법도 단순해서 해석하기 쉽다. 다만 욕欲을 눈여겨보아야 한다. '욕' 자가 없다면 이 문장은 전혀 다른 문맥이 되어버린다. 욕을 통해서 군자는 완성된 인간이 아니라 언행에 실수를 줄이려고 노력하는 인물이 되는 것이다. 만약 '욕' 자가 없다면 군자는 보통사람과 격을 달리해 초월적인 존재가 되었을 것이다. 이처럼 글자 한 자가 군자의 의미를 바꾸고 나아가 『논어』라는 책의 성격을 바꿀 수 있는 것이다.

　아무리 문장이 좋더라도 긴 문장을 통째로 외우기란 쉽지 않다. 이 경우도 미사여구랄까 군더더기랄까 부가적인 요소를 과감하게 제쳐놓고 핵심을 골라내는 솜씨가 중요하다. 마치 생선의 가시를 발라내고 살점을 추려내는 기술처럼 말이다.

뭐가 될까? '눌언민행'이 정답이다.

여언　　말과 실행 사이의 거리를 좁히는 것은 사람의 영원한 숙제다. 사람 사는 세상에서 말과 실행 사이가 벌어지지 않는다면 힘을 잃을 것이 많다. 우선 술 소비가 줄어들고 마약 복용이 드물어지고 계약서 작성도 한층 간편해지고 종교의 힘도 약해질 것이다. 사람이 무엇을 하겠다고 말하면 현실에서 그대로 실현되는데 그 사람들이 무슨 고통을 겪을까? 사정이 이렇게 된다면 사람과 사람 사이, 즉 사회도 불신과 불만의 소리가 잦아들고 웃음소리가 곳곳에서 울려 퍼질 것이다.

하지만 사람이기에 말과 실행 사이가 벌어질 수밖에 없다. 벌어지지만 그 사이를 오므리기 위해서 사람은 시지프스 신화처럼 계속 돌을 굴릴 수밖에 없다. 여기서 우리는 말을 줄이고 약속을 신중하게 할 필요가 생긴다. 말은 하기도 쉽고 시간도 얼마 걸리지 않지만 실행은 어렵고 절대적인 시간을 필요로 한다. 이처럼 결국 말이 원래 실행을 따라갈 수 없거나 말이 실행을 앞설 수 없으므로 둘 사이를 좁히려면 말을 적게 할 수밖에 없는 것이다. '말은 굼뜨게, 실행은 재빠르게!'

자칫 말을 줄이라고 해서 이 구절을 '말을 아예 하지 말라!'는 식으로 과도하게 풀이할 필요는 없다. 눌언이란 책임질 수 있는 말을 하라는 것이지 말을 금지하라는 것은 결코 아니다. 오늘날 가만히 앉아 있으면 아무도 알아주지 않으므로 적극적으로 제 목소리를 내서 자기 선전(주장)

을 하는 것이 중요하다고 하더라도 눌언의 가치는 줄어들지 않는다. 각
종 장밋빛 전망을 내놓는 공직자나 허황된 공약을 남발하는 정치인 또
는 입으로 듣기 좋은 소리를 늘어놓아 사람들의 마음을 들뜨게 하는 각
종 분야의 지도자를 떠올리면, 이 말의 적실성을 쉽게 이해할 수 있다.
불신은 함께하고자 하는 모든 의욕을 꺾어버린다.

14 공사

힘든 것을 앞에 하고 나누는 것은 나중에

선난후획先難後獲(06.22/143)

입문   잘 지내던 사람도 두 가지 이유로 사이가 벌어지곤 한다. 하나
는 고통의 배분과 관련이 있고 다른 하나는 과실의 분배와 관련이 있다.
사람은 홀로 살 수 없으므로 여럿이 어울려서 일을 하게 된다. 일을 하다
보면 누군가 해야 하지만 공평하게 나누기 어려운 궂은일이 생기기 마련
이다. 모임에서 총무와 같은 역할이 그렇다. 고통이 골고루 돌아가지 않
고 한 사람에게 쏠리면 말이 나오게 되고 사람 사이가 버성기게 된다. 또
일을 해서 좋은 결과가 생기면 사람은 자신이 누구보다도 더 많이 갖기
를 바란다. 이때 자신이 한 것에 비해서 누가 더 많이 또는 누가 덜 가져
가게 되면 온갖 말이 난무하게 된다.

평소 아무리 잘 지내던 사람들도 고통과 과실이 공평하지 않으면 친했
던 것만큼 더 격렬하게 다투게 된다. 그리하여 그들이 원래 동료 사이였

던지 믿을 수 없을 정도가 된다.

또 옛날 왕조를 보면 형제가 정치적으로 견해를 달리하면 다른 어떤 관계보다도 서로 처참하게 될 때까지 싸웠다. 서로가 원래 형제였던지 의심이 들 정도다.

세상에는 이익에 초연한 사람이 많이 없으므로 늘 그것을 두고 싸움이 없을 수 없다. 서로를 파괴시키는 극단으로 치닫지 않고 이익을 나눌 수 있는 길은 없을까? 공자는 무엇이 먼저이고 무엇이 나중인지 선후를 제대로 살펴야 한다는 견해를 내놓고 있다.

승당　　번지가 사람다움(공동선)에 대해 물었다. 공 선생이 일러주었다. "인자라면 다른 사람보다 어려운 일을 앞서고 이익 문제는 뒤로 제쳐놓는다."

樊遲問仁. 曰 : 仁者先難而後獲, 可謂仁矣.
번 지 문 인　왈　　인 자 선 난 이 후 획　가 위 인 의

입실　　번지는 공자의 제자로 농사 등 생업 문제 해결을 통해 좋은 세상을 만들고자 했다. 이는 공자가 인의와 예악 등 다소 추상적인 가치를 통해 의미 있는 삶을 설계하려고 했던 노선과 차이가 있어서 간혹 둘 사이에 삐거덕거리는 소리가 나기도 했다.

인仁은 공자 사상의 핵심 개념으로(6강 97조목 '극기복례' 참조) 여기서는 공동선(사람다움)의 뜻으로 쓰였다. 먼저 인은 사람이 얻는 것보다 힘든 것을 먼저 고려해야 할 정도로 모두의 앞에 놓인 과제의 특성을 갖는다. 아울러 인은 얻는 것을 따지지 않으므로, 인을 따른다면 이익을 두고

첨예하게 갈리지 않고 사람들이 하나로 화합할 수 있다.

위謂는 말하다, 일컫다, 평가하다라는 뜻이다. 난難은 근심, 꾸짖다의 뜻으로 쓰이는데 여기서는 난이難易의 맥락으로 어렵다의 뜻이다. 획獲은 사냥해서 짐승을 잡다, 손에 넣다, 얻다의 뜻으로 득得과 같은 말이다.

여언　지도자나 책임자의 미덕은 설령 자신이 조금 손해를 본다고 하더라도 다른 사람의 몫을 보장하는 것이다. 자신들이 앞서서 몫을 챙기려고 하면 전체적으로 분위기가 그런 쪽으로 흘러가게 되어 사람들이 염불보다는 잿밥에 더 관심을 보이게 된다. 상황이 이 지경이 되었는데도 일이 제대로 풀려가기를 바란다면 황당하기 그지없다. 왜냐하면 결과를 두고 계산에 여념이 없다 보니 정작 누구도 일은 하려고 하지 않거나 힘든 것은 다들 피하려고 하기 때문이다.

전장에서도 지휘관이 돌격하면서 자신은 참호에 있고 병사들을 사지로 내몬다면 결과는 너무나도 뻔한 것 아닌가! 이순신이 연전연승할 수 있었던 것도 따지고 보면 전장에서 부하들에 앞서 자기 스스로를 먼저 사지로 내몰았기 때문에 전군이 합심해서 압도적인 적을 무찌를 수 있었던 것이다. 이는 한국전쟁 당시에 "서울을 수호하자!"고 해놓고 한강다리를 폭파시키고 자신만 피난길에 올랐던 대통령과 아주 대조된다.

송나라 명신 범중엄은 「악양루기」란 글에서 공자의 선난후득이 가진 의미를 좀 더 풀어서 표현한 적이 있다. 이는 송나라 사대부의 기상을 나타낸 글로 여러 사람들 입에 오르내렸다. "천하의 걱정거리를 누구보다도 가장 먼저 걱정하고, 천하의 즐거움을 가장 나중에 즐거워할 것이다"(선천하지우이우先天下之憂而憂, 후천하지락이락여後天下之樂而樂歟).

그의 말을 줄여서 선우후락先憂後樂이라고 하는데 선난후획과 완전히 일치한다고 할 수 있다. 『논어』에는 이와 비슷한 말로 선사후득先事後得 (12.21/315)도 있다.

15 절실

간절하게 묻고 가깝게 생각하라

절문근사切問近思(19.06/494)

입문　모르는 것을 알게 되는 길은 많다. 스마트폰으로 인터넷 검색을 하거나 도서관에 가서 책을 찾아보거나 아는 사람에게 물어보는 방법이 있다. 이 중에서 아는 사람에게 묻는 것이 모르는 것을 알게 되는 가장 빠른 길이다. 물어서 알게 되는 것에는 인터넷이나 도서관 검색과는 다른 점이 있다.

질문과 대답은 사람 사이의 상호 작용이므로 태도에 따라 효과가 다르다. 찾아볼 생각은 하지 않고 일만 생기면 물어보는 사람이 있다. 이전에 물었던 것을 되풀이해서 묻는 사람도 있다. 물어보면서 정작 무엇을 알고자 하는지 제대로 전달하지 못하는 사람도 있다. 알고 싶은 건지 아니면 심심해서 그냥 묻는지 애매한 사람도 있다. 이런 태도로 물으면 상대로부터 자세하고 깊은 대답을 얻어낼 수 없다.

반면 알고 싶은 마음이 말마다 나타나면서 묻는 사람이 있다. 물으면서 하나씩 터득하며 새로운 것을 묻는 사람도 있다. 물으면서 상대가 알고 싶은 것까지 묻는 사람도 있다. 이 경우 질문과 대답은 가르침을 주고 받는 수직적인 관계가 아니라 서로 가르치는 수평적인 관계가 된다.

건성이 아니라 간절하게 물으면 대화를 이 세상에서 가장 생산적이며 창조적인 과정으로 만들 수 있다. 아울러 그렇게 알게 되면 그 앎은 영혼의 피와 살이 되어 '망각'으로 잃지 않는 생생한 앎이 된다. 당신은 지식을 시험 문제의 풀이로 알고 잊어버리는가 아니면 영혼을 살찌우는 양식으로 받아들여 자신과 일체를 이루는가? '절문근사'는 사람 사이를 아름답게 만드는 묘한 매력이 있다.

승당　　자하가 말했다. "두루두루 본받고 뜻을 굳건히 하고 간절하게 물어보고 일상의 일로 생각해본다면, 화합의 길이 먼 곳이 아니라 바로 그 과정 중에 들어 있다."

子夏曰: 博學而篤志, 切問而近思, 仁在其中矣.
자 하 왈　박 학 이 독 지　절 문 이 근 사　인 재 기 중 의

입실　　박博은 넓다는 뜻으로 학습에서 깊이에 대비되는 넓이를 가리킨다. 독篤은 도탑다, 굳다, 신실하다는 뜻이다. 독지篤志는 한번 먹은 뜻이 변덕스럽게 바뀌지 않고 쭉 이어지는 측면을 말한다. 무게로 생각하면, 종이처럼 가벼우면 약한 바람에도 들썩이지만 바위는 웬만한 바람에도 꿈쩍도 하지 않는다. 이런 맥락에서 우리는 남을 물심양면으로 돕는 사람을 왜 독지가篤志家라고 하는지 이해할 수 있다. 자기 것을 남과 함께하는 것이 가볍지 않고 무거워야, 즉 독篤해야 가능하기 때문이다.

절切은 끊다, 자르다는 뜻으로 많이 쓰이지만 여기서는 간절하다, 절실

하다는 뜻이다. 근近은 가깝다는 뜻인데 여기서는 추상에 대비되는 구체를 말한다. 우리는 철학, 자유, 평등 등 추상적인 말을 어려워하고 의상학, 음식, 음료 등 구체적인 말을 잘 알아듣는다. 여기서 공자는 무엇을 알더라도 그것을 추상적으로 난해하게 말할 게 아니라 누구라도 알아듣기 쉽게 말해야 한다는 점을 강조하고 있다. 쉽다는 것이 모든 이유는 아니지만 『논어』를 비롯해서 기독교의 『성경』과 불교 경전은 누구나 공감할 수 있는 이야기를 하기에 생명력이 길다.

여언　우리나라는 학창 시절 때만이 아니라 사회생활에서도 모르는 것이 이상하게도 죄송하고 심지어 죄처럼 여겨진다. 그래서 그런지 묻고 답하는 것이 일상적으로 일어나야 할 학교에서도 서로 질문을 잘 하지 않는다. 또 간혹 질문이 사람을 난처하게 만든다며 질문 자체를 아예 금기시하는 분위기도 있다. 이런 상황에서 '토론' 수업을 진행하기란 무척 힘들다.

"아는 만큼 보인다"라고 한다. 맞는 말이다. 그럼 모르는 사람은 영원히 몰라도 된다는 말인가? 이는 맞는 말이긴 하지만 여기에는 아는 사람의 오만이 담겨 있다. 대신 나는 "묻는 만큼 알게 된다"라는 점을 강조한다. 혼자서 끙끙대며 답을 찾느라 며칠을 고생해도 잘 모를 수 있다. 반면 사람을 제대로 찾아 잘 물으면 진짜로 '금방' 알게 된다. 인기 있는 미드 〈CSI〉를 봐도 요원이 각자 전문 지식으로 무장했지만 늘 현장과 취조실에서 혐의자나 동료나 자기 자신에게 묻기를 그치지 않는다.

묻는 것을 부끄럽게 여기지 말고 편하게 생각하며 모르는 것을 시인하는 데 주저하지 말자. 사람은 신이 아니지 않는가? 어떻게 사람이 전지하려고 한단 말인가? 시시껄렁한 이야기로 말을 소비하지 말고 흥미로운 주제로 앞말이 뒷말을 끊임없이 낳아 시간 가는 줄 모르게 말을 생산해 보자. 이건 공부 세계만이 아니다. 협상과 거래에서도 말이 끊어지지 않아야 성사가 되지 않겠는가!

16

인문

널리 배우고 예의를 몸에 배게 하다

박문약례博文約禮(06.27/148)

입문　인문학에 몸을 담고 있는 사람들은 죽겠다고 아우성을 치는데 정작 사회적으로는 인문학 열풍이 불고 있다. 둘 사이의 불균형이 묘하게 느껴진다. 인문학은 대학에 있는 젊은 20대에게는 친근하게 다가가지 못하는 반면 현업에 종사하는 나이 든 분들에게 반향을 일으키고 있는 것이다.

그 이유야 여러 가지가 있겠지만 20대는 영어 등의 스펙에 열중하다 보니 지금 당장 자격증과 관련 없는 것에는 신경을 쓰지 못한다. 반면 현업에 종사하다 보면 나이가 들면 들수록 예전에는 그냥 지나쳤던 일도 마음 한켠에 자리를 차지하게 된다. 예컨대 시키면 시키는 대로 하는 자리가 아니라 시켜야 하는 책임자가 되니 전체를 장악해야 하고 말을 하더라도 뭔가 분명하면서도 멋있게 전달하는 데 관심이 간다. 경험이 반복되다 보니 또 흘려보내지 않고 뭔가 의미를 부여하고 싶어진다. 하지만 희망사항에도 불구하고 현재 '나'의 지성으로는 마음에 자리한 생각의 뜻을 풀어낼 길이 없다.

그렇다면 눈길을 돌려 술에 몸을 푹 담그지 않고 담배 연기에 몸을 찌들게 하지 않으면서 재미를 주고 의미를 풀어주는 인문의 연못에 몸을 담가보자. 공자는 이를 '박문약례'로 표현했다.

승당 공 선생이 일러주었다. "자율적인 인간이라면 고전(인문학)을 두루두루 배우고 예의규범으로 자신을 규율할 터이므로 공동체를 혼란시키지 않을 것이다."

子曰：君子博學於文, 約之以禮, 亦可以弗畔矣夫!
자 왈 군 자 박 학 어 문 약 지 이 례 역 가 이 불 반 의 부

입실 박博은 넓다는 뜻으로 어떤 분야에 한정되지 않고 여러 분야를 두루 아우르려는 것을 가리킨다. 문文은 문장, 문헌, 고전의 뜻으로 오늘날 인문학의 의미에 가깝다.

약約은 묶다, 따르다는 뜻으로 존중하다, 지키다, 규제하다라는 말이다. 우리가 어떤 규범, 가치를 받아들이면 그것에 벗어나는 행동을 하지 않게 된다. 여기서 벗어나지 않는 측면은 마치 행위자와 규범을 하나로 묶어서 떨어지지 않는 상태를 나타낸다. 예禮는 관습, 규범의 뜻으로 오늘날 법률, 도덕, 공공선을 가리킨다. 예를 법으로 보면 약례는 사람이 준법정신으로 무장되어 있어서 결코 법을 어기지 않는 것을 나타낸다.

반畔은 밭두둑, 경계 또는 배반하다, 어그러지다는 뜻이다. '박학어문, 약지이례'와 표현이 약간 다르지만 의미가 완전히 같은 말로 '박아이문博

我以文, 약아이례約我以禮(09.11/221)'가 있다. 여덟 자를 기억하면 좋지만 외우기 부담스럽다면 '박문약례'로 줄여서 외워도 좋다.

여언　　사람을 자신 주위에 불러 모으는 사람이 있다. 아는 것이 많고 건드리는 분야가 넓어서 무슨 일이라도 있으면 앞에서 이야기를 이끌어 간다. 앎의 폭이 넓은 사람이다. 보통사람은 아는 것이라고는 업무와 관련된 일이나 전공 그리고 사회생활하면서 주워들은 조각 지식이 전부이므로 박학한 사람은 부러움의 대상이 된다.

　그런데 박학한 사람도 당황할 때가 있다. 간혹 호기심이 많거나 확실한 것을 좋아하는 사람이 박학한 사람에게 자꾸 묻는다. "그거 직접 보았나요?" "그런 줄 어떻게 알아요?" 사실 박학한 사람이라고 해도 하나씩 깊이 파고들면 아는 밑천이 바닥나기 시작한다. 이때 깊이 아는 사람은 "그것은 이렇고 이것은 저렇다"라고 말할 수 있다. 예컨대 사소한 것이라도 "비눗방울이 왜 터져요?"라고 물으면 깊이 있는 사람이라면 "비눗방울의 막은 비누 분자층과 물 분자층으로 되어 있는데 시간이 지나면 물이 증발하게 되니까 비눗방울이 터지게 된다"라고 대답할 수 있다.

　넓이와 깊이 둘 다를 갖출 때 온전한 지식이 되는 것이다. 사람은 젊어서는 욕망을 따라가지만 시간이 흘러가면 의미에 관심을 두게 된다. 관심關心이란 마음의 빗장을 열고 닫는다는 뜻이다. 이전에는 마음의 문 안으로 전혀 들어오지 않던 것이 마음 한켠에 자리를 잡게 되는 것이다. 욕망이 일어나면 제지하는 것이 문제이지 그것을 일으켜 나아가기는 쉽다. 뭔가 먹고 싶을 때 찾아서 먹으면 된다. 하지만 의미는 그렇지 않다. 의미를 알고 싶고 찾고 싶다고 하더라도 마음을 내는 것만으로 의미의 물음표가 느낌표로 바뀌지 않는다. 의미의 느낌표를 자주 찍으려면 평소 물음을 많이 하고 대답하는 연습을 하는 수밖에 없다. 그것은 전공지식이나 잡담이 아니라 인문학(고전)에서 얻는 것이 참으로 많다.

17 이해 | 본성보다 습관에서 차이가 생긴다

성근습원性近習遠(17.02/453)

입문　우리는 모두 똑같은 사람이다. 100미터 달리기에 비유하면 모두 같은 지점에 서 있다. 출발 신호와 함께 달리다 보면 어떤 이는 앞서나가고 어떤 이는 뒤에 처진다. 이 차이는 어디에서 생겨나는 것일까?

고전적으로는 선천적 요소와 후천적 요소가 차이를 해명하는 대답으로 제시되었다. 선천적 요소라면 본성, 유전, 천재성 등이 있다. 후천적 요소라면 교육, 환경, 습관 등이 있다. 후천론자들은 만약 사람의 능력이 선천적으로 결정되어 있다면 사람이 살아가면서 스스로 바꿀 수 있는 것은 아무것도 없을 것이라고 선천론에 대해 반론한다. 반면 선천론자는 예컨대 일란성 쌍둥이처럼 후천적 조건이 같다고 하더라도 사람은 다른 능력을 보인다는 점을 제시한다. 인간은 단일한 이론(주장)으로 말끔하게 설명할 수 없는 복잡한 특성을 지니고 있다. 예컨대 모차르트와 아인슈타인은 천재로 설명하는 쪽이 더 걸맞다면 김연아와 박지성은 교육(훈련)으로 설명하는 쪽이 더 걸맞을 수 있다.

이 문제를 두고 공자도 모른 체하지 않았다. 그도 사람인지라 시대를 떠나서 사람이라면 고민할 만한 문제에 무관심하지 않았다. 그는 이를 '성근습원'이라 해서 후천론자의 손을 들어주고 있다.

승당　　공 선생이 이야기했다. "사람의 경향성(본성)은 서로 엇비슷하지만 환경이 서로의 차이를 만든다."

子曰: 性相近也, 習相遠也.
자 왈　성 상 근 야　습 상 원 야

입실　　성性은 본성, 천성의 뜻이다. 하지만 여기서 본성은 어떤 적절한 계기만 주어지면 완벽하게 실현되는 그런 특성이 아니다. 이 본성은 일정한 자극에 특정한 반응을 보이는 경향성으로 반복과 학습을 통해서 강화되기도 하고 약화될 수도 있다.

습習은 익히다, 되풀이하다, 연습하다, 버릇, 습관의 뜻이다. 주말에 TV를 보는 일이 잦다 보면 특별히 의식하지 않아도 시간이 있으면 리모컨을 손에 쥐고 있다. 이처럼 습관은 되풀이해서 어떤 방향으로 굳어진 특성을 말한다.

근近은 가깝다는 뜻이지만 여기서는 닮다, 차이가 없다, 엇비슷하다는 의미를 나타낸다. 원遠은 멀다, 떨어지다는 뜻이지만 여기서는 차이가 크다, 현격하다는 의미를 나타낸다.

여언　　우리가 사람의 차이를 본성과 환경의 차이로 설명하면 현실 사람들에게는 설득력이 없다. 이런 말을 들으면 그것은 어디까지나 학문적

인 이야기이고 현실은 그렇지 않다는 것이다.

예컨대 대입을 보자. 원래 대학 입시는 수험생 개인의 수학 능력을 판별하는 과정이다. 그런데 현실에서는 선행 학습이다 학원 과외다 하며 개인의 능력이 아니라 개인이 동원할 수 있는 가족 또는 가문의 힘이 엄청난 영향을 끼치고 있다. 경제적 여유가 있어 해당 학년이 되기 전부터 줄곧 학원 교육을 통해 학과 공부를 몇 차례 선행 학습하면 소위 좋은 학교에 간다. 그렇지 않고 혼자서 학교 교육에만 충실하면 좋은 학교를 가지 못하는 세상이 되고 있다.

체육이 필요하면 체육 과외를 해서 점수를 올리고 추천서가 필요하면 사람을 사서 좋은 추천서를 작성하게 해 전형에 합격한다. 또 극단적으로는 고액을 들여 족집게처럼 시험 문제를 미리 뽑아서 그것만 죽어라 풀어 고득점을 얻는 경우도 있다.

이렇게 현실에서 사람은 개인이 아니라 가족 또는 가문의 영향을 받고 정상과 비정상의 경계가 흐릿해지며 학연과 지연이 뿌리 깊게 작용하고 있는데, 순수한 사람을 상정해놓고 '본성이 우선이냐 환경이 우선이냐'를 따지는 것이 얼마나 의미 있는 일인지 모르겠다.

하지만 현실이 그렇다고 하더라도 우리는 죽음 앞에선 아무런 장식 없이 똑같아지고 고통 앞에선 누구도 대신할 수 없어 스스로 맞서야 한다. 즉 우리는 순수한 개인으로 드러날 수밖에 없다. 이때 공자의 말을 생각해보자.

'성근'에 따르면 사람은 출발점에서 별다른 차이가 없다. 차이가 있다고 하더라도 그것은 무시할 수 있는 정도다. 훗날 공자의 '성근'은 맹자에게서 '성선性善', 즉 인간이 완전하다는 방향으로 바뀌게 되었다. 이제 사람은 나약하고 게으르고 때로는 멍청하다는 약점에도 불구하고 스스로 자신을 완전하게 가꿔야 하는 책임을 떠안게 된 것이다. 즉 헤매는 사람에게 방향을 계시하고 이렇게 저렇게 살아온 사람을 심판하는 절대자란 없다. 성선은 사람에게 커다란 축복이기도 하지만 엄청난 책무를 던져준다.

'습원'에서 문제가 생길 수는 있다. 사람은 습원의 책무를 누구와 나눌 수 없이 온전히 홀로 떠맡아야 한다. 신에게 기도할 수도 없고 현실의 타인이 대신할 수도 없기 때문이다.

과거 왕조 시대를 보면 왕 또는 왕의 후보자가 광인의 특징을 드러내기도 했다. 이는 습원의 책무에 대한 정신적 압박감을 이기지 못했기 때문이다. 즉 맏이 콤플렉스처럼 사람은 때로 과도한 책무로 인해 제가 바라는 대로 살지 못하고 누군가가 원하는 대로 맞춰 살아가야 한다. 그러다 보니 책무를 내던져버리고 막 나가는 사람이 생겨난다. 하지만 이에 대한 사회적 고려는 약하다. 오늘날 우리는 성근의 축복과 습원의 고통으로부터 얼마나 자유로운 걸까?

18
확장 | 하나를 들으면 열을 깨우치다
문일지십聞一知十(05.09/101)

입문   우리는 말을 배우고 학교에 다닌 이래로 끊임없이 앎을 향한 전진의 길에 들어서게 된다. 하나하나 알아가는 재미만큼 달콤한 것이 없다. 주위를 둘러보면 나만 알아가는 것이 아니라 친구나 동료도 함께 알아가고 있다. 이때 속도의 차이가 보인다. 하나를 들으면 그 하나만을 아는 사람이 있고, 하나를 들으면 두세 가지를 알아차리는 사람이 있으며, 하나를 들으면 말하지 않은 것까지 훤히 꿰뚫을 정도로 열 가지를 알아차리는 사람도 있다. 이 차이는 늦는 사람을 주눅 들게 할 수 있다. 달리 생각하면 차이를 확인하는 순간 자신의 능력과 한계를 객관적으로 측정하게 되는 것이다. 즉 자신에게 맞는 보폭을 알고 함께 가는 사람들의 다양한 능력을 헤아리게 되는 것이다.

안회와 자공은 공자 학파에서 뛰어난 인물이다. 자공은 자신과 안회의 차이를 담담하게 이야기하고 있다. 질투보다는 인정을 하는 자공의 사람됨이 멋있다. 공자도 멋있다. 학생의 탁월함을 인정하는 데에 아무런 주저함이 없다. 그 선생에 그 학생이라고 할 수 있다. 간혹 음모와 술수를 써서 차이를 억지로 뒤집으려는 계략을 부리는 드라마 속 세상과는 너무나도 다른 정경이다.

승당　　공 선생이 자공에게 말을 건넸다. "자네와 안회 두 사람 가운데 누가 더 나은가?" 자공이 대꾸했다. "저를 어떻게 주제넘게 안회와 견주겠습니까? 안회는 하나를 들으면 그것으로 열 가지를 풀어낼 수 있지만 저야 한 가지를 들으면 두 가지를 풀어냅니다." 공 선생이 멋쩍은 듯이 맞장구쳤다. "너랑 나랑 둘 다 그 친구보다 못하지."

子謂子貢曰：女與回也孰愈? 對曰：賜也何敢望回? 回
자 위 자 공 왈　여 여 회 야 숙 유　대 왈　사 야 하 감 망 회　회
也聞一以知十, 賜也聞一以知二. 子曰：弗如也, 吾與
야 문 일 이 지 십　사 야 문 일 이 지 이　자 왈　불 여 야　오 여

女弗如也.
여 불 여 야

입실 　여女는 여자라는 뜻이 아니라 2인칭 대명사 여汝와 같다. 옛날에 한자를 배운 사람은 女를 '계집 녀'라고 하지만 이 풀이는 성적 편견을 담고 있으므로 '여자 녀'로 뜻을 바꿔서 부르도록 해야겠다.

　자공과 안회는 공자 학파에서 뛰어난 제자다(3강 65조목 '일단사일표음', 66조목 '사불수명' 참조). 공자는 선생이면서 서슴없이 제자 안회를 아끼고 존경한다는 표현을 할 정도였는데, 그 안회는 요절했다.

　안회는 가난한 삶을 살면서도 배움의 끈을 놓지 않은 인물로 오늘날 '가난한 인문학도'의 선배로 볼 수 있다. 자공은 공자 학파에서 사회적 활동을 왕성하게 한 인물이다. 그는 현물의 물가 동향에 일가견이 있어서 당시 국제 무역에 종사해서 치부를 하기도 했다.

　유愈는 병이 낫다, 더욱의 뜻으로 쓰이는데 여기서는 '~보다 뛰어나다'는 비교급으로 쓰인다. 불여弗如(또는 불여不如)는 주로 'ㄱ不如ㄴ'의 꼴로 'ㄱ이 ㄴ보다 못하다'는 뜻이다. 여기서는 처음에 ㄱ과 ㄴ의 비교 대상이 모두 생략되어 있고 두 번째는 ㄴ이 생략되어 있다.

　문聞은 기본적으로 듣다라는 뜻이지만 그 안에는 단순히 듣기만 하는 것이 아니라 들어서 안다는 뜻을 포함하고 있다. 공자 당시는 학생이 책을 혼자서 읽고 이해하는 것이 아니라 선생님이 음을 읽어주고 풀이해주면 학생이 듣고서 그 의미를 이해하는 방식으로 수업이 진행되었다. 즉 책 또는 진리를 담은 말씀을 선생님이 혼자 가지고 있으므로 학생은 듣지 않고서는 알 수가 없었다.

　마지막으로 공자가 자공과 함께 스스로 안회보다 못하다고 말하는 부분이 흥미롭다. 물론 자공이란 제자를 위로하는 측면도 있겠지만 뛰어난 제자를 질투하거나 배척하지 않고 스스로 그 뒤에 서려는 자세를 취하고 있는데, 이는 그렇게 쉬운 일이 아니지 않겠는가.

여언　우리는 총명하다고 하면 머리가 좋다는 뜻으로 안다. 원래 총은 귀가 밝아서 잘 듣는다는 뜻이고 명은 눈이 밝아서 잘 본다는 뜻이다. 결국 총명하다는 것은 잘 듣고 잘 본다는 뜻이다. 총명에는 머리로 뭔가를 짜내고 논리를 따지는 계기가 들어 있지 않다.

하여튼 총명하던 사람도 나이가 들면 새로운 것을 받아들이는 만큼 헌 것을 잊어버린다. 자공이 '문일지이'라고 했지만 보통사람은 '지일망십知一忘十'이나 '지일망이知一忘二'하지 않으면 다행이고 '지일망일知一忘一'하면 그나마 행운이다.

자공이 안회보다 뒤지지만 보통사람이 보기에는 둘 다 대단해 보인다. 그것이 어떻게 가능할까? 두 사람이 단순히 기억력이 뛰어나다거나 머리가 좋다는 것만으로는 설명할 수 없다.

그들은 알려는 욕구가 강했고 듣기 이전부터 그 자리에서 듣고 있는 것에 대해 깊이 생각을 해두었다고 할 수 있다. 알려는 준비가 되어 있었던 것이다. 준비가 되어 있는 상태에서 선생님이 뭐라고 말씀을 하자 그전에 알려고 했지만 모르던 것과 잘 연결되지 않던 것들이 한꺼번에 고구마 줄기처럼 줄줄이 이어져서 풀려나오는 것이다.

안회와 자공에게 선생의 한 말씀은 물고기에게는 물과 같고 식물에게는 단비와도 같은 것이었다. 비가 내리자 그간 시들시들하던 식물이 쑥쑥 커가는 형상인 것이다.

19 편집

모든 것이 제자리를 잡을 수 있도록

각득기소各得其所(09.15/225)

입문 우리나라는 한 사람의 장기 집권으로 헌정사에서 정권 교체를 많이 경험하지 못했다. 단임제 상황에서 대통령이 바뀌고 나면 청와대와 정부의 주요 보직에 거의 대부분 다른 인물이 들어선다. 각종 언론에서는 새 얼굴을 두고 무슨 특정 인맥이니 보은 인사니 각종 천연색 표현을 동원해서 인사의 장단점을 평가하곤 한다.

대통령만이 아니라 책임을 진 사람들은 누구나 자신과 마음이 맞는 이와 함께 일을 하려고 한다. 우리나라 사람은 책임자가 되면 견제를 균형에 이르는 절차로 보지 않고 불필요한 간섭으로 본다. 책임자는 누구의 간섭도 받지 않고 절대적 자유를 발휘하고자 하므로 자신의 마음을 잘 알아주는 이를 선호하게 된다. 이래서 우리 사회의 책임자는 조정자보다 독선자 유형이 많은 편이다.

책임자와 참모의 마음이 맞더라도 참모가 능력이 있어야 하고 책임자의 지시가 타당하지 않으면 참모가 반대 의견을 낼 수도 있어야 한다. 이로써 맞는 마음이란 책임자의 개인 의중이 아니라 책임자와 참모 나아가 시민들과 함께 시민을 위하는 가치가 되어야 한다. 공자는 원래 '각득기소'라는 말을 책의 편집에 한정해서 말했지만 그 범위를 넓혀볼 수 있다. 책 대신에 사람을 집어넣으면 되니까.

승당 공 선생이 한마디 했다. "내가 위나라에서 노나라로 돌아온 뒤로 악곡이 정비되었다. 그 결과 고대 시가를 모아놓은 『시경』의 아악과 송악이 모두 제자리를 잡게 되었다."

子曰：吾自衛反魯, 然後樂正, 雅頌各得其所.
자왈　오자위반로　연후악정　아송각득기소

입실　위衛와 노魯는 모두 공자가 활동했던 춘추 시대 나라 이름이다. 그중 노나라는 그의 조국이다. 공자는 노나라에서 자신의 이상을 실현할 수 없게 되자 조국을 떠나 다른 나라를 방문해서 정치적 기회를 얻고자 했다.

자自는 '스스로, ~로부터'를 나타낸다. 반反은 다르다, 거꾸로, 반대의 뜻이지만 여기서는 돌아가다는 반返과 같다.

『시경』은 크게 풍風·아雅·송頌 세 부분으로 되어 있다. 풍은 민간에서 불리던 노래를 수집한 것이고, 아는 공식적인 잔치와 연회에서 널리 쓰이던 것이며, 송은 시조를 기리는 내용이므로 주로 제사를 지낼 때 쓰는 것이다.

공자 당시에 우리가 오늘날 보는 『시경』은 없었다. 다양한 지역에 기원을 둔 시가가 하나의 자료로서 풍부하게 있었는데, 공자가 이를 학습 대상으로 삼으면서 연구해 나름의 체계를 가진 텍스트로 편집했던 것이다.

여언　하나의 조직과 단체 또는 공동체가 효율과 가치의 측면에서 바람직하게 운영되려면 여러 가지 조건이 필요하다. 훌륭한 리더가 있어야 하고, 구성원이 공동선의 가치를 함께 추구해야 하며, 무엇보다도 구성원이 각각 자신에게 어울리는 자리를 차지하고 있어야 한다.

예컨대 200쪽의 책에서 각각의 쪽수가 서로 뒤죽박죽되지 않고 순서대로 제자리에 있을 때 책으로서 기능할 수 있다. 마찬가지로 사람도 사회에서 제자리에 있어야 개인은 자아실현을 할 수 있고 공동체는 번영할 수 있다.

춘추 시대 제나라 환공은 제후가 되기 위해서 형과 내전을 벌였다. 당시 관중은 처음에 환공의 반대편에 서서 환공을 죽이려고 화살을 쏘아 그의 혁대를 맞추었다. 환공의 승리로 내전이 끝난 뒤에 그의 참모 포숙아는 환공에게 관중을 처벌하지 말고 재상으로 쓸 것을 강력하게 추천했다. 관중의 제자리는 감옥이나 형장이 아니라 재상이라는 것이다.

환공은 자신의 적이었던 사람에게 복수하고 싶었지만 그것보다 더 합당한 자리를 찾아주느라 복수를 접었다. 환공은 관중과 협력해서 제나라를 운영했기 때문에 춘추 시대의 질서를 수호하는 패자覇者가 될 수 있었다. 만약 환공이 복수에 눈이 멀어 관중을 처벌했더라면 제나라의 역사는 달라졌을 것이다.

또 넬슨 만델라의 리더십을 보자. 잘 알다시피 그는 흑인과 백인으로 갈라진 남아프리카공화국의 인종 대립을 끝장내고자 하는 사명을 가지고 대통령에 당선됐다. 새로 출근한 그는 전 정권에 몸담았던 직원들이 짐을 싸거나 손을 놓고 멍하니 있는 장면을 보았다.

그는 집무실에서 다시 직원들의 사무실로 와서 그들에게 말했다. "언어나 여러분의 피부색, 이전 정부에서 일했기 때문이라면 아무것도 걱정할 거 없네. 과거는 과거일 뿐 우리는 미래를 봐야 하네." 이러한 감동의 리더십은 〈우리가 꿈꾸는 기적 : 인빅터스〉(2009)라는 영화에서 때로는 차분하게 때로는 격정적으로 잘 그려져 있다.

지도자가 된다면 자리를 내 편에게 선물로 줄 것이 아니라 조직을 살릴 수 있는 사람에게 제대로 돌려줄 수 있어야 한다. 이를 '각득기소'라고 할 수 있고 또는 '적재적소'라고 할 수 있다. 우리는 자리(기회)를 개인 소유물로 여겨서 내 편을 살리느라 전체를 죽일 수도 있고, 아니면 자리를 모두에게 개방해서 전체를 살리느라 내 편을 뒤로 둘 수 있다. 관중이나 만델라와 같은 감동의 리더십을 보고 싶다.

20
제도

나서지 않아도 잘 굴러가네
무위이치無爲而治(15.05/400)

입문　사회나 조직을 이끄는 데 시스템(제도)과 사람 중 어느 요소가 더 결정적인지는 늘 논란이 된다. 어떤 이는 아무리 제도가 잘 갖추어져 있더라도 결국 사람이 그 제도를 운용한다는 점을 강조하며 '사람'에 방점을 찍는다. 또 어떤 이는 사람이 모든 일을 일일이 다 챙길 수 없으므로 제도를 완벽하게 마련해두면 무슨 일이 생겨도 누구라도 척척 대응할 수 있다며 '시스템'에 방점을 찍는다. 물론 사람과 제도를 적절하게 종합하는 방법도 있을 수 있겠다.

　우리나라는 헌정사가 짧기도 하지만 한 사람의 독재로 여러 대통령을 겪지 못했다. 대통령마다 각기 다르지만 노무현과 이명박은 행정 행위에서 각각 시스템과 사람을 우선시하는 것으로 보인다. 노무현 전 대통령은 현장에 나서기보다는 각종 업무를 처리하는 매뉴얼 작성을 늘 강조해서 상급자가 일일이 간섭하지 않더라도 각 분야의 담당자가 자기 책임 아래에서 업무를 추진하도록 한 듯하다. 반면 이명박 대통령은 늘 현장을 입에 담으며 간혹 국정의 최고 책임자가 나서지 않아도 될 자리에까지 나서 이래라 저래라 간섭하며 그 성과가 빨리 나기를 다그치곤 했다.

이와 관련해서 공자는 어떻게 생각했을까? 그는 '무위'라는 개념을 가지고 이 문제를 생각해볼 수 있는 실마리를 내놓고 있다.

승당　공 선생이 들려주었다. "강제하지 않고서도 공동체의 안정을 일군 사람은 순임금일 것이다. 도대체 어떻게 해서 그렇게 되었을까? 몸가짐을 공손하게 하고 자신의 자리를 지켰을 뿐인데."

子曰 : 無爲而治者, 其舜也與? 夫何爲哉? 恭己正南面
자왈　무위이치자　기순야여　부하위재　공기정남면
而已矣.
이 이 의

입실　무위無爲는 원래 유위有爲에 상대되는 개념으로 도가의 주요 개념으로 알려져 있다. 그런 무위가 이렇게 『논어』에 떡하니 버티고 있으니 사람들을 약간 당혹케 하기도 한다. 도가의 무위는 유가에서 말하는 도덕이 사람의 자유를 억압하고 허위의식을 낳는다고 보면서 사람에게 인위적인 가치를 부과하지 말라는 의미 맥락을 전달한다. 아울러 도가의 무위는 인간의 지식과 의지를 넘어서 세계의 변화를 낳고 일으키는 객관 원칙으로 도道를 전제하고 있다.

그렇다면 공자의 무위는 도가의 무위와 같은가 다른가? 사람이 목표를 설정해놓고 그것에 도달하기 위해 욕망과 의지를 세우지 않는다는 측면에서 보면 닮은 점이 있다. 하지만 무위를 하더라도 모든 일이 잘 풀려가는 근원은 다르다. 그것에 대해 도가는 자연의 도에 주목한다면 공자는 사람의 도에 주목한다.

순舜은 신화 전설의 시대에 황하 유역에서 부족 연맹을 이끌었던 수령이다. 그와 관련된 이야기가 많다.

예컨대 눈먼 아버지와 계모를 지성으로 모셔 변화시켰다는 효도 이야기가 있고 또 신화 전설 시대의 또 다른 수령인 요堯를 보좌하는 파트너 이야기도 널리 알려져 있다.

공恭은 삼가다, 조심하다, 공손하다는 뜻이다. 남면南面은 북면北面과 함께 조정에서 군주와 신하의 시선 방향을 가리킨다. 군주는 시선을 남쪽으로 두므로 남향하게 된다. 훗날 남면은 군주를 가리키기도 한다. 북면은 신하가 시선을 북쪽으로 두므로 북향하게 된다.

서울에서 경복궁의 근정전과 창덕궁의 인정전을 보면 군주가 남면한다는 것을 여실하게 알 수 있다. 단, 창경궁은 동향으로 세워졌을 뿐만 아니라 처음부터 왕족 생활을 위한 공간이었으므로 남면과 북면의 구조가 적용되지 않았다.

여언　문맥을 들여다보면 '무위이치'가 모두에게 가능하기보다는 순이기에 가능하다는 어감을 전달하고 있다. 이 점에만 주목하면 공자는 시스템과 사람 중에서 사람을 강조하는 듯하다. 하지만 마지막 구절만 보면 순이 임금으로서 한 일이 없다. 어찌 보면 허수아비가 들판에 서 있듯이 옥좌에 앉아만 있다는 이미지를 전달한다. 이렇게 보면 순이라는 사람보다 시스템이 결정적인 것으로 보인다.

나는 여기서 제3의 해석이 가능하다고 생각한다. 그것이 둘 중 하나를 선택하는 것보다 합리적일 수 있다.

'무위이치'의 현상이 순이 임금이 되자마자 처음부터 가능했던 것이 아니라 재위에 오른 뒤 오랜 시간이 흘러서야 가능했던 것이다. 순이 임금이 되고서 제도를 만들어서 잘 운영한 뒤에야 비로소 '무위이치'의 결과를 얻게 된 것이다. 순이라는 특정한 사람이 기본적으로 시스템을 안정시켰기 때문에 '무위이치'를 이룰 수 있게 된 것이다. 따라서 처음에는 사람이 주도를 하다가 차츰 시스템이 안정되면서 사람의 중요성이 줄어들어간다고 할 수 있다.

21
쾌락 — 아는 것과 좋아하는 것보다 즐기는 것이 최고

지지자불여호지자知之者不如好之者,
호지자불여락지자好之者不如樂之者(06.20/141)

입문 연말연시가 되면 지난날을 돌아보고 앞날을 예상하며 새로운 계획을 세운다. "건강을 위해 운동을 하자!" "금연하자!" "가족을 위해 여행을 떠나자!" "외국어를 배우자!" 시간이 지나 또 다른 연말이 되어 지난날을 돌이켜보면 계획대로 일이 진행되지 않은 경우가 대부분이다. 작심삼일이란 말이 있듯 사람은 계획을 세우긴 하지만 그것을 지속하기가 쉽지 않다.

만약 많은 사람이 계획을 지속적으로 실행해나간다면 이 세상에 종교나 약물 등의 효력은 줄어들 것이다. 계획이 뜻한 대로 이루어지므로 사람은 실패와 좌절로 상처받은 영혼을 위로받기 위해 종교에 기대는 일이 줄어들 것이고 술을 마시지 않게 될 것이다. 하지만 사람은 계획을 끝까지 지속하기 어려운 존재이고 그로 인해 고통받을 수밖에 없는 존재다. 이게 사람의 숙명일지도 모른다.

지속의 힘은 자신의 외부보다 내부에서 크게 생긴다. 외부에서 오는 것은 그 힘(압력)이 강할 때 지속의 동력이 되지만 힘이 없으면 무용지물이 된다. 학창 시절 "야, 선생님 온다!"라는 말 한마디에 교실이 쥐 죽은 듯 조용해지다가 "장난이지!"라는 말에 난장판으로 돌아가는 정경을 떠올려보라. 공자는 내 안의 강력한 우군을 찾아보라고 권하고 있다.

승당　　공 선생이 일러주었다. "무엇을 아는 것은 좋아하는 것만 못하고 좋아하는 것은 즐기는 것만 못하다."

子曰 : 知之者不如好之者, 好之者不如樂之者.
자 왈　지 지 자 불 여 호 지 자　호 지 자 불 여 락 지 자

입실　　지知는 안다, 앎의 뜻이다. 나중에 동사와 명사를 구분하기 위해 지智가 생겨났다. 주로 지知는 안다는 동사로, 지智는 앎의 명사로 쓰인다. 자者는 '~하는 사람'으로 쓰이기도 하고 '~하는 것(경우)'으로 명사절을 이끌기도 한다. 둘 다 해석이 가능하므로 어감에 따라 골라서 옮겨야 한다.

호好는 좋아한다는 뜻이다. 만약 당신이 글자를 만드는 사람이라면

좋아한다는 낱말을 어떻게 표현했을까? 좋아하는 것은 구체적인 사물이 아니므로 표현하기가 쉽지 않다. 문자를 만든 사람은 여女와 자子를 나란히 둬서 '좋아한다'는 뜻을 나타냈다. 그 사람은 남녀 사이의 사랑을 알았던 것이 틀림없다.

樂은 발음이 많다. 음이 '악'이면 풍류, 악기, 음악의 뜻이고, '락'이면 즐긴다는 뜻이며, '요'면 산과 물을 좋아한다는 뜻이다. 여기서는 '락'으로 읽는다.

'불여' 구문은 '~보다 못하다'는 뜻으로 비교급을 나타내지만 그 차이를 긍정과 부정으로까지 확대하지 않아야겠다. 못하다는 것은 지속, 강도의 측면에서 한쪽이 다른 쪽보다는 낮다는 것이지 못한 것은 아무런 가치가 없다는 식으로 보면 원래 의미를 제대로 짚어내지 못하게 된다.

여언　공자는 아는 것, 좋아하는 것, 즐기는 것을 점층적인 방식으로 이해하고 있다. 만약 이 세 가지를 달리 파악한다면 공자와 생각을 달리하거나 공자의 생각에 반대할 수도 있다. 중요한 것은 이러한 순서와 의미 차이에 동의하느냐에 있지 않고 공자가 세 가지를 어떻게 구별하는지 이해하는 것이다.

사실 '제대로 알면 실천한다'거나 '아는 것이 힘이다'라고 생각하면, 아는 것은 비교 대상에서 제일 앞이 아니라 제일 뒤에 놓일 수 있다. 하지만 공자는 아는 것이 중요하지 않은 것이 아니라 아는 것이 지속적인 힘으로 작용하지 못한다고 생각했다. 사람은 착하게 살아야 하는 것을 알더라도 꼭 그렇게 하지 못하고, 뇌물과 부정이 나쁘다는 것을 알지만 언론 보도에 따르면 비슷한 사건이 끊이지 않는다. 결국 선악이든 호오든 길

흥이든 그 무엇을 안다고 하더라도 그것이 바로 사람을 지속적으로 몰고 갈 수는 없는 것이다.

이렇게 아는 것이랑 좋아하는 것과 즐기는 것은 구별이 된다. 하지만 좋아하는 것과 즐기는 것은 어떻게 다를까? 먼저 좋아하는 것과 즐기는 것이 아는 것이랑 반대되지 않고 아는 것을 전제하고 있다는 점을 이해해야 한다. 뭔지 알아야 제대로 좋아하고 즐길 수 있으니까 말이다.

좋아하는 것은 주체가 대상이 가진 속성에 좌우되는 특성을 갖는다. 한 사람이 농구를 좋아한다면 그이는 농구가 가진 어떤 특성으로 인해 그것을 좋아하게 된 것이다. 하지만 농구가 원래 가지고 있는 특성을 잃어버리거나 더 이상 갖고 있지 않으면 그 사람은 농구를 더 이상 좋아하지 않게 된다. 주체와 대상은 각기 서로 다른 특성을 가진 존재로 여전히 구분되고 있다.

반면 즐긴다는 것은 대상이 어떠한 상태와 조건에 있더라도 주체가 그 대상을 긍정적으로 생각하는 것이다. 대상의 속성이 바뀐다고 하더라도 주체는 그것에 별다른 영향을 받지 않는다. 여기서 주체와 대상은 더는 다른 것으로 구분되지 않고 하나로 간주되고 있다. 예컨대 음악을 즐긴다면 '음악이 없는 나'는 상상조차 할 수 없는 것이 바로 내가 음악을 즐기는 것이다.

그런데 우리말에는 간혹 이런 구분법과 달리 쓰이는 용례도 있다. '무조건적으로 좋아한다'고 할 때 좋아하는 것은 즐기는 것에 가깝다. 또 피서지에서 만난 사람끼리 '하룻밤 즐겨보자'고 할 때 즐기는 것은 좋아하는 것에 가깝다.

22
통합

잘 어울리지만 우르르 몰려다니지 않는다
화이부동和而不同(13.23/341)

입문　사람이 모두 다른 만큼 생각도 그만큼 다르기 마련이다. 각인각색 또는 십인십색이라고 할 수 있다. 취미와 생활 습관 등 사적인 영역에서 십인십색은 아무런 문제가 되지 않는다.

예컨대 치약을 짤 때 먼저 튜브의 끝부분을 누르면 좋을까 아니면 중간 부분을 누르면 좋을까? 사실 이것은 정답이 있는 것이 아니라 습관의 차이일 뿐이다.

하지만 회의를 한다거나 공동체를 운영하는 경우엔 사정이 다르다. 회의는 결론이 나와야 한다. 각자 생각이 다를 수 있지만 논의를 통해서 가장 합리적인 쪽으로 의견이 수렴되어야 한다. 다들 동의하는 데도 한 사람이 정당한 이유를 대지도 않은 채 끝까지 자기주장을 고집한다면 어떻게 될까? 또 의사 결정을 할 때 충분히 논의하지 않고 CEO가 다른 사람이 모두 자신의 생각에 동조하기를 고집한다면 어떻게 될까? 그렇게 되면 어떠한 단체도 구성원의 에너지와 열정을 최대로 끌어낼 수 없을 것이다.

그렇다면 다른 생각을 가진 사람들이 모여서 어떻게 합심해서 함께 나아갈 수 있을까? 공자도 이 문제를 두고 깊이 고민한 끝에 동同과 화和의 차이로 설명하고 있다.

승당　공 선생이 일러주었다. "자율적 인간은 조화를 꾀하지만 이익을 향해 몰려다니지 않는다. 작은 사람들은 이익을 향해 몰려다니지만 조화를 꾀하지 않는다."

子曰:君子和而不同, 小人同而不和.
자 왈 군 자 화 이 부 동 소 인 동 이 불 화

입실　군자와 소인은 『논어』에 면면히 흐르는 두 줄기 강이라고 할 수 있는데(4강 75조목 '불우불구', 4강 80조목 '비이부주' 참조), 둘을 너무 대립적으로 파악하지 말자. 날 때부터 성현인 사람이 아니라면 우리는 모두 소인이다. 다른 사람보다 자신의 입에 밥이 들어가는 것이 급하고 견디기 어려울 정도로 힘들면 누구라도 쉬고 싶어 한다.

　중요한 것은 사람이 어쩔 수 없이 소인이라는 것이 아니라 소인을 벗어나야 할 때조차도 소인에 머물러 있는 것이다. 예컨대 자신은 배불리 먹고 10년 먹을 것을 쌓아놓은 채 바로 옆집에 굶주리는 사람을 보고서도 그냥 지나치는 것이다. 소인은 자신을 넘어서야 할 때조차 그러지 못하고 자신에 갇혀 있는 사람이라고 할 수 있다. 반면 군자는 배고프면 먹고 피곤하면 쉬지만 먹어야 한다는 사실과 쉬어야 한다는 사실에 사로잡히지 않는다. 이 땅의 수많은 어머니가 온몸이 천근만근이더라도 몸을 일으켜서 밥을 지어 가족을 먹인다. 이도 군자의 심성이라고 할 수 있다. 회사가 존폐의 기로에 섰을 때 노동자들이 대출을 받아서 회사를 살려낸다. 이도 군자의 마음이라고 할 수 있다.

　정리하면 군자는 자신을 왕으로 우뚝 세우는 사람이다. 소인은 자신을 노예로 부리는 사람이다. 왕은 자신의 의지대로 살아가지만 소인은 타인의 의지대로 살아간다. 왕은 자신의 생각을 접고서 타자의 더욱 합

리적인 생각을 받아들일 수 있지만 소인은 자기 생각이 아니면 안 된다
며 고집을 피운다.

여언　다양성을 어떻게 통합할까? 이는 군자와 소인의 차이기도 하고
화和와 동同의 구별이기도 하다.

비빔밥으로 비유하자면 동은 밥에다 온갖 채소와 저민 소고기를 섞고
서 참기름과 고추장을 잔뜩 넣고 비비는 것이라면, 화는 온갖 채소와 소
고기를 섞고서 참기름과 고추장을 적당한 양만 넣는 것이다. 동의 비빔
밥은 맵거나 고소한 맛이 압도한다면, 화의 비빔밥은 재료 각각의 맛과
향이 살아 있다. 다른 음식으로 비유한다면 동은 육수에 여러 가지 채소
를 넣고 센 불로 데워서 탕 요리를 만드는 것과 비슷하다면, 화는 밀전병
에다 아홉 가지 속 재료를 싸서 먹는 구절판과 비슷하다.

마지막으로 운전에다 비유한다면 동은 도로 사정이야 어떠하든 간에
자신이 가고 싶은 속도로 제일 앞에 가기를 고집한다. 그러다 보니 수시
로 차선을 바꾸고 틈이 있으면 다른 차 앞으로 끼어들고 늦게 가는 차가
있으면 연신 경적을 눌러댄다.

화는 교통 흐름을 타면서 빨리 가야 할 때 가속 페달을 밟고 늦춰야
할 때 감속 페달을 밟는다. 구급차가 보이면 재빨리 길을 열어주고 비상
등을 켜고 앞지르는 차가 있으면 차선을 양보한다.

정리해보면 소인의 동은 오늘날 정규직이 자기 집단의 이익을 굳건하
게 보장받으려고 하면서 동일 노동을 하고서 불리한 대우를 받는 비정규
직 문제에 눈을 감는 것이다. 군자의 화는 정규직과 비정규직의 격차를
줄이면서 궁극적으로 동일 대우를 받을 수 있는 길을 모색하는 것이다.

23
도의

얻을 것이 생기면 옳은지부터 생각하라

견득사의見得思義(19.01/489)

입문　길 가다가 처음 보는 사람이 뭔가를 준다면 우리는 받을까 받지 않을까?

아마 상대가 건네려고 해도 우리는 손조차 내밀지 않은 채 뒷걸음치며 황당해하는 반응을 보일 것이다. 내용물이 뭔지 몰라서도 그렇지만 받는 것 자체가 직감적으로 타당하지 않다고 생각하기 때문이다. 자신이 받을 만한 노력을 들이지 않고 받는 것이 부당하다고 보는 것이다.

현대 사회는 기본적으로 주고받는 '거래' 관계에 바탕을 두고 있다. 물론 가족과 친구는 '거래'가 아닌 '정리'가 우선시되는 사이기는 하지만 그도 점차 '거래'로부터 완전히 자유로울 수 없게 되어가고 있다. 오가는 것이 대등해야 한쪽이 억울하지 않고, 공정해야 어느 쪽도 불만을 가지지 않게 된다. 아울러 대등과 공정이 보장되면 누구하고라도 거래가 성사될 수 있다.

하지만 현실에는 대등하지도 않으며 공정하지도 않은 거래가 숱하게 있다. 일을 시켜놓고 임금을 제때 주지 않거나 아무 일을 하지 않고서 임금을 꼬박꼬박 지불받거나 잘 봐달라며 인허가를 담당하는 공무원에게 뇌물을 주는 등 비리, 부패, 부정 등과 관련된 일이 숱하게 있다. '견득사의'도 주고받는 거래에서 되새겨볼 만한 말이다. 흔히 '공짜 싫어하는 사람이 없다'고 하지만 '이 세상에 공짜란 없는 법이다.' 받을 만하지 않은데 받았다가는 나중에 몇 배의 책임으로 되돌아온다. 최근에는 고위 공직자가 되려면 국회 청문회를 거쳐야 한다. 간혹 그 과정에서 몇 년 전 또는 수십 년 전에 받았던 뇌물이 문제되어 낙마하는 경우가 종종 있다. '견득 사의'가 아니라 '견득불사의見得不思義'했기 때문에 인생의 정점에서 순식간에 나락으로 굴러떨어지게 된 것이다.

승당　　자장이 들려주었다. "공동체의 일꾼은 위기가 닥치면 목숨을 아끼지 않고, 얻을 일이 생기면 옳은지 어떤지에 생각을 집중하고, 제사 지낼 때는 경건함에 집중하고, 상례 중에는 슬픔에 집중한다. 그러면 충분하지."

子張曰：士見危致命, 見得思義, 祭思敬, 喪思哀, 其可
자 장 왈　사 견 위 치 명　견 득 사 의　제 사 경　상 사 애　기 가
已矣.
이 의

입실　　자장은 공자의 제자다. 위危는 위태롭다, 위험, 위기의 뜻이다. 치致는 내놓다, 내던지다는 뜻이다. 치명致命은 목숨을 내놓다, 희생하다는 뜻으로 절대적 양보, 절대적 희생을 가리킨다. 사思는 생각하다, 생각의 뜻으로 여기서는 집중하다, 초점을 두다의 뜻이다.

　'견득사의'와 같은 구절로 '견리사의見利思義, 견위수명見危授命'(14. 13/361)이 있다. 득과 리는 의미상 서로 바꿔 쓸 수 있으므로 두 구절은 사실 같은 내용을 말하는 것이다.

여언　　아이는 배가 고프면 참지 못한다. 당장 먹을 것을 달라며 아우성을 친다. 그런 아이도 단식을 한다. 예컨대 갖고 싶은 장난감이 있는데

부모님이 사주지 않으면 토라져서 밥을 먹지 않는다. 다음에 사면 되지 않느냐고 아무리 달래도 밥을 먹지 않는다. 눈앞에 밥이 아니라 장난감이 없기 때문이다. 하고 싶은 것이 강렬하면 배고프다는 사실이 중요도에서 뒤로 밀려날 수가 있다.

누군가 물건을 건넬 때 성인은 무엇에 의지해서 받지 않을 수 있을까? 자장은 받아야 되는지 안 되는지 옳고 그름을 따져보라고 요구했다. 이는 간단해 보이지만 사실 그렇지 않다. 건네는 것이 나에게 절실하고 귀중한 것이면 '나'는 그 사실에 눈이 가려져 '의'에 집중하기 쉽지 않다. 평소에 그렇게 갖고 싶던 좋아하는 화가의 진품을 누군가 건네면 내겐 옳고 그름을 넘어서 갖고 싶은 욕망이 활활 타오를 수 있다.

이때 의라는 도덕규범만큼이나 높은 인격도 사람의 흔들리는 마음을 다잡기 쉬울 수 있다. 이와 관련해서 재미있는 고사가 있다. 바로 사지四知다. 후한 시대 양진이 태수로 부임하기 위해 임지로 가는 도중에 날이 저물어 객사에 머무르게 되었다. 그곳의 현령 왕밀이 양진을 찾아와 황금을 내놓으며 지난날 신세를 진 것에 사의를 표시했다. 양진은 깜짝 놀라며 받지 않으려고 하자 왕밀이 아무도 모르는데 무슨 문제가 있느냐고 변명했다. 이에 양진은 "하늘(하느님)이 알고 땅이 알고 그대가 알고 내가 안다"(천지天知, 지지地知, 자지子知, 아지我知)며 황금을 단호하게 거절했다.

조선 시대 정약용은 『목민심서』에서 사지를 이어받아서 논의를 확장했다. 뇌물은 아무리 비밀리에 주고받더라도 들통이 난다며 하늘(하느님)이 알고 귀신이 알고 내가 알고 상대가 안다(천지天知, 신지神知, 아지我知, 자지子知)는 사지를 주장했다. 아울러 그는 공직 생활을 잘하려면 네

가지를 두려워해야 한다며 '사외四畏'를 주장했다. 즉 의를 두려워하고 법을 두려워하며 상관을 두려워하고 백성을 두려워하라(외의畏義, 외법畏法, 외상관畏上官, 외소민畏小民).

이성적 판단만큼이나 누가 자신을 보고 있다는 사실은 사람을 단속할 수 있다. 그만큼 제대로 주고받는 것이 인간사에서 어렵다는 것이리라. 일찍이 일본의 시부사와 에이이치는 『논어와 주판』을 통해서 『논어』가 대변하는 도의와 상공업이 목표로 하는 이익이 조화될 수 있다는 주장을 펼쳤다. 그는 의리합일을 통해 일본에서 메이지유신 이후에 사회 주도 계층으로 등장한 상공인이 타락하지 않을 수 있다고 보았다.

24
일관

처음과 끝을 하나로 꿰뚫다
일이관지一以貫之(15.03/398)

입문　술을 많이 먹으면 흔히 필름이 끊긴다(Black out)고 한다. 단기 기억 상실이라고 할 수 있다. 이는 치매와 다르다. 치매는 기억이 있던 상황으로 되돌아오지 않지만 필름 끊기는 경우는 그 순간을 빼면 원래 기억으로 돌아가기 때문이다.

블랙아웃은 우리가 알코올을 과도하게 섭취하게 되면 글루탐산이라는 신경 전달 물질을 고갈시켜서 뇌의 임시 기억을 관장하는 해마 세포의 활동을 떨어뜨리게 되어 기억의 단자가 되는 정보의 입력과 해석에 나쁜 영향을 미치기 때문에 일어난다. 함께 술을 마신 사람이 전날의 일을 애써 알려주어도 '나'는 도무지 알 수가 없다.

사람은 기억만이 아니라 앎에도 실천에도 필름이 끊어지는 현상이 생긴다. 예컨대 책을 읽거나 영화를 보면 어떤 부분은 이해가 되지만 어떤 부분은 도대체 무슨 뜻인지 모르는 경우가 있다. 이 경우 앎이 책과 영화 전체를 꿰뚫지 못하고 군데군데 구멍이 숭숭 뚫린 것이다.

또 4대강 사업이나 뉴타운 건립과 같은 경우 처음에는 찬성하다가 어느 순간 반대를 한다면 실천에도 하나의 흐름이 쭉 이어지지 못하고 단속斷續 현상이 있는 것이다.

사람이 일생을 살아가면서 실천이든 앎이든 전체를 하나로 쭉 꿰뚫기란 쉽지 않다. 환경만이 아니라 가치관 자체가 바뀌게 되므로 한결같이 지속하기란 무척이나 어렵다. 공자도 새삼 일관의 중요성을 일깨우고 있다.

승당　　공 선생이 일러주었다. "자공아, 너는 나를 여러 분야에 걸쳐 두루 배워서 기억하는 사람으로 생각하느냐?" 자공이 대꾸했다. "그렇게 생각하지요. 아닙니까?" 공 선생이 고개를 저으며 말했다. "아니야. 나는 한결같이(하나로) 꿰뚫으며 살려고 할 뿐이다."

　　　　子曰 : 賜也, 女以予爲多學而識之者與? 對曰 : 然, 非
　　　　자왈　사야　여이여위다학이식지자여　대왈　연　비
　　　　與? 曰 : 非也, 予一以貫之
　　　　여　왈　비야　여일이관지

입실　　사賜는 자공의 이름으로 그의 성명은 단목사端木賜다. 여予는 아我, 오吾, 여余와 함께 1인칭 대명사다. 識은 알다, 기억하다의 뜻이면

'식'으로 읽고 적다, 기록하다의 뜻이면 '지'로 읽는다. 여與는 여기서 의문을 나타내는 어감을 나타낼 뿐 특별한 뜻을 가지지 않는다.

연然은 많은 경우 접속사로 쓰이지만 여기서는 그러하다, 예스의 뜻으로 쓰이고 있다. 비非는 연과 반대로 아니다, 노의 뜻이다. 관貫은 꿰다, 꿰뚫다의 뜻이다. 옛날 가운데 구멍이 난 엽전을 실로 꿰는 것을 떠올리면 좋겠다.

이 구절에서 공자는 세인 또는 제자들의 자신에 대한 기대를 알고서 그것이 부당하다는 것을 스스로 해명하고 있다. 사람들은 자신이 박학다식하다고 알고 있지만 그것은 자신의 일면이거나 중요한 측면이 아니다. 또 실제로 그는 자신이 모든 것을 다 안다고 생각하지도 않았다. 다만 공자는 자신이 알고 있던 것에 오랜 사색을 통해서 깊이를 더해왔고 또 그것을 현실에서 실천하려고 꾸준하게 노력해왔다는 점을 부각시키고 있다. 공자는 여기서 자신을 박학한 사람으로 아는 편견을 틀린 것으로 지적하고, 앎과 실천을 한결같이 하려고 했다는 점을 강조하고 있다.

여언   우리나라 근현대사는 그야말로 격동의 세월이라고 할 수 있다. 왕조에서 제국으로, 제국에서 식민지로, 식민지에서 근대 국가(미군정)로, 미군정에서 남북 대립과 전쟁으로, 전쟁에서 분단으로, 분단에서 산업화로, 산업화에서 정보화 사회로…… 실로 100여 년 사이에 이렇게 많은 일이 일어날 수 있을까 싶을 정도로 격변의 시간이 지나갔다.

격변의 시간이었던 만큼 우리에겐 근현대사에서 존경할 만한 인물이 그렇게 많지 않다.

예컨대 이광수, 장지연 등은 식민지 시절에 독립 운동을 했다가도 기나긴 식민 기간에 일본 천황을 찬양하는 변절을 했다. 식민지 시절 많은 사람의 친일, 부일, 반일의 부침이 있었고, 남북 전쟁과 대립 중에 좌우의 극심한 갈등이 있었다. 안중근은 독립 투사였지만 그의 아들 안중생은 아비가 살해한 이토 히로부미 아들에게 사죄하고 먹고살 길을 찾았다. 이처럼 뒤틀린 역정을 보노라면 오늘날 한 개인에게 엄혹한 역사를 온몸으로 받아내며 일관되게 살기를 요구한다는 것이 가혹한 게 아닐까 하는 생각이 든다.

1~2년이 아니라 평생을 일관되게 살려면 많은 것이 필요하다. 첫째, 시대정신을 읽어내야 한다. 그렇지 않으면 개인의 신념은 현실과 역사에 비해 바람 앞의 등잔불처럼 너무나도 약하다. 둘째, 의지가 굳건해야 한다. 그렇지 않으면 개인의 의지는 욕망과 유혹 앞에 언제든지 무릎 꿇을 수 있기 때문이다. 셋째, 역사를 신뢰하고 타자를 사랑해야 한다. 그렇지 않으면 개인의 행동이 복수나 보복과 구분되지 않기 때문이다. 공자는 이 세 가지를 갖추었던가 보다.

25
진보 | 산을 쌓는 것은 한 삼태기의 흙에 달려 있다
위산일궤爲山一簣(09.19/229)

입문　인생살이는 한편으론 쌓아가는 과정이다. 뭔가를 이룬다는 것은 하나씩 하나씩 차곡차곡 포개서 점점 높이를 더하는 것이다. 높아지는 높이를 보면서 사람은 자신이 잘못 살지 않았다는 안도감을 느끼기도 하고 행복감에 젖어들기도 한다. 이처럼 어느 정도 쌓였을 때 쌓아가는 재미를 알기 때문에 사람이 간혹 흐트러지기도 하지만 전체적으론 제 방향대로 나아간다.

문제는 처음 시작할 때다. 현재 상황과 앞으로 쌓아야 할 높이를 비교해보고서 둘 사이의 간격이 아득하게 차이가 나면 빨리 시작해야 한다고 생각은 하지만 선뜻 마음이 내키지 않고 차일피일 시작을 미루게 된다.

공자는 미적거리는 사람을 위해 산을 만드는(쌓는) 비유를 들고 있다. 평지보다 우뚝 솟아 그 차이를 당당하게 드러내는 산마저도 한 삼태기의 흙으로부터 시작되었다는 것이다. 누가 "못하겠다!"는 말을 꺼집어낼 수 있을까?

승당   공 선생이 일러주었다. "예컨대 흙을 쌓아 산 모양을 만든다고 가정해보세. 겨우 한 삼태기 분량의 흙을 채우지 못한 채 일을 그만둔다면 바로 내가 그만둔 것이라네. 예컨대 땅을 평평하게 고르는 일을 생각해보세. 비록 겨우 한 삼태기의 흙을 갖다 부었을 뿐이더라도 일을 진척시켰다면 바로 내가 앞으로 나아간 것이라네."

子曰：譬如爲山, 未成一簣, 止, 吾止也. 譬如平地, 雖
자왈 비여위산 미성일궤 지 오지야 비여평지 수
覆一簣, 進, 吾往也.
복일궤 진 오왕야

입실   비譬는 견주다, 예컨대의 뜻이다. 비유를 들어 논의를 진행할 때 '비' 또는 '비여譬如'라는 말을 상투적으로 사용한다.

위爲는 하다, 일구다, 만들다는 뜻이다. 궤簣는 흙이나 물건을 담는 데 쓰는 삼태기를 말한다.

지止와 진進은 서로 반대되는데, 지는 그만두다, 그치다는 뜻이고 진은 나아가다, 계속하다는 뜻이다. 복覆은 뒤엎다, 갖다 붓다는 뜻이다.

공자는 이 구절에서 상반되는 작업을 비유로 들고 있다. 하나는 흙을 갖다 날라서 조금씩 더 높이 쌓아가는 작업이고 다른 하나는 높은 곳을 파내서 낮은 곳에 흙을 퍼부어 땅을 평평하게 고르는 작업이다. 여기서 한 삼태기는 글자 그대로 그만큼 담을 수 있는 흙의 양이 아니라 조금만 힘을 들이면 완성을 눈앞에 둔 상태를 비유적으로 표현하는 말이다.

여언　금수저를 물고 태어나지 않는 한 사람은 누구나 현실과 이상 사이에 벌어진 커다란 틈새를 마주하게 된다. 작가를 꿈꾸는 문학소녀는 자신의 무딘 표현력에 가슴 아파하고, 업계 1위를 바라는 2위 주자는 좁혀지지 않는 격차에 한숨을 쉬며, 자식의 앞날이 화창하기를 바라는 부모는 오르지 않는 자식의 학업 성적에 남몰래 걱정하고, 취직을 꿈에 그리는 졸업자는 거듭되는 불합격 소식에 가슴이 타들어간다.

우리는 현실을 탈출하고 싶은 만큼 가능한 한 빨리 그날이 찾아오기를 간절히 바란다. 하지만 현실을 벗어나고자 해도 늘 그 현실로 돌아오게 되는데, 이때 현실은 변화를 꿈꾸는 자의 기지(출발점)가 아니라 자신의 발목을 붙들어 매는 족쇄처럼 보인다. 현실을 벗어나려는 시도가 거듭 실패로 드러날수록 사람은 좌절하기도 하지만 체념하기도 한다. 그래서 이 세상에는 변화의 실패를 잊게 해주고 실패를 성공으로 착각하게 만드는 기술이 많다.

술을 먹으면 면접 때 입술이 굳어버린 사람도 달변가가 되고, 환상에 젖어들면 비참한 현실은 화려한 꿈의 궁전으로 탈바꿈하며, 마약과 같은 약물에 빠지면 일순간 모든 것이 가능한 별세계로 들어서게 되고, 더 피할 곳이 없으면 죽음만이 유일한 해결책이라는 생각이 들기도 한다.

인간은 좀처럼 가까워지지 않는 현실과 이상 간의 거리를 힘겨워하는 만큼 그것을 좁히기 위한 온갖 방법을 강구해왔는지 모른다. 문학과 영화 그리고 드라마에서는 밑바닥 인생에서 공주나 왕자 같은 인생으로 수직 상승하는 신데렐라 콤플렉스를 즐겨 다룬다. 신화와 전설의 시대에는 초자연적 존재나 특이한 능력을 가진 동물이 인간의 소원을 들어주었는데, 상품 경제 사회에서는 재벌이나 로또 또는 돈벼락이 신의 역할을 대신하고 있다.

하지만 신의 은총과 돈벼락은 특별한 사람에게만 찾아오는 행운일 뿐 모든 사람에게 다가오는 기회가 아니다. 따라서 위와 같은 특별한 이야기 만큼이나 보통 이야기도 역사 이래로 끊임없이 되풀이되어 쓰여지고 있다. 즉 한 걸음 한 걸음 옮겨서 결국 거대한 변화를 일궈낸다는 축적에 의한 진보 이야기다. '위산일궤'도 바로 그러한 한 땀 한 땀의 소중함을 일깨우는 말이다.

비슷한 말이 많다. 우리 속담의 "천 리 길도 한 걸음부터"나 『열자』에 나오는 우공이산愚公移山은 모두 왕자나 공주 또는 용왕이나 신 또는 성질이 나쁘지만 마음은 따뜻한 재벌 아들을 믿지 말고 신발 끈 조여 매라고 권하는 이야기다.

26

퇴보

궁지에 몰리고도 배우지 않는다면

곤이불학困而不學(16.09/446)

입문 　보통 외국에 나가면 먹는 것은 물론이고 언어 때문에 고통을 겪는다. 그래서 돌아오는 비행기 안에서 '꼭 외국어를 공부해야지!'라고 굳은 결심을 한다. 하지만 다음 여행에서 우리는 얼마나 같은 결심을 하지 않아도 되는 것일까? 차를 몰고 가다가 고장이 나면 보험회사 서비스센터에 연락하게 된다. 늦은 밤이라면 기다리는 시간이 여간 힘들지 않다. 그런데 서비스를 받고 보니 조금만 관심 있으면 해결할 수 있는 문제였다. 그때는 차량 정비에 신경을 좀 써야지 하다가 시간이 지나면 또 언제 그랬느냐는 듯이 잊어버린다.

이와 다른 이야기를 들은 적이 있다. 젊은 검사가 사건 수사를 지휘하다가 실수를 한 나이 많은 경찰관에게 필요 이상으로 면박을 주었다. 그 경찰관은 그날로 공부를 시작해서 사법시험에 합격해 나중에 검사가 되었다. 결과로 보면 젊은 검사는 늙은 검사의 원수인가 은인인가?

오디션 프로그램, 음악 경연 프로그램이 꾸준히 인기다. 그간 알려지지 않았던 사람이 영웅으로 떠올라 온갖 화제를 낳고 있다. 특히 불우한 환경에서도 꿈을 향한 열정을 갈고닦은 이들에게 대중은 열광한다. 만약 그들이 환경 탓을 하며 꿈을 접어두었더라면 오늘날의 그들은 나오지 않았을 것이다.

어려운 처지, 불우한 환경은 분명 사람의 기를 꺾어 땅바닥에 주저앉게 만든다. 문제는 계속 그렇게 한탄하며 시간을 보낼 것인가 아니면 일어서서 보란 듯이 꿋꿋하게 살아갈 것인가에 있다. 공자는 인생에서 여러 유형의 사람을 관찰하고서 네 부류로 나누었다. 그 가운데 '곤이불학'은 한탄과 좌절에 익숙한 사람을 나타낸다. 당신은 어디에 서 있는가?

승당　공 선생이 터놓고 이야기했다. "태어나면서부터 아는 이가 최상이고, 후천적으로 배워서 아는 이가 그다음이며, 살다가 어려움을 겪고서야 배우려는 이는 또 그다음이다. 살다가 어려움을 겪고서도 배우려고 하지 않으니 앞뒤 꽉 막힌 사람이 가장 아래니라."

孔子曰 : 生而知之者上也, 學而知之者次也, 困而學
공자왈　생이지지자상야　학이지지자차야　곤이학
之, 又其次也, 困而不學, 民斯爲下矣.
지　우기차야　곤이불학　민사위하의

입실　생生은 나다, 태어나다, 생기다의 뜻이다. 여기서는 선천적으로, 태어나면서부터라는 의미로 쓰인다. 차次는 다음, 버금의 뜻인데 여기서는 상上에 비해서 뒤떨어진다는 뜻이다. 차 다음에 또 차가 쓰이면 상보다 훨씬 뒤떨어지고 앞의 차보다 뒤떨어진다는 뜻이다.

곤困은 괴롭다, 힘들다, 곤경, 낭패, 어려움의 뜻이다. 뭔가 해결하지 못해 쩔쩔매는 상황을 떠올리면 좋겠다. 급하게 연락을 해야 하는데 핸드폰이 방전되었다든지 외국 회사와 계약을 진행하는데 협력자가 부실한 정보를 준다든지 정부가 정책을 내놓았지만 시장 반응이 싸늘하다든지 후쿠시마 원전 사고가 나는 등 원전 위험성이 커지지만 에너지 소비가 늘어나는 것 등등이 곤이라고 할 수 있다.

민民은 어원상 눈에 뭔가 찔린 꼴을 나타낸다. 즉 눈이 멀어서 사리를 분간할 줄 모른다는 뜻이다. 이를 계급 사관으로 읽어내기도 하는데 여기서는 실패를 배우지 않고 곤경에서 교훈을 찾지 않으려는 사람으로 보자.

여언　곤경은 인생에서 어떤 의미가 있을까? 어떤 이는 자신이 그 상황에 놓인 것을 두고 쪽팔린다거나 망신을 당했다고 생각한다. 재수가 없어서 그렇게 되었으니 부리나케 상황을 벗어나려고 한다. 그럼 나아지는 것이 없다. 다음에 또 비슷한 상황이 와도 운수를 탓할 것이다. 이런 유형은 한 걸음 앞으로 나아가지 않으므로 결국 퇴보하게 된다. 설령 뭔가를 한다고 하더라도 평균보다 늦게 나아가므로 퇴보와 같다. 물론 자신은 퇴보가 아니라고 굳게 항변할 것이다. 이때는 재수가 아니라 시대를 잘못 만났다고 할 것이다. 바로 이것이 보다 뒷걸음질하는 '곤이불학'의 전형적인 특징이다.

곤은 잘 생각해보면 우리가 자신에 대해 모르고 있는 것을 일깨우는 기회가 될 수 있다. 즉 변신의 초대장이다. 예컨대 앞의 경찰관처럼 평소에는 자신에게 검사가 될 수 있는 자질이 있는 것을 모르고 있다가 '곤'을 겪고서야 그 자질을 발견한 것이다. 잔고가 16달러밖에 없고 구직은 번번이 실패해 생애 나락으로 떨어진 사람이 대기업의 수질 오염을 밝혀낸 실화를 다룬 영화 〈에린 브로코비치〉(2000)에서 줄리아 로버츠는 소송을 하면서 변신을 하게 된다. 이처럼 우리가 '곤'의 초대장에 응하지 않으면 '곤이불학'이고 응하면 '곤이학지'가 된다.

자신이 '생이지지'가 아니라고 하늘을 탓하고 '학이지지'를 도와주지 않는다고 부모를 원망하며 '곤이학지'가 힘들다고 그 자리에 주저앉아버리고 늘 '곤지불학'에 머무른다면, 그 사람은 세상을 향해 너무 많은 저주를 쏟아내는 사람이 아닐까?

27
인격 │ 부유하면서도 거들먹거리지 않는다
부이무교富而無驕(01.15/015)

입문   타인의 물건을 훔치거나 인격을 존중하지 않으면 법과 도덕의 제재를 받는다. 피해자는 기분이 나쁘고 상처를 입지만 법과 도덕의 힘으로 정의를 바로잡을 수가 있다. 그런데 법적으로나 도덕적으로 문제가 되지 않지만 사람의 기분을 상하게 하는 일이 있다. 여럿이 있지만 그중 허영과 비굴이 대표적이다. 사람이기에 자아도취해서 상대를 배려하지 못하는 치명적인 실수를 저지르는 것이다.

가난하면 모든 것이 아쉽고 빠져나갈 길이 없다. 길이 닫힌 것만큼 지금 당장 필요로 하는 것을 구하기 위해 안간힘을 쓰게 된다. 있는 사람은 조금 없어도 표시가 나지 않는다. 가난한 자는 그 조금의 조금을 거저 얻을 수 있으리라는 기대에 비굴해지게 된다. 잘살면, 사람이 없어서 고통을 겪는다는 사실을 선뜻 이해하지 못한다. 밥이 없으면 라면을 먹으면 되지라는 식이다. 또 없는 게 없으면 뭔가 생길 때마다 봐줘야 하는 사람을 필요로 한다. 예컨대 도회지 와서 돈 좀 모았다고 명절에 비싼 외제차 끌고 고향에 가서 돈 자랑하는 사람이 꼭 있기 마련이다.

이처럼 비굴과 허영은 사람이 감추기 어려운 약점이다. 비굴과 허영은 보는 사람을 씁쓸하게 한다. 그렇게까지 해야 할까라는 의구심이 든다. 자공은 우리를 대신해서 말하고 있다.

승당 자공이 생각을 정리하고서 물어봤다. "가난하더라도 있는 자에게 알랑거리지 않고 재산이 많더라도 없는 자에게 뽐내거나 시건방을 떨지 않는다면 어떨까요?" 공 선생이 일러주었다. "괜찮아 보이네. 그러나 그 수준은 가난하더라도 올바른 길을 즐거워하고 재산이 많더라도 전통 문화를 좋아하는 것에는 미치지 못하네."

> 子貢曰:貧而無諂, 富而無驕, 何如? 子曰:可也, 未若
> 자 공 왈   빈 이 무 첨 부 이 무 교 하 여   자 왈   가 야   미 약
> 貧而樂, 富而好禮者也.
> 빈 이 락 부 이 호 례 자 야

입실 자공은 공자의 제자다. 빈貧은 가난하다, 가난의 뜻으로 물질적 빈궁을 가리킨다. 첨諂은 아첨하다, 알랑거리다는 뜻으로 뭔가 얻을 것을 기대하고 상대 비위를 맞추는 행동을 가리킨다. 부富는 재산이 넉넉하고 많다, 풍성하다는 뜻이다. 교驕는 우쭐거리다, 젠체하다, 건방 떨다, 뻐기다는 뜻이다.

여언 사람이 싫어질 때가 있다. 사람이 사람으로서 격을 지키지 못하고 격 아래로 내려서 있는 경우가 더욱 그러하다. 사람에게 자존심은 참으로 중요하다. 맹자는 빌어먹는 거지도 자존심을 차린다고 말한다. 거지가 아무리 밥을 빌어먹더라도, 주는 사람이 거지에게 냄새난다고 거지

가까이에 오지 않고 멀리 떨어져서 밥그릇을 발로 툭툭 차서 건네면 거지가 밥을 받아먹지 않는다. 배가 덜 고파서 그랬겠지 생각할 수도 있다. 하지만 사람이 배고픈 것을 참을 수 없는 만큼이나 비굴하고 처참해지는 것도 받아들이기 어렵다는 것이다.

자공과 공자의 차이는 무엇일까?

첫째, 자공은 사람이 최소한 이것만은 하지 않았으면 좋겠다는 점에 초점을 맞추고 있다. 반면 공자는 사람이 최대한 이것까지는 했으면 좋겠다는 점에 방점을 찍고 있다. 공공장소에서 핸드폰을 사용하며 큰소리로 떠드는 건 보기도 좋지 않을 뿐만 아니라 주위 사람에게 피해를 준다. 이러한 기본마저 되지 않는데 이웃 사랑이니 나눔이니 하는 무슨 커다란 일을 어떻게 바랄 수 있겠는가? 그렇다고 기초만 강조하게 되면 살맛 나는 세상이 되기에는 모자랄 수도 있다. 남에게 피해만 주지 않아도 좋지만 어려운 이웃을 내버려둘 수는 없는 일이다.

둘째, 사람의 격에는 깊이와 넓이가 있다. 외식을 하면 다시 가고 싶은 집이 있고 다시는 가고 싶지 않은 집이 있다. 음식 맛에서도 차이가 있고 서비스 질에서도 차이가 있기 때문이다. 한 사람만이 아니라 열 사람이 비슷하게 생각한다면 음식점의 격에 차이가 있는 것이다. 사람도 만나면 편해서 다시 보려 해도 주저함이 없는 사람이 있지만 껄끄러워서 다시 보자면 주저되는 사람이 있기도 하다. 한 사람만이 아니라 열 사람 백 사람이 그렇게 느낀다면 사람의 격에도 깊이와 넓이가 다른 것이다. 사람이 사람다워지는 데는 끝이 없다. 업무를 끝내고 퇴근하듯이 인격은 한두 차례 닦고 나면 완성되는 일이 아니다.

비굴하기보다는 당당하고, 교만하기보다는 겸손하며, 피해를 주지 않는 데 멈추기보다는 함께 인문의 가치를 일구도록 '나'를 마름질해야 한다.

왜 이런 말을 했을까라고 자공의 의도를 생각해보니 공자 당시에도 빈부 차이가 크게 벌어졌다는 것을 알아차릴 수 있다. 차이가 없다면 차이로 인해 생기는 비굴과 허영으로 상처받지 않을 치료제를 이야기할 필요가 없을 것이다.

28
연대 | 세상 사람이 모두 나의 형제자매다
사해형제四海兄弟(12.05/299)

입문 친한 사람을 만나서 남에게 쉽게 하지 못한 가슴 아픈 이야기를 하고 있는데 친구가 내 말을 듣는 둥 마는 둥 한다. 그러면 갑자기 말하고 싶은 마음이 싹 사라지게 된다. 그뿐이 아니다. 세상이 낯설게 느껴진다. 심하면 환멸을 느낄 수도 있다.

우리는 세상일을 잊으려고 잠깐 산을 찾게 된다. 산을 오르다 다리가 쑤시고 무거워지면 잠시라도 엉덩이를 둘 곳을 찾게 된다. 이리저리 보아도 적당한 곳이 없다. 그때 지난 태풍에 옆으로 쓰러진 나무가 눈에 들어온다. 나뭇가지에 엉덩이를 붙이고 가쁜 숨을 내쉰다. 한참 산을 오르다 보니 목이 마르다. 가져온 물이 바닥이 났다. 주위에 사람도 없다. 타는 목을 참으며 앞으로 나가다 보니 어디선가 물 흐르는 소리가 들린다. 달려가보니 계곡이 있다. 앞뒤 가릴 것 없이 고개를 처박고 엉덩이를 치

커들고 계곡 물을 마신다. 산이 그냥 산으로 다가오지 않는다. 나의 마른 목을 축여주고 나의 아픈 다리를 쉬게 해주는 곳. 산이 나의 모든 응석을 받아준다. 산이 친구로 다가온다.

사람과의 인연이 모두 끝나서 세상에서 버림받은 기분이 들 때가 있다. 이제 '나'는 세상과의 창을 하나씩 하나씩 닫아버린다. 그러다가 내가 더 외로울 수 없을 정도로 처절하게 외로울 때가 되면, 내 옆에 누군가가 있다는 것만으로 행복하고 내가 땅을 딛고 서 있다는 것만으로 축복을 느끼게 된다. 이 세상에는 결국 나와 관계없는 '남'이 없는 것이다. 자하는 형제를 잃은 친구 사마우가 외로움을 더는 느끼지 않도록 말을 건네고 있다. 어떻게 건네는지 들어보자.

승당　사마우가 걱정스러운 듯 말했다. "주위 사람들은 모두 형제가 있는데 나만 없단 말이야." 자하가 위로하며 말했다. "내가 전해 들은 말에 따르면 죽고 사는 것은 운명에 달려 있고, 부자가 되고 출세하는 것은 하늘(하느님)에 달려 있다. 자율적 인간이라면 맡은 바를 조심조심 처리하며 잘못을 저지르지 않고, 주위 사람들에게 공손하며 전통 의식을 지킨다. 그러면 주위가 넓은 바다와 사막으로 삥 둘러싸인 안쪽 세상에선. 모두가 형제다. 군자가 무엇 때문에 형제가 없다고 울상을 짓고 걱정을 하겠는가?"

司馬牛憂曰：人皆有兄弟，我獨亡．子夏曰：商聞之矣，
사 마 우 우 왈　인 개 유 형 제　아 독 망　자 하 왈　상 문 지 의
死生有命，富貴在天．君子敬而無失，與人恭而有禮．
사 생 유 명　부 귀 재 천　군 자 경 이 무 실　여 인 공 이 유 례
四海之內，皆兄弟也，君子何患乎無兄弟也？
사 해 지 내　개 형 제 야　군 자 하 환 호 무 형 제 야

입실　사마우는 공자의 제자다. 그는 당시 송나라 대부로 반란을 일으켰다가 죽임을 당한 환퇴桓魋의 동생이라는 설도 있다. 자하는 공자의 제자로 그의 본명은 복상卜商이다. 자하는 제자들 중에 객관 형식으로서 예제禮制를 중시해 훗날 예학에 많은 영향을 미쳤다.

독獨은 홀몸, 외롭다, 홀로의 뜻이다. 망亡은 없다, 망하다는 뜻이지만 여기서는 무無와 같이 없다는 뜻으로 쓰인다. 명命은 목숨, 운수를 가리킨다. 부귀富貴는 각각 경제적 성공과 사회적 출세를 가리킨다. 계급 사회에서 부와 귀는 짝을 이루지만 계급 질서가 무너지면 부와 귀가 일치하지 않는 현상이 많이 생기게 된다. 경敬은 공경하다, 예의가 바르다는 뜻이다. 여與는 무리, 주다, 편들다, 더불어의 뜻이다.

사해형제는 훗날 사해동포주의, 세계시민주의를 가리키는 코즈모폴리터니즘의 최초 표현이다. 안중근이 1909년 11월 6일 뤼순형무소로 이감된 직후 검찰관의 첫 심문에 앞서 제출한 「한국인안응칠소회韓國人安應七所懷」 글에 보면 이 구절이 나온다. "천생증민天生蒸民, 사해지내四海之內, 개위형제皆爲兄弟." 그는 여기서 하늘이 낳은 인민이 모두 형제로 지내야 하거늘 일본이 왜 이웃 나라를 괴롭히느냐 항의하며 예의 '동양평화론'을 설파하려고 했던 것이다. 공자의 말이 2500년 뒤 안응칠의 가슴에서 물음으로 되살아난 것이다.

여언　우리는 지금 수중에 없는 물건을 돈을 들여서 산다. 필요하기도 하고 소중하기 때문이다. 그런데 정작 지금 자신 곁에 있는 것이 소중한 줄은 잘 모른다. 아마 너무 가까이 함께 있어서 그럴 것이다.

사람이 제아무리 무덤덤하더라도 탄생, 수상, 승리, 사랑을 앞에 두고서 흔들리지 않을 수 없다. 또 사람은 죽음, 이별, 상실, 고통을 마주하고서 마음이 들썩이기 쉽다. 늘 함께 있을 것 같던 부모나 자매 그리고 형제가 갑자기 우리 곁을 떠나게 되면 실감이 나지 않을 뿐만 아니라 부재로 인해 그의 소중함을 새삼스럽게 깨우치게 된다. 사람이 얼마나 어리석은지 있을 때 잘하면 될 텐데 꼭 없을 때 아쉬워하며 후회하기 마련이다.

사마우는 상실로 인한 고통을 친구에게 하소연하고 있다. 얼핏 생각하면 자하의 위로가 뜬금없어 보이지만 여러 번 음미해보면 어색한 느낌은 줄어들고 많은 의미를 담고 있는 것을 느낄 수 있다. 자하는 먼저 사람에게 삶이 있으면 죽음이 있을 수밖에 없다는 사실을 환기시키고 있다. 사마우만이 아니라 술집에서 환하게 웃고 떠드는 사람이나 승리에 도취해서 흥분한 사람들도 모두 상실의 고통을 겪었거나 겪게 된다. 이로써 우리는 고통을 통해 타자를 이해하며 같은 지평에 설 수 있게 된다.

다음으로 자하는 가족의 상실이 사람을 슬프게 하지만 그렇다고 모든 것을 박탈하는 것은 아니라는 점을 일깨우고 있다. 우리는 영원히 살 수 없는 인간의 조건 때문에 가족을 잃을 수밖에 없지만 오히려 공동선을 통해 새로운 형제를 가질 수 있다.

우리나라 현대사에서 전태일과 박종철은 굵직한 사회 변화를 이끌어냈다. 둘의 어머니 이소선과 아버지 박정기는 자식의 상실에 넋을 놓지 않고 다른 자식을 자신의 품 안에 끌어안는 것으로 슬픔을 승화시켜 민주주의의 앞날을 밝게 만들었다. 두 사람의 '승화'가 바로 사해형제이자 세계동포주의의 발로라고 할 수 있다.

29
실패 | 기본이 서면 길이 생긴다

본립도생本立道生(01.02/002)

입문　실패와 불행의 위기가 다가올 때 사람은 세 가지 반응을 보인다. 첫째, 위기가 찾아오는지도 모르고 그냥 지나간다. 둘째, 위기의 징후를 느꼈지만 당장 보이는 것만 처리하고 상황을 서둘러 덮고 지나간다. 셋째, 위기의 씨앗이 담고 있는 배후를 철저하게 파헤쳐서 문제의 뿌리를 뽑는다. 어떻게 대응하느냐에 따라 결과가 달라진다. 위기가 제 모습을 아예 드러내지 못하게 막을 수도 있으며, 위기를 막지 못하더라도 피해를 줄일 수도 있고, 위기를 만나서 '어떻게 해?'라며 발만 동동 구를 수도 있다.

　우리나라는 1997년 세밑에 '국가 부도'라는 사태가 일어나 듣도 보도 못한 IMF의 구제 금융을 겪었다. 자산 가치가 떨어지자 평생 모은 재산이 하루아침에 반 토막 나거나 자금이 돌지 않아 흑자 상태의 기업이 맥없이 쓰러지기도 했다. 위기의 기미가 전혀 없었을까? '기미를 알아차리고 대비를 했더라면 좋았을 텐데……'라는 생각이 꼬리를 물었다. 공자 당시에 인간관계의 상하 질서가 허물어지는 사건이 자주 일어나서 사회적으로 문제가 되자, 그의 제자 유자는 뿌리에서 출발해 사건을 해결할 것을 제안하고 있다.

승당　유자가 들려주었다. "사람 됨됨이가 부모에게 효도하고 형들에게 공손하면서 걸핏하면 윗사람에게 대거리하는 사람은 드물다. 윗사람에게 대거리하기를 반대하면서 툭하면 공동체(조직)에서 혼란을 부추기는 사람은 아직 없었다. 군자, 즉 자율적 인간은 기초를 다지는 데 힘쓴다. 왜냐하면 기초가 제대로 서면 나아갈 길이 눈앞에 생기기(열리기) 때문이다. 이렇게 보면 효도와 공손은 틀림없이 사람다움을 여는 뿌리일 것이다."

有子曰：其爲人也孝弟，而好犯上者，鮮矣，不好犯上，
유자왈 기위인야효제 이호범상자 선의 불호범상
而好作亂者，未之有也. 君子務本，本立而道生. 孝弟
이호작란자 미지유야 군자무본 본립이도생 효제
也者，其爲仁之本與!
야자 기위인지본여

입실　유 선생은 공자의 제자로 스승과 외모가 많이 닮은 것으로 유명하다. 이 때문에 공자가 죽은 뒤에 공자 학파를 이끌 인물로 강력하게 추천되기도 했다. 제弟는 원래 동생을 가리키지만 여기서는 공경하다는 제悌의 뜻으로 쓰인다. 선鮮은 깨끗하다, 곱다는 뜻으로 많이 쓰이지만 여기서는 드물다, 적다를 나타낸다.

언론 사회 면을 보면 연일 사건사고 소식이 넘쳐난다. 그런데 유자 시대에도 아랫사람이 윗사람에게 덤비거나 질서를 깨뜨리는 일이 자주 있었던 모양이다. 유자는 불효 → 범상 → 작난의 3단계로 무질서 현상이 생긴다고 파악했다. 가정에서 자식이 부모에게 효도하지 않고 동생이 형을 공경하지 않으니 안팎으로 윗사람에게 덤비는 일이 생겨나고 또 공동체 질서를 허무는 일이 터진다고 본 것이다. 유자는 이를 단순히 엄정한 법 집행, 기강 확립으로 풀어가지 않는다. 그는 문제가 생겨나는 뿌리로 돌아가서 그것을 완전히 새롭게 바꾸자고 제안한다. 불효와 불경을 효제로 바꾸게 된다면 범상과 작난이 일어나지 않는다는 것이다. 반면 사건의 가지와 잎사귀에만 주목한다면 또 다른 무질서의 발생을 막을 수 없는 것이다.

여언 위기를 부르는 큰일도 원래부터 컸던 것이 아니라 작은 것이 모여 커진 것이다. 지금 당장만 생각하는 것이 아니라 앞뒤의 긴 호흡을 생각하는 사람은 작은 일도 그냥 쉽게 넘어가지 않는다. 일을 대충 처리했다가는 나중에 그 일이 화근으로 되돌아온다는 것을 알기 때문이다.

무본務本은 나무뿌리를 떠올리게 한다. 식물이 자라는 것을 생각해보라. 우리 눈에는 땅 위의 줄기와 잎만 보이겠지만 땅속뿌리가 제 길을 찾아 쭉 뻗어나가지 못하면 식물은 자랄 수가 없다. 뿌리가 뻗어 수분과 영양분을 빨아들여 줄기와 가지로 양분을 보내면 식물은 살게 된다. 뿌리가 뻗으면 살길이 생기는 것이다. 위기가 닥치더라도 뿌리를 찾아서 잡으면 나아갈 길이 생겨나게 된다. 그런데 뿌리란 화를 불러들이는 화근이 될 수도 있다. 이때는 화가 자랄 뿌리를 아예 뽑아버리고 화가 스며들 뿌리를 막아버리는 발본색원이 나아갈 길이다.

물론 뿌리를 찾기가 두렵고 어려워 보이기도 한다. 이때 어렵다고 피한다면 더 큰 어려움을 만나지만 어렵더라도 마주한다면 어려워질 일이 없어진다.

'본립이도생'에서 '본립(또는 무본)'은 위기가 기회로 바뀌게 되는 것이고 도생은 죽을 길이 살길을 열어주게 되는 것이다. 이로써 본립도생本立道生은 부정을 마주하면서 긍정을 일구는 힘이 되는 말이다. 위기가 닥쳤을 때 '본립도생'을 읊조려보자.

30

희생 | 자신을 돌보지 않고 평화를 이룩하다

살신성인殺身成仁(15.09/409)

입문 개인이나 공동체에는 잘나가는 번영의 시기가 있고 못 나가는 고난의 시기가 있기 마련이다. 선진국이란 어딘가에 묻혀 있는 황금처럼 별도의 기준으로 성립된 나라가 아니라 청말 소설가 이백원의 『관장현형기官場現形記』에 나오는 "행복을 함께 누리고 고통을 함께 풀어간다"(유복동향有福同享, 유난동당有難同當)는 말처럼 행복과 고통을 합리적으로 배분하는 나라다. 만약 일부 사람과 계층이 행복을 독점하고 다른 사람과 계층이 고통을 전담한다면 그건 후진국 중의 후진국일 뿐이다.

위기에 위기가 덧보태어지면 더는 결단을 미룰 수 없는 순간이 오게 된다. 고죽국의 후계와 백이숙제의 양위, 은나라와 주나라의 교체, 단종과 세조의 대결, 고종·순종의 저항과 일본의 압박, 1997년 한국 경제와 IMF, 김우중과 대우의 몰락, 2011년 버락 오바마의 결단과 오사마 빈 라덴의 최후 등등. 그 순간 어떤 선택을 하느냐에 따라 공동체와 역사가 흘러가는 향방이 달라진다.

결단의 중압감이 개인에게로 향할 때 당사자는 피해서 떠넘기든지 맞서 껴안든지 둘 중 하나의 패를 집어야 한다. 이를 공자는 '살신성인'으로 포착했다.

승당 공 선생이 들려주었다. "뜻을 세운 지식인과 평화를 일구는 사람은 생명을 구걸하느라 평화를 저해하지 않고, 목숨을 바쳐서라도 평화를 이룩하려고 한다."

子曰 : 志士仁人, 無求生以害仁, 有殺身以成仁.
자 왈 지 사 인 인 무 구 생 이 해 인 유 살 신 이 성 인

입실　　지志는 뜻, 의향, 포부의 뜻으로 지사는 뜻을 세운 사람을 가리
킨다. 이때 뜻은 매번 실패하지만 "이번엔 먹고 말 거야!"를 외치던 치토
스 광고의 표범처럼 어떠한 상황에서도 바뀌지 않는 것을 말한다. 아침
에 이랬다가 저녁에 저랬다 하는 것도 사람의 뜻이기는 하지만 '지사'에
서 말하는 뜻과는 일치하지 않는다.

　　인仁은 여러 가지 의미로 쓰여 하나로 단정하기 어렵지만 여기서는 사
회 통합과 관련된 맥락을 갖는다. 즉 사랑이 이룰 수 있는 가장 큰 효과
는 세상 사람들 사이의 적대감을 없애 공동선을 향해 통합을 일구는 것
이다. 그것이 바로 평화다(6강 97조목 '극기복례' 참조).

　　구求는 구하다, 찾다는 뜻이다. 여기서 찾는 것은 잃어버린 것을 찾거
나 필요한 것을 뒤지는 맥락이 아니라 될 수 없는데 되도록 하기 위해 비
굴해지면서까지 찾으려고 한다는 뜻이다. 즉 구걸은 구걸인데 먹을 것이
아니라 목숨을 구걸하는 것이다.

　　해害는 해, 해치다, 훼손하다는 뜻으로 보통 신체, 목숨 등 구체적인 것
을 대상으로 한다. 여기서는 인仁과 같은 보편 가치를 대상으로 그것의
가치를 훼손하다, 떨어뜨리다, 부정하다라는 맥락이다.

　　마지막 두 문장은 대구로 쓰이고 있으므로 구생과 살신, 해인과 성인
은 각각 반대되는 뜻을 나타낸다.

　　그중 생生과 신身은 목숨, 생명으로 같은 뜻이고 구求와 살殺은 각각

구걸하다, 죽이다는 뜻으로 서로 반대된다.

여언　　사람은 누구나 자신이 가진 것을 아끼고 소중하게 여긴다. 그 중에서도 목숨은 다른 어떤 것과 비교할 수 없을 정도로 고귀한 가치를 갖는다.

여기서 생과 신의 생명은 꼭 물리적인 생명에 한정되지 않는다. 모든 사람이 똑같이 가진 하나뿐인 생명도 있고 개별적으로 종사하는 분야마다 갖는 생명도 있다.

예컨대 정치 분야에는 정치 생명이 있는데, 생물학적 목숨이 붙어 있어도 정치 생명이 끝나면 더는 정치인 노릇을 할 수가 없다. 또 학문 분야에는 학자로서 생명이 있는데, 팔다리를 움직일 수 있어도 새로운 연구를 더는 해낼 수 없으면 학자로서 생명이 끝장나는 것이다.

자, 이제 생각해보자. 구조 조정을 하는데 모든 사람이 살아남을 수 없으므로 누구는 남고 누구는 떠난다. 후쿠시마 원전 사고가 나서 수습을 할 때 누구는 결국 목숨의 위협을 무릅쓰고 사고 현장으로 들어서야 한다. 그 대상을 러시안룰렛으로 정할 수도 있고 힘의 우열로 정할 수도 있다. 누구도 아무것도 하지 않고 최악의 운명을 그저 기다릴 수도 있다. 무엇이 인간다운 사태라고 할 수 있을까? 공자는 '살신성인'을 해답으로 내놓은 것이다. 이를 영웅적 행동이라고 할 것은 아니다. 이 땅을 살아온 숱한 사람들이 절체절명의 순간에 자신을 내놓았기 때문에 오늘날 우리가 이러한 축복을 누리고 있는 것이다.

오늘날 40~60대 '여성'은 재주가 있음에도 불구하고 가족과 남성을 위해 가슴속에 깊숙이 간직했던 자아를 내려놓았다. 1970~1980년대 대학생과 노동자들은 개인적 포부가 있음에도 불구하고 민주주의와 자유를 위해서 자신의 욕망을 접었다. 이도 모두 살신성인이다.

31 교체

뒤에 오는 사람이 무섭다

후생가외後生可畏(09.23/233)

입문 자식을 키우다 보면 보통 어릴 때만 생각하며 품 안에 가둬두려고 한다. 그러다가 어느 날 갑자기 자식이 제 주장을 또렷하게 내세우며 무엇을 하겠다고 할 때 훌쩍 컸다는 것을 느끼게 된다. 예컨대 팔씨름을 하면 예전에 한 손가락으로도 자식을 이겼지만 이제는 서로 온 힘으로 해도 쉽게 승부가 나지 않는다. 시원섭섭하다는 말처럼 한편으론 반갑고 대견스럽기도 하지만 다른 한편으론 서운하고 처연하기도 하다. 세대가 그렇게 자연스럽게 바뀌어가는 것이다.

단체와 공동체가 지속적으로 번영을 누리려면 신진대사가 순조롭게 이루어져야 한다. 새것은 점차 헌것으로 변해가다 그 헌것은 아예 물러나고 다른 새것이 들어선다. 이때 사람은 한편으론 변화를 당연하게 받아들이면서도 다른 한편으론 '내가 할 일이 아직도 남았다!'고 생각해 욕심을 부리게 된다. 공자도 제자들과 오랫동안 어울리면서 그들이 늘 모자란다고 생각했던 듯하다. 그러다 어느 날 대화에서 자신이 낄 자리가 좁다는 것을 느끼게 되었다. 이를 두고 '후생가외'라고 했다.

승당 공 선생이 들려주었다. "뒤에 태어난 사람(후배)이 무서운 법이다. 그들의 앞날이 어찌 지금 사람들만 못하다고 단정할 수 있겠는가? 또 나이가 사오십이 되었건만 기리는 소리가 들리지 않는다면 이런 사람은 두려워할 만하지 않다."

子曰 : 後生可畏, 焉知來者之不如今也? 四十五十而
자왈   후생가외   언지래자지불여금야   사십오십이
無聞焉, 斯亦不足畏也已.
무문언 사역부족외야이

입실 후생後生은 선생先生에 대비되는 말로 글자 그대로 뒤에 태어난 사람, 오늘날 후배와 같은 뜻이다. 외畏는 무서워하다, 두려워하다, 겁내다는 뜻이다.

문聞은 기본적으로 들린다는 뜻으로 여기서는 좋은 방향으로 들리는 내용, 즉 칭찬하는 소리를 가리킨다. 단체나 직장에서 오래 근무하다 보면 상사는 부하 직원들에게 늘 품평 대상이 된다. 이때 문聞은 "우리 부장님은 업무 분석 하나는 끝내줘!" "우리 선생님의 기획력 하나는 추종을 불허해!" 등처럼 알게 모르게 들리는 좋은 평가를 가리킨다.

여언 중국 사람들이 즐겨 입에 담는 말로 "장강의 뒷물결은 앞물결을 밀어내고 한 시대의 새사람이 옛사람보다 낫다"(장강후랑추전랑長江後浪推前浪, 일대신인승구인一代新人勝舊人)는 구절이 있다. 앞에 흐르는 물결이 아무리 늦게 가고 싶거나 가지 않고 머무르려고 해도 뒤에 오는 물결이 다가오면 앞 물결은 떠밀려서 있던 자리를 내어주고 앞으로 흘러가지 않을 수 없다. 그만큼 세대교체는 거부할 수 없는 자연의 법칙인 것이다.

그런데 세대교체가 사회의 장으로 옮겨오게 되면 그렇게 물 흐르듯이 자연스럽게 일어나지 않는다. 즉 떡하고 버티는 선배와 치받으며 올라오는 후배의 관계는 애초부터 갈등을 잉태하고 있는지 모르겠다. 세대교체를 사회와 개인의 관점으로 나눠서 생각해보자.

유학에서는 사회 변화와 관련해서 혁명革命과 선양禪讓 모델을 내놓았다. 혁명은 대립하는 두 집단이 무력으로 실력을 겨뤄서 승패를 가르는 방식이다. 혁명의 기운도 어느 날 갑자기 고조되지는 않는다. 이전부터 기존 집권층이 사회 문제를 내버려두고 키워서 도저히 사회를 이끌어갈 수 없는 상황에 이르면 그들을 대신하려는 새로운 집단이 등장하게 된다. 기존 집권층의 눈에 새로운 집단은 작은 문제를 크게 만들어 사회 혼란을 부추기는 불온한 세력으로 보이게 된다. 반면 새로운 집단의 눈에 기존 집권층은 할 일마저 하지 않아 문제가 무엇인지도 모르는 무능한 집단이 된다. 둘 사이에 접점이 없는 것이다.

반면 선양은 기존 집권층이 자신의 무능력을 인정하고 새로운 집단에게 권력을 넘기고 조용히 무대에서 퇴장하는 방식이다. 물론 맞서는 양측의 힘이 압도적인 차이를 드러내면 혁명이 선양의 모습으로 변형되어 진행될 수도 있다.

혁명이든 선양이든 변화가 일어난 뒤에는 어떻게 해야 할까? 조선 시대 이이는 창업創業·수성守成·경장更張의 3단계를 통해 자기 혁신을 지속적으로 일궈낸다면 공동체는 혁명과 선양의 사이클로 들어가지 않는다고 보았다.

개인의 관점에서 보면 『대학』에서는 일신日新, 즉 도달한 것에 만족하지 말고 나날이 새로워질 것을 요구하고 있다. 일종의 영구 혁명론이라고 할 수 있다. 이때 선배와 후배는 자연적인 세대와 나이를 기준으로 하지 않는다. 선배라도 일신한다면 계속 후배로 살아남을 수 있지만 후배라도 일신하지 않는다면 언제까지나 선배 자리로 옮겨갈 수 없다. 선배가 현실에 안주하지 않고 끊임없이 앞으로 나아간다고 하더라도 후배가 더 빨리 나아간다면 그것도 퇴보라고 할 수밖에 없다. 이 논리의 밑바닥에는 일신해서 정점을 유지할 수 없다면 물러나야 한다는 엄중한 요구를 담고 있다. 신이 아닌 한 영원한 젊음이 없듯 영원한 현역일 수가 없다. 물러나는 것을 쓸쓸한 정서로 보지 않고 최선을 다한 뒤에 찾아오는 또 다른 역할을 맡기 위해 떠나는 아름다운 퇴장으로 볼 수는 없을까?

2강 감동

천년의 스승,
공자의 감동 리더십

2강에서는 공자 총장이 3000여 명의 학생을 인재로 키워낸 리더십을 살펴보고자 한다.

우리는 공자를 성인이나 위인으로 알고 있다. 또는 위대한 사상가로 알고 있다. 따라서 자연히 그가 십철十哲(10명의 사상가), 칠십이현七十二賢(72명의 현자)을 비롯해 3000여 명의 제자를 인재로 길러내 중국 문명을 일궜다는 사실은 그렇게 주목받지 못했다.

공자 학파는 국가나 왕이 세운 국립대학도 왕립대학도 아닌 사립대학에 해당된다. 공자 학파의 존재는 훗날 전국 시대에 제齊나라가 수도 임치에 연구 중심의 직하학궁稷下學宮, 즉 일종의 왕립대학을 세워 국정에 자문하도록 했던 정책의 실마리를 제공했다고 할 수 있다. 하지만 공자는 어디 변변한 지원을 받지 않으면서도 자체 프로그램으로 3000여 명을 인재로 키워냈는데, 이는 오늘날 입장에서 보더라도 대단한 일이라 하지 않을 수 없다.

여기서 우리는 한 가지 질문을 떠올릴 수 있다. "공자는 무슨 특별한 힘을 가지고 있어서 그 많은 학생을 길러냈을까?" 우리는 이의 대답을 맹자를 통해서 찾을 수 있다. 『맹자』「공손추公孫丑」상을 보면 맹자는 공자의 성공을 다음처럼 설명하고 있다. "덕으로 사람을 이끌면 마음이 우러나서 기뻐하며 진정으로 믿고 따르게 된다. 예컨대 70명의 제자가 공자를 믿고 따른 것과 비슷하다"(이덕복인자以德服人者, 중심열이성복야中心悅而誠服也, 여칠십자지복공자야如七十子之服孔子也).

나는 공자 리더십의 핵심을 '감동'에서 찾았다. 감동이란 사람이 느껴서 자신의 존재가 뒤흔들리는 체험을 말한다. 학생들은 공자로 인해 감동하며 그때마다 새로운 존재로 거듭나게 된다. 이 감동의 체험은 일상의 지루함과 세속의 너저분함을 넘어서 새로운 목표를 갖게 만든다. 이렇게 감동은 동참과 헌신으로 이끈다. 다시 말해서 공자는 학생에게 단순히 지식을 전수한 것이 아니라 자신을 새롭게 빚어내도록 했다. 이렇게 공자는 학생을 감동시키는 매력과 인격을 지니고 있었기에 학교 경영에 성공할 수 있었던 것이다.

여기서는 공자의 리더십을 '열정(32~36) → 자극(37~41) → 감동(42~46) → 이상(47~51) → 고별(52~53)' 5단계로 나눠서 살펴보려고 한다. 먼저 학생들은 무한한 열정을 만나 공자와 보조를 같이하게 된다. 공자는 보조를 맞추는 제자들을 때론 다정하게 이끌고 때론 따끔하게 채찍질하며 한 걸음씩 앞으로 나아가게 했다. 제자들은 힘겹게 전진하며 공자의 순수한 영혼에 매료되어 그만두려고 해도 그만둘 수가 없다. 이제 공자는 제자들에게 갖춰야 할 자질과 가져야 할 이상을 뚜렷하게 제시하고서 제자를 동지로 맞이한다. 마지막으로 공자는 제자의 성장에 흡족해하며 자신의 짐을 내려놓고 작별을 고한다. 이 과정은 공자가 제자를 길러낸 과정을 축약해서 정리한 것이다.

32

망아

분이 돋으면 밥은 잊고

발분망식發憤忘食(07.19/170)

입문　우리나라 사람들은 밥 먹는 것을 참으로 중시한다. '금강산도 식후경'은 좀 얌전한 표현이다. 이외에도 "다 먹으려고 하는 짓인데……그만하고 밥 먹읍시다" "밥 먹고 합시다" 등이 있다. 국회의원들이 국정을 심의하면서 쉽게 결론이 나지 않았는데 어느 의원이 "밥 먹고 합시다"라고 하자 전원 합의가 이루어져 정회를 할 수 있었다고 한다. 그만큼 우리는 밥 먹는 것을 절대시한다. 『한서』에 보면 먹는 것(식량)을 하늘로 간주했다는 '이식위천以食爲天'이라는 말이 있다. 반면 '식충食蟲'이라고 해서 밥만 먹고 하는 일 없이 빈둥빈둥 지내는 사람을 비난하는 말도 있다. 합쳐서 생각하면 먹는 것이 아무리 중요하다고 하더라도 밥만 축낸다고 하면 바람직하지 않은 것이다.

　사람은 필요에 따라 자신의 의사를 전달하기 위해 최후의 강력한 수단으로 단식을 한다. 2005년에 지율 스님은 터널 공사로 위기에 처한 천성산 도롱뇽을 위해 장기간 곡기를 끊어서 정작 본인의 생명이 위태로운 지경에 이르렀던 적이 있다. 우리는 무엇 때문에 밥을 굶은 적이 있는가? 아이는 게임기를 손에 넣기 위해 부모를 상대로 단식을 하고, 학생은 코앞에 닥친 시험 준비와 보고서 작성에 열 올리느라 식사를 건너뛰며, 직장인은 프로젝트 성사를 위해 발바닥에 땀나도록 뛰어다니느라 밥때를 놓친다. 폐인들은 게임이나 도박을 하느라 밥에 신경 쓰지 않는다. 그러면 이 땅의 지도자연하는 사람들은 밥을 굶을까? 그들은 식사 대접에 너무 익숙하진 않은 건지 자문해볼 일이다. 공자는 자신을 소개하는 말에 밥 먹는 것을 잊었다고 술회하고 있다.

승당　섭공이 자로에게 공자의 특성을 물었다. 자로가 어찌할 줄 몰라 미처 대답을 하지 못했다. 공 선생이 그 이야기를 듣고서 대수롭지 않게 일러주었다. "자네는 왜 이렇게 이야기하지 않았는가? 그 사람의 됨됨이는 말입니다, 어떤 일에 열중하다 보면 밥 먹는 것을 잊어버리고 앞으로 나아가는 것을 즐거워하며 삶의 시름마저 잊어버려서 황혼이 찾아오는 것조차 의식하지 못합니다라고."

> 葉公問孔子於子路, 子路不對. 子曰 : 女奚不曰 : 其爲
> 섭 공 문 공 자 어 자 로   자 로 부 대   자 왈   여 해 불 왈   기 위
> 人也, 發憤忘食, 樂以忘憂, 不知老之將至云爾.
> 인 야   발 분 망 식   락 이 망 우   부 지 로 지 장 지 운 이

입실　葉은 사람의 성을 나타내면 '섭'으로 읽고 나뭇잎을 나타내면 '엽'으로 읽는다. 섭공은 춘추 시대 초楚나라 대부로 섭 지역의 행정을 책임졌던 인물로 '섭공'으로 불렸다.

　해奚는 어찌, 어느의 뜻으로 의문 부사로 쓰인다. 발發은 화살을 쏘다, 꽃이 피다처럼 안에서 밖으로 모습을 보인다는 뜻으로 드러나다, 나타내다를 뜻한다. 분憤은 괴로워하다, 화내다, 원한으로 많이 쓰이지만 여기서는 힘쓰다, 노력하다의 뜻이다. 망忘은 마음에서 없어지는 것으로 잊다, 건망증의 뜻이다. 우憂는 근심하다, 근심의 뜻이다. 장將은 여기서 미래 시제를 나타내는 말로 '~할 것이다'의 뜻이다.

　자로는 자기 생각이 있더라도 제자 입장에서 스승을 뭐라고 평가하기

어려웠을 것이다. 그런데 역시 공자는 자유로운 영혼의 소유자다. 자신을 드러내기 위해 많은 말을 동원하지 않고서 사람됨을 묘사하고 있다. 이 구절은 공자가 스스로 자신을 드러내는 '자기소개서'라고 할 수 있다. 또 '자기소개서'를 보면 그 사람의 이미지가 또렷하게 떠오르므로 한 폭의 그림이라고도 할 수 있다. 역시 좋은 표현은 그 자체로 한 편의 시이고 한 폭의 그림이 된다. 소식의 말을 빌리면 "시 속에 그림이 있고 그림 속에 시가 있다"(시중유화詩中有畵, 화중유시畵中有詩). 그리고 공자는 당시 정치적으로는 실패했을지라도 사람들 사이에서 탐구 대상이 될 정도로 국제적 인물이었다는 것을 알 수 있다.

여언　"밥 먹고 합시다"라는 말에 "그래, 그렇게 합시다"라는 대꾸만 있지 않다. 그에 대해 "다 끝내고 밥 먹읍시다" "밥은 언제나 먹을 수 있지만 이것은 오늘 아니면 기회가 없으니 마저 봅시다"라고 할 수도 있다. 어떤 강제력을 쓰지 않고서 밥을 뒤로 물리는 힘은 어디에서 나오는 걸까?

공자의 말에 주목하면 두 가지다. 하나는 발분發憤이고 다른 하나는 락樂이다. 발분은 하나에 푹 빠져 다른 것에 신경이 가지 않는 것을 말한다. 락은 주체와 대상이 구분되지 않고 하나로 엉켜 있는 상태를 말한다. 나아가 공자는 거부할 수 없는 시간의 사슬이 다가오는 것조차 의식할 수 없다고 말하고 있다. 이는 지독한 몰입이라고 할 수 있고 망아忘我라고 할 수 있다.

공자는 '자신'을 성공과 실패에 묶지 않고 주위 시선에 엮지 않으며 시간으로부터 놓아주고 있다. 이를 득도의 경지로만 한정할 수는 없다. 왜냐하면 보통사람도 국가 대항 축구 경기를 보면서 배고픈 줄 모르고 취미 생활에 빠져 밥 먹는 시간을 아껴가며 좋아하는 것을 하기 때문이다. 공자가 돋보이는 점은 사람에게 밥이 중요하지만 밥을 넘어설 수 있는 세계가 있다는 것을 열어 보여준 것이다. 다른 세계로 초대해 개안開眼을 하게 한 것이다. 이러한 개안의 리더십이 있었기에 공자는 3000명의 제자를 거느릴 수 있었던 것이다.

프로야구 전 감독 김성근이 선수들에게 강조하는 것이 개안의 야구가 아닐까 싶다. 죽어라고 연습만 하는 것이 아니라 수없이 변하는 상황에서 내가 무엇을 어떻게 해야 하는지 알면서 야구를 하는 것 말이다. 이게 즐기는 야구이기도 하다.

33
몰입 | 고기 맛을 까맣게 잊다
부지육미不知肉味(07.14/165)

입문　뭐든지 시작은 하기 쉽지만 시작한 것을 끝매듭지어 마침표를 찍기는 쉽지 않다. 그래서 유독 시작과 끝이 한결같기를 바라는 말들이 많다. 유시유종有始有終, 시종일관始終一貫, 시종여일始終如一, 유종지미有終之美 등은 표현은 조금씩 다르지만 뜻은 결국 같다. 처음 시작했던 일을 도중에 마음이 바뀌어도 그만두지 말고 끝까지 다하라는 주문이다.

욕망은 쉽게 자극받아 일어나지만 그걸 계속 활활 타오르게 하기는 어렵다. 나는 어릴 때 우표 수집에 꽂혀서 용돈이 생기면 새로 나온 우표를 샀다. 간혹 좋은 우표가 나온다면 아침 일찍부터 우체국 앞에 줄을 서서 우표 팔기를 기다렸던 적도 있다. 하지만 지금은 그때 그렇게 어렵게 샀던 우표가 어디에 있는지도 모른다.

공자는 혼자 공부를 잘하기만 하면 되는 그런 처지가 아니었다. 깨우쳐 알고자 하는 학생이 지쳐 나가떨어지지 않도록 일으켜 세워야 하는 스승이기도 했다. 아래 구절에는 제자들에게 어떻게 했다는 말은 한 마디도 없다. 공자가 음악을 듣고 나서 한 '부지육미'의 행동이 천 마디 만 마디 말보다도 효과가 더 큰 가르침이었다.

승당　공 선생이 제나라에 머무를 때 순임금의 소 음악을 보고 들을 기회가 있었다. 선생이 얼마나 열중했는지 세 달 동안 고기 맛을 몰랐다. 그러고는 문득 한마디 했다. "음악을 감상하다가 이렇게 될 줄은 전혀 몰랐네."

子在齊聞韶, 三月不知肉味. 曰 : 不圖爲樂之至於斯也.
자 재 제 문 소　삼 월 부 지 육 미　왈　부 도 위 악 지 지 어 사 야

입실　제齊는 공자의 조국 노魯나라 동쪽에 있던 강대국이다. 소韶는 신화 전설의 수장 순임금의 음악이다. 공자는 이 음악을 최고의 음악으로 예찬했는데, 실제로 들을 기회를 가지고서 매료되었던 것이다. 삼월三月은 글자대로는 석 달이지만 여기서는 하나의 계절 동안 지속된다는 뜻으로 긴 시간을 나타내는 말로 보면 좋겠다. 우리도 계절이 바뀌는 것으로 시간이 흘러간다는 것을 느끼곤 한다.

부지不知는 고기를 먹으면서 그것이 고기인 줄 의식하지 못할 정도이

거나 고기를 아예 잊고서 전혀 찾으려고 하지 않았다는 뜻이다. 우리가 게임에 열중하면 먹는 둥 마는 둥 하면서 게임에 빠지는 것을 떠올리면 충분하다. 도圖는 그림, 꾀, 꾀하다, 생각하다, 예상하다는 뜻이다.

여언　어떤 분야를 가리지 않고 몰입해 있는 사람 또는 장면을 보면 아름답기도 하고 숭고하기도 하다. 그 순간은 시간의 흐름이 멈춘 듯하고 아무리 시끄러운 곳도 너무도 고요하게 느껴져서 누군가 끼어들면 방해가 될까 봐 조심하게 된다.

　『송사宋史』「양시전楊時傳」을 보면 정문입설程門立雪이란 고사가 있다. 북송 시대에 양시楊時와 유작游酢이 신유학의 기초를 다진 정이程頤를 찾아갔는데 마침 정이가 명상에 잠겨 있었다. 두 사람은 선생을 부르지 못한 채 선생이 명상에서 깨어나 자신들을 쳐다볼 때까지 기다렸다. 정이가 한참 뒤에 인기척을 느껴 돌아보니 주위에 눈이 한 자가 내렸는데 두 사람이 계속 그 자리에 서 있었던 것을 알아차렸다. 이를 무조건 선생을 높이는 존사尊師의 권위 의식으로 볼 수 없다. 자신들이 왔다는 것을 알리는 일상적 시간이 명상에 잠긴 선생의 초시간적 흐름에 끼어들어가지 못했을 뿐이다. 왜 왔다고 알리지 않았느냐고 묻는다면 방해가 될까 봐 그랬다고 대답할 것이다. 이것은 우리의 생활 공간, 예컨대 집이나 현장 그리고 직장에서 얼마든지 일어날 수 있는 일이다.

　다시 공자로 돌아가보자.

　소 음악이 어떤 음악인지 지금으로서는 알 길이 없다. 다만 공자는 음악에 빠져 소 음악 이야기를 입에 달고 살 뿐만 아니라 다른 주제를 가지고 이야기하더라도 어느 틈에 이야기는 소 음악으로 돌아가 있다. 이것은 제자들에게 어떤 주제를 놓고 가르칠 때와는 전혀 다른 체험이다. 스승이 배우며 열의를 다하는데 나는 과연 얼마나 했을까라며 자신을 되짚어볼 수 있다. 입만 열면 힘들다며 "때려치우겠다!"는 말을 한 번이라도 해본 사람이라면 얼굴이 붉어질 일이다.

선생이 공부하는 모습은 한 번도 보여주지 않으면서 입만 열면 제자들에게 열심히 공부하라고 하면 제자가 과연 열심히 할까? 공자는 몸으로 보이는 가르침이 말로 하는 가르침보다 낫다(신교승어언교身教勝於言教)는 것을 실연하고 있다. 공자의 열정은 전염병처럼 제자에게로 옮아붙어서 공자 학파 전체가 신들린 듯이 토론하고 사색하는 원동력이 되었을 것이다.

34
초월 | 안 되더라도 끝까지 한다
불가이위不可而爲(14.41/389)

입문   사람은 보통 자신이 하는 일이 100퍼센트 성공은 아니더라도 어느 정도 잘 될 것이라는 가정 아래서 활동을 한다. 야구에는 패전 처리 투수라는 역할이 있다. 이미 승부는 기울어서 지는 쪽이 승부를 뒤집을 가능성은 거의 없다. 하지만 아직 공수를 주고받는 이닝은 끝이 나지 않았을 때 팀의 에이스나 구원 전문 투수를 마운드에 올려서 괜히 체력을 소모시킬 필요가 없다. 승부는 결정 났지만 야구가 계속될 때 패전 처리

투수가 마운드에 올라간다. 그의 심정은 어떨까?

우리는 자신이 태어날 시대를 선택할 수 없다. 다들 전쟁보다는 평화의 시대에 태어나고, 가진 것이 삶의 멍에가 되지 않고 실력이 정당하게 평가받는 세상에 태어나기를 바라지만 '내'가 바란다고 해서 그럴 수 있는 것이 아니다.

공자는 신이 아니다. 그는 스스로 기회를 만드는 기적을 펼칠 수는 없었다. 그는 현실에서 기회가 주어지지 않으면 자신의 이상과 가치를 실현할 수 없었다. 기회의 문이 자꾸 닫히는 것을 보면서 공부에 대해 고민했을 것이다. 공부를 계속해야 할지 그만두어야 할지. 공자는 자신을 한편으론 변명하는 듯 다른 한편으론 위로하는 듯 '불가이위'라는 말을 던진다. 참으로 결연하다. 패전 처리 투수의 심정과 조금은 닮았으리라.

승당 자로가 노나라 석문에서 하룻밤을 묵었다. 자로가 아침 일찍 숙소를 나와 길을 나섰다가 문지기를 만났다. 문지기가 물었다. "행색을 보아하니 배우는 사람인 듯한데 어디에서 왔습니까?" 자로가 대꾸했다. "공 씨 문하에서 왔습니다." 문지기가 공 선생을 잘 알고 있다는 듯 한마디 했다. "안 되는 줄 뻔히 알면서도 무엇이든 해보려고 하는 사람 말이지요?"

子路宿於石門. 晨門曰: 奚自? 子路曰: 自孔氏. 曰: 是
자로숙어석문 신문왈 해자 자로왈 자공씨왈 시
知其不可而爲之者與?
지기불가이위지자여

입실 자로는 공자의 제자다. 숙宿은 묵다, 머무르다는 뜻이다. 신晨은 새벽, 아침의 뜻이다. 문門은 문지기를 가리킨다. 해奚는 어찌, 어느, 어디의 뜻이다. 자自는 '~로부터'의 뜻으로 출신을 나타낸다.

지知는 알다는 뜻으로 상황 파악을 한다는 맥락이다. 불가不可는 불가능하다는 뜻으로 자신의 역할이 끝났다는 맥락이다. 위爲는 기본적으로 하다는 뜻으로 여기서는 사회를 개혁해 발전시키려고 노력한다는 맥락이다.

여언　신에겐 아무런 제약이 없다. 모세의 기적처럼 방금까지 멀쩡하던 강을 쪼개서 강을 건너게 할 수 있다. 공자는 자기 스스로 성인이라는 평가를 거부했을 뿐만 아니라 난세의 영웅처럼 정치적 자립을 이루어 세상의 새판을 짜려고 하지도 않았다. 그가 갈 수 있는 길은 너무나도 좁고 얕았지만 그가 가야 하는 길은 참으로 넓고 깊었다.

석문의 문지기처럼 공자가 가려는 길을 이해해주는 사람이 있었다. 반면 공자가 가려는 길이 멀고 험하므로 그만두라고 권하는 사람도 많았다. 당시 시대와 불화를 겪었던 사람들은 많이들 세상을 등지고 은자의 길을 걸었다. 그들은 홍수와 쓰나미처럼 도도하게 밀려오더니 세상이 온통 '악'의 흙탕물을 뒤집어썼는데 누가 무슨 수로 그것을 바꿀 수 있겠느냐며 회의적인 시각을 가졌다.

성인에겐 괜찮은 사람을 찾느라 사람을 가리는 길이랑 세상에 대한 기대를 완전히 접고서 세상을 피하는 길밖에 없다. 은자가 후자라면 공자는 전자다.

공자는 세상을 구하기 위해 돌아다니다 일행과 헤어져 잠깐 비를 피해 남의 처마 밑에 있다가 '상갓집 개喪家之狗'와 같다는 말을 들은 적도 있

134

다(『사기』「공자세가」). 그는 이런 상황에서도 무너지지 않고 도대체 무슨 힘으로 스스로를 버틴 것일까? 공자는 말한다. 자신의 처지가 아무리 궁색하더라도 "사람이 날짐승이나 들짐승과 함께 무리를 이룰 수 없고 사람의 무리와 더불어 지낼 수밖에 없지 않느냐?"(조수불가여동군鳥獸不可與同群, 오비사인지도여이수여吾非斯人之徒與而誰與? 18.06/483)고.

이는 결코 세상을 한탄하고 저주하며 적의를 잔뜩 품은 버림받은 자의 체념이 아니라 주어진 것을 받아들이고 그것과 함께 묵묵히 걸어가는 약하지만 강한 운명애라고 할 수밖에 없다. 이런 선생을 두고 학생들이 공부를 게을리하고 뿔뿔이 떠나갈 수 있을까?

35
자율 　만나는 모든 것이 스승이다
학무상사學無常師(19.22/510)

입문　　인생을 살면서 여러 선생님을 만나게 된다. 여러 교과와 전공이 있는 만큼 다양한 선생님이 있다. 하지만 감명 깊은 선생님은 그렇게 많지 않다. 고만고만한 기억이 아니라 때때로 나의 인생에 뚜렷한 흔적을 남긴 강렬한 선생님은 참으로 드물다.

누가 지금의 나를 만드는 데 가장 많은 영향을 주었을까? 공산품의 경우 포장지 겉면에 내용 성분이 작은 글씨로 빼곡하게 쓰여 있다. 지금의 나를 만든 성분도 그렇게 적는다면 어떻게 될까? 물론 부모님도 있고 가족과 친지도 있고 선생님도 있고 친구도 있고 TV와 책도 있고 여행과 체험 활동도 있지만, 그중에서 가장 영향을 많이 준 것은 누구 또는 무엇일까? 아마 사람마다 각각 다른 대답이 나올 수 있으리라.

공자는 당시 최고의 스승으로 평가받았다. 그만큼 사람들은 그가 누구로부터 배웠을까라는 호기심을 가질 수밖에 없다. 이에 대해 자공은 어떤 분야에서 공자가 누구에게 배웠다는 식으로 대답하지 않았다. 역설적으로 그는 공자에게 스승이 없다고 대답했다. 왜 그럴까?

승당　위나라 공손 조가 자공에게 물었다. "당신의 스승 중니는 누구에게 배웠나요?" 자공이 대꾸했다. "주나라 문임금과 무임금이 걸어가신 길이 아직 땅에 떨어져 없어지지 않았고 그 세례를 받은 사람이 남아 있습니다. 현인이라면 그 문화의 핵심을 기억하고 그렇지 않은 사람이라도 문화의 자잘한 조각을 기억하고 있습니다. 즉 문임금과 무임금이 걸어가신 길이 없는 곳이 없습니다. 우리 선생님이 어디서인들 배우지 않았겠습니까? 또 어떻게 영원한 스승이 따로 있었겠습니까?"

衛公孫朝問於子貢曰 : 仲尼焉學? 子貢曰 : 文武之道,
위 공 손 조 문 어 자 공 왈　중 니 언 학　자 공 왈　문 무 지 도
未墜於地, 在人. 賢者識其大者, 不賢者識其小者. 莫
미 추 어 지　재 인　현 자 식 기 대 자　불 현 자 식 기 소 자　막
不有文武之道焉. 夫子焉不學? 而亦何常師之有?
불 유 문 무 지 도 언　부 자 언 불 학　이 역 하 상 사 지 유

입실　중니仲尼는 공자의 자다. 공자는 존칭이고 성명은 공구孔丘다. 문무文武는 은나라를 무너뜨리고 주나라를 세운 건국 영웅이다. 아울러 두 사람은 세상의 질서를 바로잡는 두 가지 원천, 즉 문과 무의 가치를 완

전히 구현한 인물이었다. 문은 평화, 문화를 가리키고 무는 정의를 수호하고 불의를 억지하는 힘을 가리킨다.

추墜는 떨어지다, 잃다는 뜻으로 가치가 완전히 상실되어 누구도 돌아다보지 않는 것이다. '추어지'는 오늘날에도 "○○이 땅에 떨어지다"라는 말로 널리 쓰이고 있다. 현賢은 어질다, 덕행이 뛰어나다는 뜻이다. 식識은 기억하다, 알다는 뜻이다. 부자夫子는 존칭으로 공자를 가리킨다. 상常은 일정하다, 늘, 불변하다는 뜻이다. '하何~유有'는 '어디에 있는가?'라는 뜻으로 실제로는 부정을 나타낸다.

학무상사學無常師라는 말은 위 구절에 나오지 않지만 하유何有를 부정으로 보면 조합해낼 수 있다. 이 말은 훗날 위대한 인물의 정신적 기원을 '학무상사'로 말하는 것의 기원인 셈이다. 우리나라 불교사에 뚜렷한 자취를 남긴 원효와 보조 지눌의 지적 세계를 흔히 "학무상사學無常師, 유도지종惟道之從"이라고 일컫는다.

여언　　깊이 따져보지 않으면 '학무상사'를 오해할 수도 있다. 이 말은 공자에게 가르침을 준 스승이 한 사람도 없었다는 말이 아니다. 오히려 스승이 아주 많았다고 할 수 있다. 다만 공자가 일군 사상적 깊이와 넓이를 단 한 명의 어떤 특정한 스승에게 연결시킬 수 없다는 뜻이다.

학무상사의 의미를 제대로 알려면 이사李斯의 이야기를 들어볼 필요가 있다. 초나라 출신의 이사가 진나라의 미래를 예상하고서 진으로 와 벼슬살이를 하고 있었다.

당시 진나라에 스파이 사건이 발생해서 외국 출신 공직자에게 추방령이 내려졌다. 한나라 출신의 정국鄭國이 진나라 재정을 파탄 낼 생각으로 진으로 와 대규모 토목 공사를 일으켰다가 그 전모가 발각되었던 것이다. 이사는 출세 가도를 달리다가 갑작스럽게 위기를 만난 셈이었다. 그는 추방의 부당성을 알리기 위해 진왕 정政(훗날 통일 뒤의 진시황)에게 오늘날에도 명문으로 알려진 「간축객서諫逐客書」(또는 「상진황축객서上秦皇逐客書」), 즉 외국인 공직자를 추방하라는 명령에 반대한다는 글을 썼다(『사기』「이사열전」, 『고문진보』).

그 안에서 그는 "높다는 태산은 흙덩이며 돌덩이를 가리지 않아 웅장함을 이루게 되었고 큰 강과 바다는 졸졸 흐르는 물을 마다하지 않아 심연을 이룰 수 있었다"(是以泰山不讓土壤, 故能成其大. 河海不擇細流, 故能就其深)고 주장했다.

이와 견줘본다면 학무상사는 공자는 모든 지식을 가리지 않았기 때문에 위대함을 일굴 수 있었다는 뜻이 된다. 당신은 자신에게 흘러드는 물을 막는 둑을 얼마나 많이 또는 높이 세우고 있는가?

36
자유 | 마음길 따라도 부딪치는 것이 없네
종심불유從心不踰(02.04/020)

입문　학생은 늘 언제 외우고 익히는 답답함으로부터 벗어날까 하고 생각한다. 외국어를 배울 때 정작 외국어는 하지 않고 단어만 죽도록 외우는 시절이 있다. 얼마나 갑갑한가?

스포츠는 재미를 느끼면 빠지지만 모르면 참 이상한 세계다. 골프는 공이 매우 작으며 축구는 사람의 손을 묶고 농구는 사람의 손을 자유롭게 하듯 스포츠는 제각각 사람에게 제약을 가한다. 선수들은 그 제약 아래에서 오랫동안 연습하다 보면 마치 제약을 느끼지 못하는 듯 능수능란하게 플레이를 한다.

마이클 조던이 농구하는 것을 보면 코트를 훨훨 날아다니는 듯 보이고 펠레나 마라도나나 메시가 공을 모는 장면을 보면 수비수가 있으나마나 축구장을 마구 휘젓는 듯이 보인다. 경기 규칙이 그들을 제약하는 것이 아니라 거꾸로 그들이 규칙을 보호하는 것처럼 보인다.

인생에도 지켜야 할 규칙이 있고 알아야 하는 상식이 있다. 우리는 조던이나 메시처럼 규칙과 상식의 틀 안에서 자유롭게 살 수 있을까? 공자는 70세 즈음에 이르러 '종심불유'라는 자유의 노래를 부르고 있다.

승당　　공 선생이 돌이켜 생각하면서 일러주었다. "나는 열다섯 살에 배우려는 동기를 가졌고, 서른 살에 제자리를 찾았으며, 마흔 살에 가지 못하는 길과 갈 수 있는 길을 두고 헷갈리지 않았고, 쉰 살에 하늘의 명령을 깨달았으며, 예순 살에 어떤 소리에서도 합리적인 요소를 찾았고, 일흔 살에 마음이 하고 싶은 대로 따라가더라도 기준을 넘어서지 않았다."

子曰：吾十有五而志于學, 三十而立, 四十而不惑,
자왈　오십유오이지우학　삼십이립　사십이불혹
五十而知天命, 六十而耳順, 七十而從心所欲, 不踰矩.
오십이지천명 륙십이이순 칠십이종심소욕 불유구

입실　유有는 또, 있다, 가지다는 뜻이다. 영어로 and와 plus에 어울린다. 10+5, 즉 열다섯 살이다.

립立은 서다, 세우다는 뜻이다. 서다는 물리적으로 발을 땅에 대고 다리와 허리를 쭉 펴서 곧바른 자세를 유지하는 것이다. 여기서 서다는 다른 사람에 기대지 않고 혼자서 제 역할을 한다는 뜻을 나타낸다. 같은 글자를 어떤 맥락으로 읽어야 할지 아는 것이 쉽지 않다.

혹惑은 의심하다, 헷갈리다, 의혹의 뜻이다. 지知는 감각으로 지각하는 것이 아니라 종합적으로 판단해서 알게 되었다는 뜻이다. 지천명知天命은 유일신이 신자에게 자신의 뜻을 알려주는 계시를 내렸다는 것이 아니라 많은 경험과 오랜 사색을 통해서 역사가 앞으로 어디로 나아가고 행위자가 그에 맞춰 어떻게 살아야 하는지를 결정하게 되었다는 맥락이다.

이耳는 귀의 뜻이고 순順은 부드럽다, 순하다는 뜻이다. 젊었을 적에는 누군가 자신에게 좋지 않은 소리를 할라치면 울컥하며 감정이 상한다. 그런데 이순은 나이도 나이지만 오랜 경험으로 인해 누가 무슨 말을 하더라도 그때마다 심정이 상하지 않고 편하게 듣게 되었다는 것이다.

경험은 모든 것을 지켜보게 만드는 여유를 준다. 예컨대 아이가 버릇없는 행동을 하면 젊은 부모는 바로 그 자리에서 지적해 시정하게 하지만 나이 지긋한 부모는 뭘 그러느냐며 내버려두면. 스스로 알아서 고치게 된다고 한다. 실수했거나 그냥 한 말인데 하나하나 예민하게 반응하면 오히려 아이를 삐딱하게 만들 수 있지만 내버려두면 아이가 올바르게 될 수 있다는 것이다.

종從은 따르다, 좇다는 뜻이다. 유踰는 넘다, 타넘다, 지나가다, 어기다는 뜻이다. 구矩는 원래 네모난 각을 만드는 공작 도구를 말하는데 여기서는 표준, 기준, 사회 규범을 가리킨다.

여언　공자의 자유는 어디에서 생겨난 것일까?

특별한 노력을 하지 않아도 일정한 나이에 이르러 저절로 주어진 것일 수도 있다. 세월이 사람을 가르치기 때문이다. 아니면 오랜 시간에 걸쳐 꾸준히 노력한 끝에 비로소 얻게 된 것일 수도 있다. 처음에는 외워서 하니까 뭔가 어색하지만 세월을 통해 어색함을 털어내고 자유의 날개를 단 것일 수도 있다. 이도 저도 아니면 이 구절은 칠순 나이에 이르러 자신을 얽어매던 규범의 사슬로부터 놓여났다는 안도의 한숨을 말하는 것일 수도 있다. 죽은 공자에게 직접 물어볼 수 없으니 우리는 나름대로 해석할 수 있을 뿐이다.

우리는 농구공이 조던의 손에 붙어 있다거나 축구공이 메시의 발에 붙어 있다는 말로 그들의 기량을 높이 산다. 마찬가지로 규범이 공자의 몸에 붙어 있을 정도로 둘 사이가 완전하게 밀착한 것이다. 그 사이는 바늘조차도 비집고 들어갈 틈 없이 견고한 것이다.

어떤 삶의 현장에서는 신참이 고참의 행동을 보고 꿈꾼다. '나도 언젠가 저렇게 되어야지!' 공자도 어린 시절부터 그렇게 꿈꾸었고 나이 들어 그 꿈을 이룬 것이다.

우리도 금방 적었다 지우는 꿈이 아니라 인생을 통해 길게 가는 꿈 하나를 그리자. 그리고 꿈이 이루어지는 그날에 미소를 지어보자.

학생들은 공자의 그 미소를 보았기에 자신들도 나름대로 꿈 하나씩을 간직했으리라.

37

계발

앞가락을 들려주고 뒷가락을 찾아라

고왕지래告往知來(01.15/015)

입문　선생과 학생은 가르침을 주고받는 사이다. 이 사이가 늘 행복하지만은 않다. 선생은 열의를 다해 가르치더라도 학생이 알아듣지 못해 받아들이지 못할 수 있다. 학생이 알고자 하는 것을 선생이 적절하게 전달하지 못할 수도 있다. 나도 처음에 강의 준비를 잔뜩 해서 한두 시간에 많은 내용을 전달하려고 했을 때 수업이 끝나면 늘 실패했다는 생각이 들었다. 나로서는 이것저것 다 이야기를 해주어야 한다고 생각하지만 학생으로서는 처음 듣는 것이거나 아직 받아들일 준비가 되어 있지 않으므로 많은 것을 짧은 시간에 소화시킬 수가 없었던 것이다.

음식의 경우 정해진 조리법에 따라 식재료를 불판에 놓고 정성을 다해 얼마간 가열하면 언제나 비슷한 맛의 요리를 조리할 수 있다. 겨울의 붕어빵도 그렇게 해서 굽는다. 하지만 가르침은 음식 만드는 방식으로 가능하지 않는데도 그렇게 생각하면 실패할 수밖에 없다. 나도 이를 알고부터 학생들이 이해할 만한 배경 지식을 먼저 설명하고 나서 말하고자 하는 것을 조금씩 반복해서 이야기하게 되었다.

공자는 초짜 선생처럼 한꺼번에 왕창 알려주려는 '조급증'을 가지지 않은 모양이다. '고왕지래'를 보니 느긋함이 묻어난다.

승당　자공이 물었다. "고대 시가집(『시경』)을 보면 뼈, 뿔, 상아, 옥돌 등을 자르는 듯 거칠게 가는 듯, 또 이어서 쪼는 듯 곱게 다듬는 듯이라

142

고 읊고 있는데, 바로 이와 같은 맥락이지요?"

공 선생이 칭찬했다. "자공아, 비로소 이제 내가 너와 더불어 시를 논의할 수 있겠구나. 앞가락을 일러주니 뒷가락을 풀어내는구나!"

子貢曰 : 詩云 : 如切如磋, 如琢如磨, 其斯之謂與?
자공왈   시운   여절여차, 여탁여마, 기사지위여
子曰 : 賜也, 始可與言詩已矣, 告諸往而知來者.
자왈   사야, 시가여언시이의, 고제왕이지래자.

입실   이 구절은 01.15/015의 후반부다. 전반부는 1강의 27조목 '부이무교富而無驕'를 참조하라.

시詩는 운문 형식으로 창작되는 문학 장르다. 여기서 시는 고대 시가를 모아놓은 서적으로 오늘날 『시경』으로 알려져 있다. 인용된 시는 위衛나라 민요 중 「기수의 물굽이淇奧」에 나오는 구절이다.

절차탁마切磋琢磨는 오늘날 학업과 인격을 닦는다는 뜻으로 쓰이지만 원래 뼈, 뿔, 상아, 옥돌처럼 다른 재료를 각각 자르고 거칠게 갈고 쪼고 곱게 다듬는 작업 방식을 가리킨다.

사賜는 자공의 이름이다. 시始는 처음으로, 비로소, 시작하다는 뜻이다. 여與는 함께, 더불어, 주다는 뜻이다. 고告는 알리다, 깨우쳐주다, 가르치다는 뜻이다. 지知는 알다, 지각하다는 뜻인데, 여기서는 이미 알고 있던 것을 바탕으로 새로운 것을 추론한다는 맥락이다. 왕래往來는 이미 말한 것과 앞으로 말할 것을 가리킨다. 쉬운 예를 들자면 우리가 아이에게 한 자리 숫자 덧셈을 가르쳤는데 언제 혼자서 두 자리 나아가 세 자리 덧셈을 할 줄 아는 경우가 있다. 이때 한 자리 숫자 덧셈은 '왕'이 되고 두 자리 또는 세 자리 덧셈은 '래'가 되는 것이다.

여언　선생은 학생에게 천천히 다가간다고 생각하지만 학생은 너무 빠르다고 느낀다. 학생은 선생에게 빨리 나아간다고 생각하지만 선생은 너무 늦다고 느낀다. 이때 선생은 답답한 만큼 학생에게 여유를 주지 않고 더 많이 주려고 하면서 다그친다. 학생은 아찔한 만큼 선생의 기대를 충족시키지 못하고 자꾸 도망가려고 한다. 이로써 둘 사이가 더 가깝게 되기보다 멀어진다.

01.15/015를 보면 공자는 결코 서두르지 않는다. 학생의 말이 나오기를 앞질러서 먼저 자신의 말을 하지 않는다. 먼저 자공이 운을 떼고 공자가 짧게 대답한다. 그리고 침묵한다. 만약 공자가 자공의 대답을 기다리지 않고 혼자서 다 말했더라면 자공은 그 사이에 자라지 않았을 것이다. 아니나 다를까 자공은 자신의 말과 공자의 말 사이에 있는 차이를 알아차리고 다시 묻는다. 이로써 그는 이전에 배웠던 것과 지금 들은 것을 하나로 이어 붙여서 차이를 설명해낸다. 공자도 가만히 있지 않는다. 자공이 순식간에 큰 만큼 그 성장을 축하하는 메시지를 전달한다. 이제 자신이 자공과 함께 동일한 사상의 지평에서 이야기를 나눌 수 있게 되었다고. 이보다 더한 칭찬이 어디 있겠는가?

들여다보면 공자는 제자가 물음을 던지고 스스로 대답을 찾도록 찬찬히 이끌어간다. 오늘날 말로 하면 그는 '자기주도적 학습'을 한 것이다. 여기에는 제자가 몰라서 답답해하고 아찔해하면서도 결국 문제의 실마리를 찾아나가는 과정을 알면서 내버려두는 '기다림'이 숨어 있다. 기다림 뒤에 자공은 공자가 말할 법한 말을 던지고 있다. '고왕지래'는 선생과 학생이 함께 부르는 발견의 합창 소리다. 이는 부처와 가섭의 염화미소拈華微笑에 비할 수 있다. 반면 지금도 우리 주위에선 학생, 후배, 팀원이 뭐라고 말할라치면 선생, 선배, 팀장 등이 "그건 됐고!"라며 말허리를 자르는 소리가 나지 않는가?

38
불굴

그만두고 싶어도 그럴 수 없네
욕파불능欲罷不能(09.11/221)

입문　학창 시절에 체력장을 할 때 정해진 시간 안에 윗몸일으키기를 해보면 안다. 허리는 아프고 힘은 더 들어가지 않고 시간은 다 지나가는데 아직 횟수를 채우지 못했다. 그만두고 등을 바닥에 대고 싶지만 그래도 하나라도 더 해보려고 용을 써본다. 그때 온 힘을 모아서 다시 허리를 일으키려고 할 때 옆구리는 늘어나서 아프고 배 근육은 뻐근해지고 하늘이 노랗게 변한다. 이런 장면은 헬스장에 가서도 쉽게 느낄 수 있다. 역기나 각종 도구를 쓰다 보면 더 버티기 어려운 지점이 있다. 그때 '건강'을 위해 눈을 질끈 감고서 하나씩 더해 단계를 높이게 된다.

　이렇게 힘들게 하다 보면 중도에 그만두고 싶다. '중도이폐中道而廢'라고 할 수 있다. 공자의 다른 제자 염구冉求는 "선생님의 길을 이해 못하는 것은 아니지만 힘이 모자라서 더는 좇아갈 수 없다"고 고백했다. 이에 공자는 힘이 모자란 게 아니라 자네 스스로 "이만큼 해야지!"라며 선을 긋고 있는 것이라고 지적했다(06.12/133). 반면 안연은 "그만두고 싶어도 차마 그럴 수 없다!"며 다른 반응을 보인다.

우리는 부모로서, 책임자로서 어떤 경우 앞에 서서 지친 사람을 두고 "계속 가자!"라는 소리를 외칠 때가 있다. 나로 인해 그 사람은 '중도이폐' 할까 '욕파불능'할까? 나도 제자를 지도하면서 두 소리를 듣는다. 선생으로서 '중도이폐' 소리를 들으면 마음이 아프다.

승당   안연이 한숨을 푹 내쉬며 길게 탄식했다. "선생님은 우러러볼수록 더욱 높아만 지고 뚫고 들어갈수록 더욱 단단해 보인다. 바라보니 어느 틈에 앞에서 손짓하더니 문득 뒤에서 채찍질하시네. 선생님은 차근차근 배우는 사람을 이끌어가는구나. 각종 고전(인문학)으로 나의 세계를 넓히고 사회 규범으로 나의 행위를 규제하신다. 아, 이러니 내가 그만두고 싶어도 차마 그럴 수 없네. 이미 나의 모든 재주를 다 쏟아부었지만 나의 눈앞에 우뚝 서 계시는 듯하다. 또 힘을 내서 따라가고자 하지만 어찌해볼 길이 보이지 않네."

顏淵喟然歎曰 : 仰之彌高, 鑽之彌堅. 瞻之在前, 忽焉
안 연 위 연 탄 왈   앙 지 미 고 찬 지 미 견 첨 지 재 전 홀 언
在後. 夫子循循然善誘人, 博我以文, 約我以禮, 欲罷
재 후 부 자 순 순 연 선 유 인 박 아 이 문 약 아 이 례 욕 파
不能. 旣竭吾才, 如有所立卓爾. 雖欲從之, 末由也已.
불 능 기 갈 오 재 여 유 소 립 탁 이 수 욕 종 지 말 유 야 이

입실   위喟는 한숨, 한숨 쉬다는 뜻이다. 앙仰은 고개를 쳐들다, 우러러보다는 뜻이다. 미彌는 더욱, ~할수록의 뜻이다. 찬鑽은 뚫다, 자르다, 구멍 내다, 깊이 연구하다, 파고들다는 뜻이다. 홀忽은 소홀히 하다, 다하다, 갑자기의 뜻이다.

부자夫子는 윗사람을 높이는 말로 여기서는 공자를 가리킨다. 순순

循循은 차근차근하게 나아가는 모습을 형용하는 의태어다. 선善은 착하다, 합당하다, 좋다, 잘하다는 뜻이다. 유誘는 꼬드기다, 꾀다, 이끌다는 뜻이다.

욕欲은 바라다, 하고자 하다는 뜻이다. 파罷는 그만두다, 쉬다, 그치다는 뜻이다. 갈竭은 다하다, 쏟다는 뜻이다. 탁卓은 높다, 우뚝 솟다는 뜻이다. 말末은 끝, 마지막, 결국의 뜻이지만 여기서는 없다는 뜻이다. 유由는 따르다, 말미암다는 뜻이다.

여언　사람은 원래 하고 싶은 것도 많고 갖고 싶은 것도 많다. 그렇게 하고 싶었던 것이 변하지 않고 그대로 쭉 이어졌더라면, 스케이트의 경우 모두 김연아처럼 되지는 못해도 많은 사람이 스케이트를 자유자재로 탈 것이다. 없으면 죽을 것처럼 사랑해서 함께 있고자 결혼해 주례사 말처럼 검은 머리가 파뿌리가 될 때까지 살 것 같았지만 우리나라 이혼율은 나날이 높아지고 있다.

학원을 가봐도 그렇다. 월초 등록할 때 학원을 열심히 다니겠다고 생각하는 사람이 20명 정도가 되었다면 닷새 지나고 열흘 지나면 수강생이 반으로 줄었다가 월말이면 몇 명 남지 않는다.

공자 제자들도 모두 처음에는 배우고 싶다는 열망으로 공자 문하에 들어섰지만 시간이 지나자 두 부류, 즉 중도이폐와 욕파불능으로 나뉘었다.

안연의 말에 따르면 학생은 선생을 따라가고자 노력해서 원래 있던 간격을 메우고자 하지만 학생이 다가가면 선생은 어느 틈에 저만치 멀리 가 있다. 이처럼 줄어들지 않는 차이를 보고서 어떤 이는 더는 따라갈 엄두를 내지 못하며 지쳐 주저앉게 되는 반면 어떤 이는 자신이 도달한 지평을 점검하고 다시 신발 끈 조여 매고 앞으로 나아간다. 공자는 안연에게 파내고 파내도 끝이 보이지 않고 마시고 마셔도 마르지 않는 샘물과 같은 존재다.

그리고 동화「헨젤과 그레텔」에서 숲속에 들어갈 때 조약돌이랑 빵 조각을 떨어뜨려 집으로 되돌아올 수 있었듯 공자는 제자들이 앞으로 한 걸음씩 나아갈 수 있는 실마리를 툭 던져놓음으로써 그들에게 나아갈 수 있는 자극을 주었던 것이다.

이렇게 보면 공자는 학문적 성취를 이뤄 홀로 우뚝 높이 섰을 뿐만 아니라 제자들이 한 걸음씩 앞으로 포기하지 않고 나아갈 수 있도록 끊임없이 지적 자극을 주었던 것이다. 공자의 리더십이라고 할 수 있다. 욕망이 식지 않고 계속 뜨겁게 타오르려면 의지의 불쏘시개가 필요하다. 공자는 제자들에게 지적 자극을 끊임없이 던져 의지를 단련케 하고 처음의 열망을 식지 않도록 만들었던 것이다. 공자는 뛰어난 사상가이기도 하면서 탁월한 선생이기도 하다.

39

불의 | 북을 쳐서 잘못을 밝혀라

명고공지鳴鼓攻之(11.17/285)

입문   우리는 제갈량과 관련된 고사로 읍참마속泣斬馬謖을 알고 있다. 마속은 제갈량이 매우 아끼는 절친한 친구인 마량馬良의 동생이다. 마속은 가정街亭 싸움에서 제갈량의 지시를 어겼다가 패배했다. 제갈량은 마속을 처벌함으로써 군율을 바로잡았다.

마속의 일이 아니더라도 부모는 부모대로 아이의 장점과 선행보다 실수와 비행을 어떻게 처리해야 할까 고민한다. 단체 책임자는 책임자대로 구성원의 실수와 비리를 어떻게 해야 할지 고민하게 된다. 곧이곧대로 처벌하는 게 바람직할 수도 있고, 경우에 따라서는 기회를 한 번 주는 것이 또 나름대로 타당할 수도 있다.

우리가 공자를 성현으로 보면 그는 이런 인간적인 문제를 두고 전혀 고민하지 않았을 듯하다. 하지만 그렇지 않다. 처음에 배우겠다고 제 발로 찾아온 제자라고 해도 그 사람이 어떤 사람인지 속속들이 다 알 수는 없다. 또 문하를 떠난 뒤에 무슨 일을 할지 정확히 예상할 수도 없다.

공자는 개인적으로 사상가이면서 또한 학파를 이끄는 영수다. 개인으로든 학파로든 정체성이 있는데, 공자의 문하를 거친 제자가 그 정체성을 위반하는 행동을 했을 때 어떻게 해야 할까? 제자를 어디까지 감싸안아야 할까? 선생으로서 제자를 내치는 일은 참으로 가슴 아픈 일이다. 문제 제자를 끌어안는 것은 스스로 자신들이 내세우는 가치를 부정하는 일이다. 이런 상황이 생기지 않기를 늘 바랐다고 하더라도 실제 상황에 놓이면 그냥 엉거주춤하고 있을 수는 없다. 공자도 제갈량 정도는 아니지만 칼을 뽑아들었다.

승당   계손씨는 주공보다 재물이 더 많았다. 그런데도 염구는 그런 자를 위해서 세금을 싹싹 거두어들여 재물을 한층 더 불려주었다. 공 선생이 더는 참지 못하고 불호령을 내렸다. "저런 사람은 우리와 같은 무리가 아니다. 제자들이여, 북을 쳐서 사람을 불러 모아 그이의 죄상을 공격해도 괜찮으리라."

季氏富於周公, 而求也爲之聚斂而附益之. 子曰 : 非
계 씨 부 어 주 공   이 구 야 위 지 취 렴 이 부 익 지   자 왈   비
吾徒也. 小子, 鳴鼓而攻之, 可也.
오 도 야   소 자   명 고 이 공 지   가 야

입실　계손씨는 공자 당시에 노나라의 실권을 장악해서 국정을 좌지우지하던 유력 세족을 가리킨다. 노나라는 제후국이므로 제후가 최고 책임자이지만 현실에서는 별다른 힘을 쓰지 못했고, 계손季孫을 비롯한 숙손叔孫과 맹손孟孫의 세 대부 집안이 연합해서 국정을 운용했다.

구求는 공자의 제자 염구冉求다. 위爲는 하다, 되다, 이다의 뜻이지만 여기서는 '~를 위해서'란 뜻이다. 취聚와 렴斂은 둘 다 긁어모으다, 거둬들이다는 뜻으로 세금을 가혹하게 거둔다는 맥락을 나타낸다. 부附와 익益은 둘 다 덧보태다, 많아지게 하다는 뜻이다. 공자를 비롯해서 유교에서는 기본적으로 백성, 특히 소농小農의 세금 부담을 줄이자는 정책을 펼친다. 이를 위반하면 소농경제가 무너지게 되고 그에 따라 국가의 재정 수입이 줄어드는 반면 지주와 세족들이 토지를 과다하게 소유하게 된다. 오늘날 기업형 슈퍼SSM와 지역 상인의 갈등을 떠올릴 수 있다. 염구와 공자 사이의 긴장은 간단한 문제가 아닌 것이다.

소자小子는 공자가 제자들을 가리킬 때 사용하는 호칭이다. 이외에 이삼자二三者를 쓰기도 했다. 공자는 한 명과 있을 때는 보통 이름을 불렀지만 여럿이 있어 한꺼번에 부를 때는 이와 같은 호칭을 사용했다. 명鳴은

울다, 울리다, 울음의 뜻이다. 고鼓는 북, 치다, 두드리다는 뜻이다. 공攻은 치다, 공격하다는 뜻이다. '명고공지'는 여러 사람이 모여 국가나 사회에 끼친 잘못을 소리 높여 규탄하는 성토대회聲討大會와 같은 뜻이다. 북을 울려서 사람을 불러 모으고 잘못을 드러내서 당사자의 문제점을 까발리는 것이다.

여언　공자는 학생들에게 『시경』 『서경』 『춘추』 등 여러 과목을 가르쳤다. 그중에서 『춘추』는 춘추 시대 위정자만이 아니라 당대 위정자들의 행정을 기록하면서 동시에 행위자의 잘잘못을 지적했는데, 모든 사안에 대해 때로는 미묘한 언어로 때로는 명백한 언어로 비평했다.

이제 비평의 칼끝이 외부가 아니라 공자 학파의 내부로 향했다. 당시 분위기로 보면 염구의 사안은 공자의 제자 문제이면서 동시에 공자의 문제였다. 말로는 "백성의 복지를 돌봐야 한다" "세금을 가혹하게 징수해서는 안 된다"고 떠들었는데 정작 자신의 제자가 보란 듯이 평소의 주장과 반대되는 행위를 했던 것이다. 가만히 있게 되면 공자가 스스로 자신의 말을 뒤집는 꼴이 된다. 아울러 『성경』의 말대로 제 눈의 들보는 보지 못하고 남의 눈에 있는 티를 찾아내는 꼴이 된다. 즉 위선자가 될 수도 있다.

공자는 한 치의 주저함도 없었다. 제자들에게 무엇이 문제인지를 뚜렷하게 밝혀서 이 일이 되풀이되지 않도록 하는 성토대회를 열도록 했다. 좋은 게 좋다는 식으로 묻어두지 않고 시비를 가릴 일은 명백하게 가리고 있다. 이것이 공자의 가치를 지키는 길이며 학파의 정체성을 뚜렷하게 하는 길이다. 그렇기 때문에 숱한 어려운 조건 속에서도 공자와 그의 학파가 흩어지지 않고 더 단단하게 버틸 수 있었던 것이다.

40

집중

나는 다른 곳을 기웃거릴 틈이 없네

아즉불가我則不暇(14,31/379)

입문　공부를 방해하는 것이 무엇일까?

가장 먼저 능력이 문제가 된다. 해야 할 공부를 따라가지 못하는 능력만큼 괴로운 것도 없다. 제자 중 염구가 공자의 길을 이해하면서도 자신의 힘이 모자란 만큼 공부를 그만둘까라고 말한 적이 있다.

그리고 돈이다. 요즘 사회적으로는 돈이 있어야 대학을 가고 대학 가도 돈이 있어야 좋은 성적을 받을 수 있다. 돈이 있어야 과외를 받고 돈이 있어야 아르바이트를 하지 않고 공부에 전념할 수 있기 때문이다. 하지만 오늘날 인문학도의 오래된 미래 안연은 가난에도 불구하고 학업의 꿈을 불태웠다. 그런 그가 요절하자 공자는 예의고 뭐고 다 잊고 그냥 대성통곡을 했다(11.10/278).

다음으로 잡념이다. 공부든 뭐든 집중이 중요한데 공부하면서 자꾸 딴생각을 한다면 공부가 제대로 영글 수가 없다. 잡념에도 여러 가지가 있다. 공부하면서 아예 그와 다른 생각을 하는 것이다. 또 공부하면서 조금 알게 된 걸로 다른 사람에게 아는 체하는 것이다. 자공의 방인方人이 바로 얕은 공부를 밑천삼아 현실의 위정자나 실력자들을 대상으로 왈가왈부하는 것이다. 그러다가 공부에 재미를 느끼지 못하고 방인에 쏠릴 수가 있다.

승당　자공은 주위 사람들의 됨됨이를 즐겨 품평하곤 했다. 공 선생은 못마땅하게 여겨온 터라 참다가 한마디 했다. "자공은 참으로 똑똑한가 보다! 나는 그럴 틈이 없는데."

子貢方人. 子曰: 賜也賢乎哉! 夫我則不暇.
자 공 방 인 자 왈 사 야 현 호 재 부 아 즉 불 가

입실　방方은 네모, 방위, 도리, 방법, 바야흐로, 바르다는 뜻이지만 여기서는 비교하다, 견주다, 헐뜯다는 뜻으로 쓰인다. 오늘날 언론이 공인을 비평하듯 자공이 당시 공인이 무엇을 잘하고 무엇을 잘못했는지 인물 비평을 했던 것이다. 물론 방인에는 보통사람들이 술 먹으면 상사나 연예인이나 정치인을 대상으로 무엇 때문에 그들이 '좋다'거나 '나쁘다'고 떠들어대는 수준의 대화도 포함된다.

　현賢은 어질다, 능력이 뛰어나다는 뜻이다. 재哉는 뜻은 없고 의문 또는 힐난의 어감을 나타낸다. 가暇는 겨를, 틈, 시간적 여유를 나타낸다. 불가不暇는 바빠서 그럴 시간이 없다는 뜻이 아니라 시간이 남아돌아도 쓸데없는 짓을 하지 않는다는 맥락을 나타낸다.

여언　공자 학파는 일반적인 원리와 원칙을 배우고 또 그것이 현실에 반영되는 일련의 과정을 중시한다. 이 때문에 공자는 『서경』이나 『춘추』와 같은 역사에 많은 관심을 두었다. 특히 유일신의 심판 개념이 없기 때문에 현실에서 성공한 악을 어떻게 징치할 것인지가 문제였는데 이를 역사 서술을 통해서 바로잡았다. 성공한 악이 현실에서 역사 대상으로 바뀌게 되면 사관은 그 악을 있는 대로 드러내서 심판하는 것이다.

　이런 수업을 하다 보면 자연히 만날 과거의 죽은 인물을 두고 어쩌고

저쩌고하는 것보다 지금 현재 살아 있는 인물을 두고 심판의 칼날을 겨누고 싶은 마음이 생기게 된다. 특히 이런 마음에다가 우쭐거리는 성향이 가세해 서푼의 지식을 가지게 되면 그 지식으로 다른 사람들을 품평 또는 비평하는 버릇이 생기게 된다. 이를 긍정적으로 생각하면 배운 것을 현실에 적용해보는 실습이라고 할 수 있지만 부정적으로 생각하면 아직 관점이 영글지 않은 상태에서 자신의 작은 실력을 믿고 이것저것 달려드는 꼴이다. 선무당이 사람 잡는 격이다.

방인을 한두 번이 아니라 자주 하게 되면 그 자체가 논란이 된다. 사람마다 주관이 다르므로 인물 평가가 같을 수가 없다. 그러다 보면 동학이 패를 나눠 서로 반목하게 되면서 순수한 마음으로 공부할 수 없게 된다.

공자는 자공에게 엄중하게 경고하고 있다. 그럴 시간이 있으면 정작 힘을 쏟을 일에 신경 써야지 신경 쓰지 않아도 될 일에 신경 쓰느라 인생을 낭비하지 말라는 것이다. 오늘날 혈액형, 타로점, 심리 테스트 등도 사람이 필요 이상으로 관심을 두는 것이다.

41
무지

담장을 마주하고 서다
정장면립正牆面立(17.10/461)

입문　간혹 스포츠에서 강팀이 약팀에게 쩔쩔매다가 간신히 이기는 경우가 있다. 강팀은 약팀을 만나면 설렁설렁 하더라도 시합에서 이기리라 지레짐작한다. 그런데 약팀이 강팀의 약점을 물고 늘어지며 악착같이 덤벼들면 강팀은 그때서야 정신을 차리고 최선을 다해 경기를 뒤집게 된다. 약팀이 파이팅을 하지 않는다면 강팀은 느슨하게 플레이하며 의외의 졸전을 펼치게 된다.

사람이 고정관념에 사로잡히면 좀처럼 바뀌거나 달리 움직이지 않는다. 전혀 새로운 상황이나 이도 저도 어찌해볼 수 없는 막다른 골목에 다다라서야 사람은 이전에 없던 새로운 힘을 내며 다른 모습을 보여준다. 쥐도 막다른 골목에 몰리면 고양이를 문다.

물론 사람은 어려운 처지에 놓여야 비로소 배우는 '곤이학지困而學 之'(1강 26조목 '곤이불학' 참조)하지 않고 미리 스스로 알아서 배우는 '학이지지學而知之'하는 것이 좋다. 그래도 배우지 않으면 안 되는 상황에서 오는 절실함은 어리석기는 하지만 사람을 움직이는 힘이 강렬하다. 공자는 배우지 않으면 안 되는 절박한 상황을 가정해 배움의 길로 나서도록 등을 떠밀고 있다. 그래도 '어렵다', '재미없다'는 이유로 선생의 청을 거부할 수 있을까?

승당   공 선생이 아들 백어에게 일러주었다. "너는 고대 시가집(『시경』)의 주남과 소남 부분을 읽어보았냐? 배우는 사람이 주남과 소남 부분을 읽지 않는다면 마치 담벼락을 마주하고 서 있는 듯해 앞으로 나아가지 못하고 누구와 응대할 수도 없다."

子謂伯魚曰 : 女爲周南·召南矣乎? 人而不爲周南·召
자 위 백 어 왈   여 위 주 남 소 남 의 호   인 이 불 위 주 남 소
南, 其猶正牆面而立也與?
남 기 유 정 장 면 이 립 야 여

입실　　백어伯魚는 공자의 아들 공리孔鯉의 자다. 공자의 아들이 태어났을 때 노나라 소공이 예물로 잉어를 보내준 연유로 이름을 잉어 리鯉라 지었다. 그는 아버지보다 먼저 죽어서 공자를 깊은 절망의 늪에 빠뜨리기도 했다.

주남과 소남은 고대 시가집(『시경』)의 풍風 부분에 있는 민가다. 정正은 정면, 바르다, 마주하다는 뜻이다. 장牆은 담, 경계의 뜻이다.

여언　　동아시아 과거 시험에서는 경전만이 아니라 문학 소양을 중시했다. 그래서 동아시아 관료는 동시대 세계 어느 지역 관료보다 높은 문화적 식견을 갖추고 있다. 관료들은 문서 작성은 기본이고 엄격한 형식을 요구하던 시를 지으며 사교 활동과 외교 업무를 수행했으며 사서오경으로 알려진 경전을 해독할 수 있었다.

왜 그렇게 문학적 소양을 강조했을까?

관료들은 직무를 수행하면서 기본적으로 『대명률』이나 『경국대전』 같은 법전에 의거하기도 하고 『주례』 등 경전의 정신을 구현하려고 했다. 하지만 그들은 자신들이 마주하는 다양한 현실에서 법전과 경전만을 참조해서는 완벽한 해결 방안을 찾아낼 수 없었다. 결국 법전과 경전을 해독해서 그것을 현실에 적용하려면 또 다른 추론 능력을 필요로 했다.

동아시아의 지적 전통에서는 일찍부터 사고 훈련을 가르치는 논리학에 대한 학습을 강조하지 않았다. 대신 시와 같은 문학 창작은 사람으로 하여금 무수한 언어를 가지고 표현하고자 하는 시상을 붙들어매는 연습을 하게 만들었다.

따라서 관료는 나날이 다른 사건을 접하면서 자연히 시 창작의 기법을 운용하게 되었다. 이런 까닭에 과거의 관료를 문인文人 또는 문인 사대부라고 일컬었던 것이다. 문인이란 무인武人에 상대되는 명칭이면서도 문학적 소양을 중시한다는 문화 전통을 일컫는 말이기도 하다. 이러한 전통을 현대 사회에 기계적으로 대입하기는 어렵다. 그럼에도 불구하고 우리나라 사람은 논리적 사고와 엄격한 일처리보다 감정적 판단과 문학적(예술적) 상상력에 비교적 강한 취향을 드러내고 있다.

오늘날 관료만이 아니라 직업인의 세계를 들여다보자. 그들이 한 세계를 책임지는 전문가인 것은 틀림없지만 전문 영역을 떠나서 과거의 문인만큼 문학적 소양과 논리적 사고 그리고 예술적 감상 분야에 나름의 일가견을 갖추고 있는가? 언젠가 판사였던 정재민이 소설 『독도 인 더 헤이그』를 써서 화제가 되기도 했지만 전반적으론 문인 사대부에 준하는 문화적 소양을 갖추고 있지 못하다. 오늘날 관료와 직업인은 전문가가 되었을지 몰라도 종합 교양인의 자질은 포기했다고 할 수 있다.

이제 공자의 말로 돌아가보자.

시란 무엇인가. 우리는 연애할 때 나의 마음을 상대에게 나타낼 길이 없으면 열심히 시를 찾아 옮겨 적었다. 우리는 시를 그런 식으로만 써먹었고 평소에는 잊고 살아도 아무런 문제가 없는 것이었다. 그럼 공자의 말은 허공에 대고 외치는 소리에 지나지 않은 걸까? 정부든 기업이든 일처리는 명백한 의미를 지닌 언어로 작성된 서류가 오가면서 의사를 전달하는 행위다. 그런데 일은 결국 사람의 일이고 그만큼 마음의 문제다. 상대 마음과 상관없이 명백하고 깔끔하게 처리하는 경우도 있지만 상대 마음을 헤아려서 에둘러 미묘하게 처리해야 하는 경우도 생긴다.

우리는 너무 직설정설直說正說의 언어를 가다듬어 쉴 새 없이 내뱉다 보니 자신의 정체를 미화하고 상대 정체를 비웃는 언어 기계에 가까워지고 있다. 횡설수설하는 언어는 언뜻 애매한 듯 보이지만 자꾸 곱씹어보면 나와 상대가 여유를 갖고 언어의 숲에서 한숨 돌리면서 상대를 이해하는 마음을 갖게 한다. 아마 여기서 공자는 우리가 횡설수설의 묘미를 모른다면 직설정설이 욕설이 되어 서로를 벼랑으로 내몰게 된다는 우려를 전하고 있는 듯하다.

42 순수

누구에게 묻건 무엇이 대수인가

불치하문不恥下問(05.16/108)

입문 컴퓨터가 처음 나왔을 때다. 막상 구입해서 집에다 들여다놓았지만 부팅하는 것부터 어렵다. 매뉴얼을 봐도 무엇을 어떻게 하라는 것인지 더 어렵다. 요즘 와서는 스마트폰이 또 사람들을 당황하게 만든다. 시대가 바뀌면 사람은 늘 새롭게 적응해야 한다. 신세대일수록 적응이 쉽지만 구세대일수록 적응이 어렵다. 신세대는 컴퓨터와 스마트폰을 공기처럼 마시면서 자라온 세대이지만 구세대에게 그것은 길 가다가 어느 날 갑자기 마주한 괴물과도 같기 때문이다.

디지털 문명의 적응력만 두고 보면 어른은 아이처럼 제대로 하는 것이 없는 어른아이가 되고 아이는 아무런 두려움 없이 능숙하게 기기를 이용하므로 아이어른이 되는 것이다.

어른은 어떻게 해야 할까? 처음에는 이 나이에 뭘 배우느냐며 그냥 지나칠 수도 있지만 디지털 문명이 대세가 되자 등 떠밀려서라도 배우게 된다. 그런데 어른이면서 디지털 문명에 익숙한 아이처럼 잘 적응하는 사람이 있다. 그들은 도대체 어떤 특별한 능력을 가지고 있는 걸까? 공자는 '불치하문'을 그 시대에 알기를 좋아하는 인물과 연관지어 썼다.

승당　　자공이 궁금해서 물었다. "衛위나라 공문자는 무슨 까닭으로 '문'의 시호로 불리게 되었는지요?" 공 선생이 대꾸했다. "이해력이 뛰어나고 학문을 사랑하며 모르면 아랫사람에게 물어보는 것을 전혀 부끄러워하지 않았기 때문에 '문'이라고 할 만하다."

子貢問日:孔文子何以謂之文也? 子曰:敏而好學, 不
자 공 문 왈　공 문 자 하 이 위 지 문 야　　자 왈　　민 이 호 학　불
恥下問, 是以謂之文也.
치 하 문　시 이 위 지 문 야

입실　　문文은 글, 문장, 문화를 가리킨다. 치恥는 부끄러움, 부끄러워하다는 뜻이다. 공문자는 공자와 비슷한 시기에 활동한 인물로 위나라 대부 공어孔圉를 말한다.

시호는 오늘날 익숙하지 않은 말이다. 과거에는 사람이 태어나면 아이 시절의 이름, 정식 이름, 성인의 자字, 성인의 아호가 있고 죽으면 시호로 불렸다. 이처럼 사람은 삶의 국면에서 다양하게 불렸는데, 이는 이름 부르기를 금기시하는 사회 문화의 영향이라고 할 수 있다. 이름을 감춰 죽음을 관장하는 귀신에게 들통나지 않으려는 방법이었다.

이외에도 시호에는 또 다른 특징이 있다. 사람이 죽으면 그 사람의 생

애를 압축적으로 평가해서 그에 합당한 이름을 지어주었다. 예컨대 공문자는 "민이호학, 불치하문"했기 때문에 '문文'으로 불리는 것이다. 예컨대 이순신은 충무공이라고 말한다. 이때 충무忠武는 장군으로서 이순신의 생애와 업적을 기리는 말이라고 할 수 있다. 문인의 경우 문성文成이 최고의 시호로 간주되었다. 이러한 이름 짓기 또는 이름 붙이기는 사람을 사후에 도덕적으로 재분류하는 역사적 평가라고 할 수 있다. 이 때문에 과거 지식인들은 자신의 이름이 역사에 긍정적으로 기술되기를 희망했고 그 희망은 평소의 삶을 규제하는 원리로 작용하기도 했다. "호랑이는 죽어서 가죽을 남기고 사람은 죽어서 이름을 남긴다"(호사유피虎死留皮, 인사유명人死留名)라는 말과도 연결된다.

여언 사람에게 모르는 것만큼 답답한 것은 없다. 비밀이 지켜지지 않는 이유는 무엇일까? 따지고 보면 사람의 호기심, 궁금증이 그만큼 강하다는 것이다. 상대에게 뭔가 있는 것을 눈치채면 그냥 넘어가지 못하고 어떻게 해서라도 알려고 한다. 알고 나면 별거 아니더라도 나 혼자만 모른다고 생각하면 그것만큼 서운한 것도 없다.

그런데 사람은 무엇을 알고자 하더라도 막상 후배나 부하 직원에게 물어보기를 어려워한다. 왜 그런가 하면 우리나라는 '아는 것은 당연하고 모르는 것이 죄다'라고 여기는 풍조가 강하기 때문이다. 모르고도 알려고 하지 않는 것이 더 큰 문제인데도 말이다. 그러니 후배에게 묻자니 무식하다는 것이 탄로나 위신도 깎이고 체면이 영 말이 아니게 된다. 누구에게라도 물으려면 어떻게 해야 하는가? 묻는 일에 알고 싶은 바람 이외에 아무것도 집어넣지 않으면 된다. 호기심을 참지 못해 금기를 넘어서려는 아이와 같은 심정으로 위신과 체면을 내려놓고 아는 것을 최우선으로 간주하면 누구에게라도 묻지 못할 사람이 없다. 묻지 않고 혼자서 끙끙 앓으며 돌고 돌아서 겨우 알게 되거나 그래도 모를 수 있다. 아이에게라도 묻는다면 금방 알게 된다. 묻는 것만큼 앎을 향한 급행열차는 없다. 나이 들어도 소탈한 사람을 보면, '저런 것을 질문이라고 하나!'라며 의아하게 여길 만한 것도 모르면 지체 없이 질문을 던지는 경우가 있다. 아이 같은 심성은 무지를 유지로 만드는 지름길이다. 묻는 만큼 보이는 것이니까!

43
분투 | 몰라서 성내지 않으면 길을 터주지 않는다
불분불계不憤不啓(07.08/159)

입문　우리는 여러 가지 일로 답답해한다. 누군가 비밀을 가지고 있으면서 말할 듯 말 듯 하면 듣는 사람이 참으로 갑갑하다. 억지로 입을 벌려서 말하게 하고 싶은 마음이 들 것이다. 2010년 밴쿠버 동계올림픽 때 다른 일이 있어서 김연아의 연기를 보지 못했다고 하자. 그것을 보고 온 동료가 보지 못한 사람에게 결과를 알려주지 않고 말을 빙빙 돌린다면 그 사람이 얼마나 얄밉겠는가?

그런데 학습의 장이 되면 사정이 달라진다. 달리기를 배우는 학생에게 어떻게 하면 잘 달릴 수 있는지 방법을 알려줄 수 있지만 한꺼번에 모든 것을 알려줄 수는 없다. 학생 상황에 맞게끔 그때그때 필요로 하는 것을 하나씩 하나씩 알려줄 수밖에 없다.

공자도 모른다고 말하는 학생에게 선걸음으로 다가가지 않는다. 구조대원이 물에 빠진 사람을 구조할 때는 주위를 빙빙 돌면서 사람을 안심시킨 뒤에 낚아채야 한다. 그렇지 않고 물에 빠진 사람이 구조자에게 달라붙으면 둘 다 위험해질 수 있기 때문이다. 학생이 몰라서 건성으로 "선생님, 이게 뭡니까?"라고 물으면 짐짓 모른 체한다. 결정적인 때를 보고서 공자는 나선다. 어찌 보면 공자는 장난기 많은 짓궂은 선생으로 보인다.

승당　공 선생이 일러주었다. "무지에 분노하지 않으면 갈 길을 터주지 않고, 표현에 안달하지 않으면 틔워주지 않았다. 또 사물의 한 면을 제시해주어 그것으로 나머지 세 면을 추론하지 못하는 이에게는 되풀이해서 지도하지 않았다."

子曰 : 不憤不啓, 不悱不發. 擧一隅, 不以三隅反, 則不
자 왈　불 분 불 계　불 비 불 발　거 일 우　불 이 삼 우 반　즉 불
復也.
부 야

입실　분憤은 결내다, 성내다, 화내다는 뜻이다. 여기서는 어떤 감정적인 자극이 아니라 무지에서 오는 답답함 때문에 성을 내는 것이다. 몰라서 화내는 것이다. 계啓는 열다, 가르치다, 이끌다는 뜻이다. 비悱는 잘 표현하지 못하다, 마음으로 알지만 입으로 나타내지 못하다는 뜻이다. 연인을 사랑하는 마음을 고백하기 위해 말을 찾는 상황을 생각해보라. 발發은 쏘다, 피다, 드러내다는 뜻이다.

거擧는 들다, 예시하다는 뜻이다. 우隅는 모퉁이, 귀퉁이, 구석의 뜻이

다. 여기서는 네모의 한쪽 모서리를 가리키면서 복합적인 지식의 한 가지 측면을 나타낸다. 반反은 반대로, 돌아오다, 반응하다는 뜻이다.

여언　어떤 선생이 좋은 선생일까? 학생이 물으면 즉각 정답을 알려주는 선생님이 있다. 또 빙빙 돌아가며 물음이 또 다른 물음을 낳게 하면서 정답을 말해주지 않는 선생님이 있다. 물음의 종류가 다를 수 있기 때문에 둘을 기계적으로 비교해서 어느 쪽이 좋고 다른 쪽이 나쁘다고 할 수는 없다. 한 번의 물음으로 탐구가 끝날 문제라면 즉각 대답이 어울리고 복합적인 질문으로 여러 차례 생각을 해봐야 하는 문제라면 계속 질문을 던지는 쪽이 어울린다고 할 수 있다.

공자가 마주하는 질문은 단순하지 않고 요모조모 따져봐야 하는 복합적 특징을 갖는다. 예컨대 "좋은 나라는 무엇인가?" "사람다운 사람이란 무엇인가?"처럼 대답을 한마디로 딱 잘라서 말할 수는 없는 것이다. 흔히 소크라테스의 대화법을 산파술이라고 한다. 그의 대화법이 아기 낳는 것에 비유되는 것이다. 누군가 질문하면 서로 답을 모른다고 가정하고서 소크라테스는 질문에 대해 질문을 던진다. 그러면 질문자는 자신이 던진 질문에 대답하면서 애초의 질문이 무슨 문제가 있는지 없는지 알게 되고 그 과정에서 수없이 많은 질문이 생겨나게 된다. 즉 처음에 질문하면서 의식하지 못했던 새로운 질문을 찾아내는 것이다.

공자의 대화법도 산파술에 가깝다. 공자의 말로 한다면 그의 대화법은 분계술憤啓術이나 비발술悱發術이라고 할 수 있다. 우리는 쉽게 얻는 결론은 쉽게 잊어버린다. 하지만 하나하나 머리를 짜내서 생각하면 그 과정을 온전히 기억할 뿐만 아니라 막다른 곳에서 입으로 나올까 말까

하는 대답을 툭 쳐주면 그것은 단순한 대답이 아니라 생명수와 같아진다. 이전에 말해주지 않는다고 서운하게 여기던 불만은 눈 녹듯 사라지고 학생과 선생이 함께 일군 경지를 영원히 잊을 수 없게 된다.

수학 문제가 잘 풀리지 않을 때 금방 답지를 찾아보면 궁금증은 해결되지만 다음에 또 모를 수 있다. 혼자서 끙끙대며 씨름하다가 답을 찾아내면 비슷한 문제는 다 풀 수 있다는 자신감이 생긴다. 바둑도 한 수 한 수를 집중해서 두니까 다음에는 기록을 보지 않아도 '복기'를 할 수 있다. 공자는 바로 이 점을 노렸던 것이다. 이 맛을 본 학생은 공부를 쉽사리 내려놓을 수 없는 것이다.

44
사과 │ 앞의 말은 내 잘못이다
전언희지前言戲之(17.04/455)

입문　선생은 결코 전지전능하지 않다. 원숭이도 나무에서 떨어지듯이 선생도 실수나 잘못을 할 수 있다. 실수하는 순간에 선생은 바로 실수를 눈치챘을 수도 있고 당시에는 몰랐다가 나중에 누가 지적해서 실수했다는 것을 알아차릴 수도 있다.

선생처럼 사회적 위치와 체면을 무겁게 생각하면 실수를 실수가 아닌 것으로 우물우물 변명하게 된다. 또다시 실수를 입증하는 이야기가 나오면 적반하장 격으로 상대 태도를 문제 삼으며 초점을 흐리게 한다. 사실 문제가 이렇게 커질 필요가 없다. 그냥 실수했다는 것을 시인한다면 그것으로 상황은 끝난다. 그 뒤로 숱한 말이 오갈 필요가 없다. 권위를 가지게 되면 실수를 인정하는 게 더 어렵다고 생각할지 모르겠다. 하지만 권위는 진실 앞에 초라한 장식일 뿐이다. 판단의 순간에 권위와 진실 중 무엇을 먼저 쳐다보느냐가 문제다.

공자는 권위와 진실이 맞대면하는 순간 일말의 주저하는 빛을 보이지 않는다. 그런 선생이라면 제자는 '역시 내가 사람을 잘못 보지 않았어!'라는 생각을 하게 될 것이다.

승당　공 선생이 제자 자유가 다스리는 무성을 방문했다가 관청에서 금슬을 타며 노래 부르는 소리를 들었다. 공 선생은 뜻밖이다 싶은지 빙그레 웃으면서 농담 반 진담 반으로 이야기했다. "닭을 잡는데 어찌하여 소 잡는 칼을 쓰는가?"

자유가 질문을 받고서 기분이 좀 상한 듯 볼멘소리로 대꾸했다. "옛날에 제가 선생님께 이런 말씀을 들었습니다. 자율적인 인간이 나아가 길을 배우면 주위 사람들을 사랑하고, 작은 사람들이 나아가 길을 배우면 이끌어가기가 쉽다." 공 선생이 껄껄 웃으며 변명했다. "여보게들, 자유의 말이 옳다네. 앞에 내가 한 말은 농담일 뿐이라네."

子之武城, 聞弦歌之聲. 夫子莞爾而笑曰 : 割雞焉用
자 지 무 성　문 현 가 지 성　부 자 완 이 이 소 왈　할 계 언 용
牛刀? 子游對曰 : 昔者偃也聞諸夫子曰 : 君子學道, 則
우 도　자 유 대 왈　석 자 언 야 문 제 부 자 왈　군 자 학 도　즉
愛人, 小人學道, 則易使也. 子曰 : 二三者! 偃之言是也.
애 인　소 인 학 도　즉 이 사 야　자 왈　이 삼 자　언 지 언 시 야
前言戱之耳.
전 언 희 지 이

2강 감동　　　　　　　　　　　　　　　　　　　165

입실　　지之는 가다는 뜻이다. 무성武城은 오늘날 산둥성 페이현費縣 서남쪽에 있는 곳이다.

　　현弦은 원래 활시위를 가리키는데 여기서는 악기를 말한다. '현가지성'은 글자대로 악기와 노랫가락을 말하지만 여기서는 음악으로 사람의 마음을 순화시키는 음악 정치를 대변하고 있다.

　　완莞은 웃다는 뜻으로 완이莞爾는 흡족한 듯 빙그레 웃는 모습을 나타낸다. 할割은 쪼개다, 나누다는 뜻으로 할계割鷄는 닭을 잡다는 뜻이다. 우도牛刀는 소 잡는 데 쓰는 칼을 말한다. 닭처럼 작은 동물을 잡으면서 소처럼 큰 동물을 잡는 칼을 쓰느냐는 말로 음악 정치가 성 단위가 아니라 국가 단위에서 해야 할 일이 아니냐고 묻고 있다.

　　이易은 쉽다는 뜻으로 '이'로 읽는다. 바꾸다는 뜻이면 '역'으로 읽는다. 사使는 시키다, 부리다는 뜻이다. 시是는 옳다, 타당하다는 뜻이다.

　　전언前言은 자유의 말에 앞서 닭 잡는 데 소 칼을 쓰느냐고 물었던 것을 가리킨다. 희戱는 놀다, 희롱하다, 장난하다는 뜻으로 여기서는 농담의 맥락이다.

여언　　공자는 문하를 떠나서 공직에 진출한 제자의 임지를 찾았다. 이때 아마도 공자는 야릇한 흥분을 느꼈으리라. 또 기대 반 걱정 반의 심정을 느꼈을 것이다.

　　공자와 자유는 예악 정치의 단위를 두고 가볍게 실랑이를 벌였다. 사실 자유는 공자의 닭 잡는 칼과 소 잡는 칼이란 말을 듣고서 반신반의했을 것이다. 자신은 공자 학파에서 배웠던 것을 현실에서 충실히 실현하고자 노력하는데 선생이 그것을 정면으로 부정하는 말을 하고 있으니까.

166

공자도 일찍이 '당인불양當仁不讓'(1강 10조목 참조)이라고 했다. 자유는 그 말을 상기하면서 자신의 생각을 또렷하게 말했다. 이때 그는 큰 용기를 내서 공자의 참된 의도가 뭔지 캐물으려고 했다. 공자의 대답은 자유가 팽팽하게 느끼고 있던 긴장의 끈을 툭 놓게 만든다. 자유는 '우리 선생님은 역시 그럴 분이 아니다'라는 안도의 한숨을 쉬면서 '선생님이 바뀐 게 없다'는 것을 새삼스레 확인했을 것이다.

자유와 공자의 대화는 그렇게 길지가 않다. 하지만 몇 차례 읽으면 서로의 마음을 읽기 위해 팽팽한 긴장감 아래 선한 눈길이 급하게 오가는 것을 느낄 수 있다. 꾸밈없이 자신의 잘못을 인정하는 공자를 보면 제자들이 그를 좋아할 수밖에 없다는 생각이 든다.

그런데 우리 주위에는 바른말 했다가 쫓겨나는 일이 없을까, 이런 괜한 생각이 든다.

45
인정 | 문상한 날 노래 부르지 않는다
곡일불가哭日不歌(07.10/161)

입문　아무리 훌륭한 사람이라도 인간미가 없으면 필요하면 찾을 수는 있지만 선뜻 반갑게 다가가고 싶지는 않다. 학문의 영역에선 무엇보다 지식이 중요하다. 하지만 지식을 가지고 진리를 말하는 사람이 하는 짓이 진리와 어울리지 않으면 존중받지 못한다. 특히 우리나라처럼 학자의 학식과 인품을 분리시키지 않고 함께 고려하는 문화에서 언행 불일치는 중대한 결격 사유가 된다.

공자와 같은 선생은 말로만 진리를 전수하는 것이 아니다. 그가 하는 말 한마디와 행동 하나하나 그리고 한순간의 표정이 모두 가르침이 될 수 있다. 공자가 문상을 가서 슬픔에 괴로워하는 상주를 위로하고 눈물을 흘렸다. 그러고는 집으로 돌아와서 다른 일로 인해 흥에 겨워서 노래를 불렀다고 해보자.

이 두 장면을 모두 본 제자로서는 당혹스러울 수가 있다. 어느 것이 공자의 진정한 마음일까, 의구심을 가질 수 있기 때문이다. 물론 시간의 문제일 수도 있지만 인간미 또는 진정성이 없는 행동은 평소의 말마저도 엉뚱하게 해석하게 할 수 있다.

승당　공 선생은 조문을 가서 곡을 한 날이면 집으로 돌아와서 노래를 하지 않았다.

子於是日哭,則不歌
자 어 시 일 곡 즉 불 가

입실　어於는 뜻이 없고 우리말 조사처럼 방향, 장소, 시간을 나타낸다. 시是는 옳다, 바르다, 옳음의 뜻으로 쓰이지만 여기서는 이, 이것의 지시 대명사로 쓰인다. 곡哭은 울다는 뜻으로 상갓집에 문상 가서 곡을 했다는 맥락이다.

가歌는 노래, 노래하다는 뜻이다. 곡은 슬픔을 나타내고 가는 즐거움을 표현한다. 두 가지는 상반되는 감정이므로 짧은 시간 안에 울었다가

웃었다가 하는 것이 인간적인 일로 비치지 않는다고 공자는 생각했던 것이다.

여언　유교에서는 부모가 돌아가시면 삼년상을 고집했다. 오늘날 입장에서 보면 실현 불가능한 머나먼 이야기로밖에 들리지 않는다. 하지만 기간을 떠나서 그 마음을 들여다보자. 방금 전까지 살아 계셔 말을 하거나 눈빛을 교환하던 소중한 사람이 세상을 떠났는데, 상주가 바로 몸이 뻐근하다고 찜질방에 가고 갑자기 고기가 생각난다며 고기를 배불리 먹고 잠이 온다고 쿨쿨 잠을 잔다면 이는 아름답지도 바람직해 보이지도 않는다. 기간을 얼마로 하든 소중한 사람이 죽으면 일정 기간 일상의 시간을 중단시키고 애도의 시간을 보내는 게 당연하다.

우리는 이 구절을 통해 공자의 주위 사람들을 향한 마음 씀씀이를 알 수 있다. 이외에도 공자는 상을 당한 사람과 함께 음식을 먹을 기회가 있으면 배를 채우려고 "모자라니 더 가져오라!"는 식의 주문을 하지 않았다(07.09/160). 공자의 마구간에서 화재가 난 적이 있었다. 그는 화재 사실을 몰랐다가 집으로 돌아와서야 알게 되었다. 첫마디가 다친 사람이 없느냐고 물었지 말에 대해서는 일언반구도 하지 않았다고 한다(10.17/258).

공자 당시 말은 신분의 상징이기도 하거니와 이동 수단으로서 아주 소중한 재물이기도 했다. 오늘날로 치면 최고급 승용차에 해당한다. 이런 일을 당하면 사람의 무의식적인 측면이 드러나기 마련인데, 공자가 말은 아랑곳하지 않고 사람을 걱정했다니 이는 그의 학문 방향이 어디를 향해 있는지 알려주는 것이다.

우리네 세상살이도 마찬가지다. 기업은 이익을 우선시한다. 하지만 경영자가 이익을 앞세우면서 직원들 복지에 전혀 신경을 쓰지 않는다면 당장 순수익을 낼 수는 있지만 직원들 마음을 기업에다 붙들어 맬 수가 없다. 직원들은 월급이 적더라도 인간적인 대우를 해주는 곳으로 언제든지 자리를 옮길 수 있다.

오늘날 기업의 사회적 책임이 강조되면서 윤리 경영의 목소리가 높아지고 있다. 그럼에도 불구하고 대규모 비자금을 조성해서 회사 돈을 뒤로 빼돌리거나 정치인과 결탁해서 사업 확장에만 몰두한다면 그 기업은 금방 도태될 수밖에 없다.

학문도 단순히 호기심과 궁금증을 풀어주는 지식이 전부가 아니다. 학문이 무지를 해결하는 것을 넘어서 사람을 더욱더 사람답게 일구는 것으로 나아갈 때 그 학문만이 아니라 학문하는 사람이 좋아 보이고 아름다워 보인다. 이를 놓치는 사람이 가끔 있다. 성공과 야망을 위해 과거 고생을 함께했던 친구나 연인을 배반하는 것이 실력으로 받아들여지는 사회라면, 공자의 인간미는 한갓 순진한 인간의 넋두리가 될 것이다.

46
진정　내가 좋아하는 길을 가리라

종오소호從吾所好(07.12/163)

입문　우리는 뭔가를 선택할 때 여러 가지를 고려한다.

가장이 사표를 생각할 때는 자신의 의지만큼이나 '가족이 어떻게 될까?'를 생각한다. 청소년이 새로운 분야에 관심을 가질 때는 자신의 욕망만큼이나 '부모님이 이를 알면 뭐라 할까?'를 생각한다. 서민 가정의 '어머니'는 시장에 가서 옷을 살 때 결혼한 이래 자신을 위해 옷을 사지 못했다는 생각을 하기보다는 '이걸 영철이와 현석이에게 사주면 좋을 텐데……'라고 말한다.

이렇게 우리는 나를 위해서보다 가족을 위해, 부모님을 위해, 자식을 위해 또는 국가를 위해 사는 것을 바람직하다고 생각한다. 그러다가 가족이 자신을 몰라주면 또는 회사가 자신을 해고하면 그때서야 '내가 회사를 위해 어떻게 했는데…… 나를 이렇게 할 수 있느냐?'며 울분과 분노를 터뜨린다. 더 나아가서 '그렇게 사는 것이 아니었는데…… 내가 잘못 살았어. 앞으로는 나를 위해서 살아야지!'라고 생각하게 된다.

2002년 대통령 선거에서 민노당 후보 권영길은 낙선했지만 당시 "살림살이 좀 나아지셨습니까?" "당신은 지금 행복하십니까?"라는 말을 유행시켰다. 그때 사람들은 권영길에게 표를 던지든 던지지 않든 '국민을 위한다는 정치가 과연 나를 행복하게 만들어주었는가?'를 생각해보게 되었다. 정치인은 말끝마다 '국민을 위해서'라고 말하지만 정작 '내'가 그 국민 속에 들어가는지 스스로 물어보게 된 것이다. 공자도 묻는다. 무엇을 위해 사느냐고?

승당　공 선생이 한마디 했다. "경제적 성공이란 것이, 만약 추구하는 것이 옳다면 시장에서 채찍을 잡는 문지기라도 나는 꼭 할 것이다. 하지만 만약 그것이 추구해서는 안 되는 것이라면 나는 자신이 좋아하는 일을 좇아가리라."

子曰：富而可求也，雖執鞭之士，吾亦爲之．如不可求，
자왈 부이가구야 수집편지사 오역위지 여불가구
從吾所好．
종오소호

입실 집執은 손에 잡다, 쥐다는 뜻이다. 편鞭은 매질하다, 채찍의 뜻
이다. '집편지사'는 글자 그대로 채찍을 잡은 사인이다. 이게 구체적으로
어떤 사람을 가리키느냐 여러 가지 주장이 있다. 높은 사람들이 바깥 행
차를 할 때 앞에서 길을 트기 위해서 채찍을 휘두르며 "물렀거라!"라고
소리치는 사람으로 보기도 하고, 채찍으로 내리치며 말을 모는 마부로
보기도 한다. 여기서는 맥락이 부와 관련되므로 채찍을 들고 시장에서
질서를 잡고 비리를 단속하던 하급 관리로 본다.

오吾는 아我와 같이 일인칭 대명사다. 낯선 듯하지만 둘 다 어디선가
본 적이 있다. 「기미독립선언서」 첫 구절이 다음으로 시작된다. "吾等(오
등)은 玆(자)에 我(아) 朝鮮(조선)의 獨立國(독립국)임과 朝鮮人(조선인)의
自主民(자주민)임을 宣言(선언)하노라."

여如는 보통 같다, 따르다의 뜻이지만 여기서는 만약이란 접속사로 쓰
이고 있다. 종從은 좇다, 따르다, 나아가다는 뜻이다.

공자는 부(이익)를 멀리했을 것 같지만 정당한 부를 추구하는 것에 반
대하지 않았다. 그는 정당한 부의 길을 자신이 진정으로 원하는 길과 대
비시키고 있다.

돈 때문에 인생에서 하고 싶은 것을 포기하는 경우가 많다. 공자는 인
생의 굽이길에서 이 문제를 두고 깊고 깊게 생각한 듯하다.

여언　　동아시아 특히 우리나라 사람들은 자신의 의사를 드러낼 때 주위 사람들을 많이 의식한다. 자신이 생각하는 대로 말하기가 어렵다. 대신 내가 이렇게 말하면 주위 사람들이 어떻게 생각할까를 고려한다. 그 결과 말하려다가 아예 말을 하지 않기도 하고, 말을 하더라도 무엇을 이야기하고자 하는지 분명하지 않게 얼버무린다. 아마도 우리가 자라면서 자신이 생각하는 것을 말하는 데 익숙하지 않고 부모, 선생님, 사회가 원하는 것을 의식하는 데 버릇이 되어서 그런가 보다. 또 내가 말하려는 것은 뭔가 문제 있는 오답이고 부모가 말하는 것이 문제없는 정답이라는 고정관념을 갖게 된다. 그러다 보니 '나'는 나 자신만이 아니라 또 다른 나의 분신을 대변하는 어정쩡한 존재가 된다.

이제 내가 진정으로 원하는 내면의 목소리에 귀를 기울여보자. 사람이 어려울 때 고향, 어머니, 영화의 한 장면, 책의 한 구절, 음악을 떠올리면 극단적으로 치닫는 자신을 주저앉힐 수 있다.

'종오소호'를 기억해둘 만하다. 도대체 내가 왜 사는지, 내가 왜 이걸 해야 하는지, 내가 무엇을 선택해야 하는지 등등 고민이 들 때 이제 '종오소호'를 기준으로 판단을 내리자. 단, 원하는 것이 겉멋에 따라 이리저리 휘둘리는 것이 아니라 나를 꽉 붙들어서 앞으로 뚜벅뚜벅 나아갈 수 있는 진정성에 바탕을 두어야 한다.

영화 〈귀여운 여인〉(1990)에서 리처드 기어는 성공한 사업가로서 거리의 여인 줄리아 로버츠와 아슬아슬한 관계를 유지하면서 사회적 차이 때문에 끝낼까 이을까 고민하다가 함께 있기로 선택한다. 그때도 '종오소호'가 기준이었으리라.

47
참여

나는 사줄 사람을 기다린다

아대가자我待賈者(09.13/223)

입문　오늘날 생수는 회의석상 물품이나 개인 휴대품으로 필수용품이 되었다. 불과 얼마 전만 해도 봉이 김선달이 대동강 물을 팔아먹었다고 했지만 누구도 물을 사고팔게 되리라고 쉽게 예상할 수 없었던 일이다. 자본주의 상품 경제에서는 돈이 되는 것이면 무엇이든 팔려고 한다.

　실업과 취업이 각종 선거의 핵심 의제가 된 지 오래다. 취업은 내가 일할 곳을 적극적으로 찾는 것인데, 따지고 보면 구직은 내가 앞장서서 나를 팔겠다고 선전하는 것이다. 나를 판다고 하더라도 그것은 재능을 가진 나와 그것을 필요로 하는 사람이 서로 필요에 따라 거래한다는 뜻이다. 하지만 취업은 나의 재능만이 아니라 나의 모든 것, 때로는 영혼마저 내놓기를 요구하는 경우가 적지 않다. 승진과 해고의 칼자루에 휘둘리며 원치 않는 야근, 비리 협조 등에 시달리다 보면 재능만이 아니라 그 이상을 팔아야 하는 것이다.

　그럼 공자는 자신을 팔려고 했을까, 아니면 자신의 세계에 갇혀 고고하게 살아가려고 했을까? 이는 당시 일반 사람뿐만 아니라 공자 학파 안에서 중대한 문제였다. 공자가 어떤 대답을 하느냐에 따라 공자 개인만이 아니라 그의 제자들 나아가 학파의 운명이 갈리는 문제였다. 듣고 싶은 대답이었지만 이를 과연 누가 선생님에게 물을까? 고양이 목에 방울 다는 것처럼 중대하지만 위험하고 또 불경한 질문일 수도 있었다. 예의 자공이 총대를 멨다. 하지만 그는 직설법을 구사하지 않았다. 질문과 대답이 여차하면 서로에게 상처가 될 수 있으므로 삥 둘러서 물었다. 그리고 공자는 그 속에 감춰진 의도를 놓치지 않고 독수리가 먹이를 채가듯 우물쭈물하지 않고 시원스레 대답했다. 그 시원시원함으로 인해 대답의 내용도 내용이거니와 대답을 듣고서 자공은 안심을 했으리라.

승당　자공이 공 선생의 속내를 떠보려고 했다. "선생님, 여기에 아름다운 옥이 있다고 합시다. 그럼 선생님은 그것을 궤짝 속에 고이 감춰두겠습니까, 아니면 제값을 쳐주는 상인을 만나 파시겠습니까?" 공 선생이 지체 없이 대꾸했다. "팔아야지, 암 팔아야 하고말고. 나는 상인을 기다리는 사람이다."

> 子貢曰：有美玉於斯, 韞匵而藏諸? 求善賈而沽諸? 子
> 자공왈　유미옥어사　온독이장저　구선가이고제　자
> 曰：沽之哉! 沽之哉! 我待賈者也.
> 왈　고지재　고지재　아대가자야

입실　자공은 공자의 제자로 당시 국제 무역에서 시세 차익을 통해 치부를 한 인물이다. 그는 나름의 정보와 판단에 따라 특정 상품에 집중하면 자주 성공을 했다. 공자마저도 그의 재능을 인정할 정도였다. 여기서 든 비유에도 자공의 그러한 상업 전력이 드러나고 있다.

　온韞은 활집, 싸다는 뜻이다. 독匵은 궤, 상자를 말한다. 장藏은 감추다, 묵혀두다는 뜻이다.

　선善은 착하다는 뜻으로 오늘날 '착한 가격'의 착하다는 뜻에 어울리는 말이다. 가賈는 가격, 값을 뜻하면 '가'로 읽고 점포를 가지고 영업하는 상인을 말하면 '고'로 읽는다. 상商은 이곳저곳을 돌아다니며 영업하는 상인이다. 이 둘을 구분하기 위해 좌고행상坐賈行商이라고 한다.

고沽는 팔다, 거래하다는 뜻이다. 대待는 갖추다, 기다린다는 뜻이다. 여기서 미옥, 독, 선가는 글자 그대로 각각 아름다운 옥, 궤짝, 제값을 쳐주는 상인을 가리키지만 실제로는 공자의 재능, 은거하는 삶, 공자에게 정치적 기회를 제공하는 현실 지도자를 가리킨다. 비유의 맥락으로 글을 다시 읽으면 자공이 공자의 속내를 어떻게 떠보는지를 이해할 수 있다.

여언　공자는 "팔겠다!"는 의지가 그냥 한 말이 아니라는 듯 두 차례나 힘주어 강조하고 있다. 이로써 공자만이 아니라 제자들이 나아갈 길이 뚜렷하게 드러나게 되었다. 공자가 오랜 세월 동안 사색을 더해가며 고전을 통해서 갈고닦은 지식은 세상의 비밀에 다가서는 신성한 열쇠와 같아서 소수의 사람들에게만 비밀스럽게 전수해야 하는 것이 아니다. 또 그것은 존재의 본질을 밝히는 거룩한 말씀으로 사람들과 나누려고 해도 나눌 수 없는 고차원적인 것이 아니다. 그의 지식은 홀로 깨치고 대화로 깊이를 더했다고 하더라도 사회화가 숙명인 것이다. 즉 공자의 앎은 내면에서 영글어 깊어지는 만큼 사회의 장으로 나와서 사람을 바꾸고 사회를 변화시키는 실천의 동력이 되어야 했다.

공자에게 실천되지 않는 앎, 앎을 위한 앎은 없다. 그는 앎이 실천(실용)될 때 그것이 진정한 앎이라고 보는 것이다. 이에 따르면 공자는 수도원에서 영성의 깨침을 통해 신과 소통하는 수도승이 아니라 자신의 소리를 들어주지 않을지라도 광야에서 목 놓아 외치는 선각자가 된다. 나아가 사회의 불의와 조국의 위기에 맞서 자신을 돌보지 않으며 정의를 세우는 투사이자 위기를 극복하는 지도자가 되려고 했던 것이다. 여기서 우리는 공자를 통해서 스스로 깨어 있으며 주위를 일깨우고 행동하는 지식인 상을 읽어낼 수 있다. 이 상은 공자가 먼저 조국 노나라를 바로잡고자 했으나 뜻대로 되지 않자 조국을 떠나 세상을 상대로 정치적 기회를 잡고자 애썼던 주유철환周遊轍環의 고사로 형상화되었다.

공자 이후의 인물, 예컨대 주희와 이황을 보면 공자가 말한 유학자 상과 조금 다른 측면이 엿보인다. 두 사람은 관직을 정치적 이상을 펼치는 기회로 보기보다는 사람을 타락시키고 유학의 본질로부터 멀어지는 독과毒果로 보았다. 두 사람은 관직이 주어지면 사직 상소를 올리기가 더 급했고 고향을 진지로 삼아 세상을 바꾸려고 했다.

48
의무 | 자신을 갈고닦아 주위 사람을 편안하게
수기안인修己安人(14.45/393)

입문　사람은 처음 어린아이에서 출발해서 청소년이 되고 어른이 되어간다. 어린 시절에는 빨리 어른이 되어 어른처럼 살고 싶어 한다. 그러다가 대학생이 되어 취업을 심각하게 고민할 즈음이 되면 어른 되는 것이 부담스럽다. 책임의 무게를 느끼기 시작하는 것이다.

청소년 시절에는 친구끼리 부모에 대한 불만을 서로 이야기하고, 학생 시절에는 동무끼리 선생님 흉을 보고, 취업한 뒤에는 술자리에서 상사의 허물을 들춰낸다. 여기서 핵심은 자신들 기준으로 볼 때 부모가 부모답지 않고 선생이 선생답지 않으며 상사가 상사답지 않다는 것이다.

구체적으로 보면 너그럽지 않고 쫀쫀하다거나 감정 조절을 잘 못하고 화를 잘 낸다거나 사람을 공정하게 대우하지 않는다는 내용이 주를 이룬다. 그러면서 자신들이 부모, 선생, 상사가 된다면 그렇게 되지 않으리라고 다짐한다.

사실 부모, 선생, 상사 역할을 하면서 제 감정을 통제하지 못하고 관대하지 못하며 공정하지 못하다면 상대는 괴롭다. 그냥 가만히 있는다고 부모, 선생, 상사 역할을 잘하는 것이 아니므로 이들은 많은 노력을 해야 한다. 즉 자신을 통제하는 수기가 필요하다.

그리고 부모, 선생, 상사가 되어서 자식, 학생, 부하 직원의 처지와 고통을 고려하지 않고 무조건 성과만을 앞세운다면 마찬가지로 좋은 사람이라는 소리를 듣지 못한다. 특히 수기가 되지 않은 사람은 주위 사람을 편하게 할 가능성이 많지 않다.

이 세상에는 짝이 되어야 할 것이 많지만 수기와 안인도 결코 떨어지지 않는 한 쌍의 파트너가 되어야겠다. 이런 목표를 세운다면 힘겹고 어려운 공부도 버틸 만한 충분한 이유가 있는 것이리라.

승당　　자로가 자율적 인간에 대해 물었다. 공 선생이 대꾸했다. "자신을 갈고닦아서 맡은 바를 신중하고 차분하게 수행한다." 자로가 너무 간단한 대답이 믿어지지 않는지 다시 물었다. "이게 전부입니까?" 공 선생이 대꾸했다. "자신을 갈고닦아서 주위 사람들을 편안하게 해줘야지."

자로가 다시 물었다. "이게 전부입니까?" 공 선생이 대꾸했다. "자신을 갈고닦아서 백성들을 편안하게 해줘야지. 자신을 갈고닦아서 백성들을 편안하게 한다는 게 말처럼 쉽지 않네. 요임금이나 순임금도 그러한 목표에 대해서 자신의 한계를 느꼈지."

子路問君子. 子曰: 修己以敬. 曰: 如斯而已乎? 曰: 修
자 로 문 군 자 자 왈 수 기 이 경 왈 여 사 이 이 호 왈 수
己以安人. 曰: 如斯而已乎? 曰: 修己以安百姓. 修己以
기 이 안 인 왈 여 사 이 이 호 왈 수 기 이 안 백 성 수 기 이
安百姓, 堯舜其猶病諸?
안 백 성 요 순 기 유 병 저

입실   수修는 닦다, 다스리다, 고치다는 뜻이다. 경敬은 공경하다, 진중하다, 엄숙하다는 뜻이다. 여如는 같다는 뜻이다. 이已는 이미, 그치다, 마치다, '~뿐이다'의 뜻이다. 이 말로 자로는 공자의 대답이 충분하지 않고 또 다른 것을 기대하고 있다는 어감을 전달할 수 있다.

안安은 즐기다, 편안하다는 뜻으로 사람들이 생활에 근심 걱정이 없도록 만드는 것이다. 정치 경제적인 안정을 가리킨다. 인人은 넓게는 모든 사람을 가리킬 수 있지만 여기서는 주위 사람으로 보면 좋겠다. 뒤에 나오는 백성보다 범위가 좁다.

여언   정약용은 『목민심서』를 쓰면서 서문에서 "군자의 학문은 자신의 수양이 반이고 목민이 반이다"라고 말했다. 수기가 되지 않은 목민관은 관직을 대민 봉사로 생각하지 않고 일신의 영달을 위한 자원으로 생각하게 된다. 그러면 지방 관원을 비롯해서 공직자들은 인민의 고혈을 짜내면서 자기 이익이 적다고 불평을 터뜨릴 것이다. 이처럼 공직자의 자기 수양을 위해서 부임赴任, 율기律己, 봉공奉公, 애민愛民 등 12부분마다 각 6조의 지침을 제시했지만 정작 정약용 자신은 목민하고자 하는 마음

은 있지만 실행할 수 없었기 때문에 『목민심서』를 지었던 것이다. 만약 실제 기회가 주어졌더라면 이 책의 제목은 목민'심心'서가 아니라 목민'지 之'서 또는 목민'실實'서가 되었을 것이다.

정약용이 걱정했던 것은 공자가 수기안인으로 말하고자 하는 내용과 한 치의 차이도 나지 않는다. 헬스를 처음 배우는 사람도 몸 푸는 사전 운동을 게을리하고 기구부터 먼저 손에 잡으면 금방 몸에 탈이 난다. 운동에서 몸 푸는 운동은 책임자가 되기 위해 하는 수기와 닮았다. 남들보다 많은 권한을 가지고 행세하는 데 맛을 들이고 정작 책임자로서 준비가 되지 않았다면, 그 자리도 그렇게 오래 버티지 못할 것이다. 예컨대 준비 없이 자리에 올랐다가 얼마 뒤에 부패와 비리로 자리에서 물러날 수 있다. 우리나라의 정치나 경제 등 여러 영역을 보면 박수 받으며 자리로 나아가는 사람은 많지만 박수 받으며 자리를 떠나는 사람은 적다. 우리 사회도 공직자, CEO가 되려면 필요한 만큼 철학을 꼭 배워야 한다는 생각이 일반화되어야 하지 않을까?

49
열정

꿈에 주공을 만나다
몽견주공夢見周公(07.05/156)

입문 공부의 동기는 사람마다 다양하다. 남에게 아는 것을 자랑하기 위해서 어려운 책을 들여다볼 수도 있고, 시험 합격을 위해서 두꺼운

책을 연일 들고 다니며 한 글자씩 팔 수도 있다.

세상 어디에 쉬운 일이 있겠느냐만 사실 인문학도 쉽지 않다. 모국어 이외에도 여러 나라 문헌을 읽으려면 외국어를 할 줄 알아야 한다. 또 세상 어떤 학문보다 인문학의 역사가 긴 만큼 그 기나긴 역사를 쭉 훑어야 한다. 그것을 훑어보면서 철학사에 나오는 숱한 인물을 만나 그들이 무슨 생각을 했고 무엇을 하려고 했는지 해석학적인 대화를 나눠야 한다. 여기에 그치지 않고 또 생각한 것을 논리적이면서 유려한 문장으로 표현해내야 한다. 하나하나가 결코 만만한 일이 없는데 그것이 하나가 아니라 여럿이니 어렵다고 할 수밖에 없다.

제자들은 공 선생을 따라오면서 궁금했을 것이다. 공 선생도 자신들처럼 공부의 어려움을 느꼈을까, 느꼈다면 어떻게 이겨냈을까? 공자는 여기서 비밀 아닌 비밀의 일단을 보여주고 있다. 그는 꿈속에서 주나라를 세우고 그 제도를 입안해 문화의 가치를 드높였던 주공을 만났던 것이다. 그것도 한두 번이 아니라 젊을 적에 수시로 말이다.

승당　　공 선생이 깊이 탄식했다. "심하다, 심하다. 내가 이렇게까지 늙었구나! 얼마나 오래되었을까. 내가 꿈속에서 주공을 다시 뵙지 못한 지 말이다."

子曰: 甚矣吾衰也! 久矣吾不復夢見周公!
자　왈　심　의　오　쇠　야　구　의　오　불　부　몽　견　주　공

입실　　심甚은 심하다, 정도가 지나치다는 뜻이다. 여기서는 노화가 심각하게 진행되어 이전 상황대로 되지 않는다는 안타까움을 나타내고 있

다. 쇠衰는 쇠하다, 약해지다, 늙다, 줄어든다는 뜻이다. 구久는 오래다, 한참 지나다는 뜻이다. 復는 음이 둘인데, 다시, 또라는 뜻으로 쓰이면 '부'로 읽고 돌아오다, 되풀이하다로 쓰이면 '복'으로 읽는다. 몽夢은 꿈꾸다, 꿈의 뜻이다.

주공周公은 주나라 건국 영웅 중 한 사람이면서 주나라 제도를 정비한 지도자이기도 하다. 조선의 정도전에 가깝다고 할 수 있다. 특히 그는 형 무왕이 건국 후 얼마 지나지 않아 죽자 조카 성왕成王을 보좌해서 신생 왕조를 안정화시키는 데 커다란 역할을 했다. 공자는 시대의 간격을 뛰어넘어 주공을 자신의 롤 모델로 삼았다.

여언　　우리나라 사람만큼 정답 콤플렉스가 강한 나라가 있을까? 우리는 수업 시간에 질문받는 것을 좋아하지 않는다. 아니 더 정확하게 말하면 부담스러워서 싫어한다. 왜냐하면 물으면 제대로 된 답을 말해야 하는데 그렇지 못하면 망신을 당하기 때문이다. 질문에 틀릴 수도 맞을 수도 있다고 가볍게 생각하지 않고 꼭 정답을 말해야 한다고 생각한다.

공자가 어떠했는지 알 수는 없지만 우리가 꿈속에 자신의 롤 모델을 만난다고 해보자. 일상적인 만남을 위해서도 머리 감고 좋은 옷을 입으며 여러 가지 신경을 쓰는데, 자신의 이상을 만나는데 얼마나 신경을 쓸까? 오늘 꿈에 주공을 만날 수 있다고 한다면 공자는 허술하게 공부하지 않을 것이다. 혹시 무엇을 물어볼까 싶어서 착실하게 준비하고, 또 무엇을 물어볼까 해서 한층 생각을 촘촘하게 다졌을 것이다. 이 과정은 공자로 하여금 세상이 주는 어려움으로 인해 공부를 그만두거나 포기할 수 없게 만들었다. 그런데 꿈속에서 주공을 만나지 못한다니, 공자의 슬픔이 얼마나 깊고 짙었을지 짐작이 가고도 남는다.

오늘날 우리는 처음부터 또는 어릴 때부터 무엇을 하겠다고 확고하게 생각하기가 쉽지 않다. 다만 바람직한 인물이나 자신이 닮고 싶은 인물을 통해서 꿈을 키우는 것이다. 예컨대 안철수를 닮고 싶어서 컴퓨터나 공학 분야를 공부할 수 있고, 손석희를 좋아해서 방송 관련 일을 하고 싶을 수 있으며, 김연아를 닮고자 피겨 스케이팅을 시작할 수 있다. 자신이 닮고 싶은 인물이 있기에 그만큼 그 길로 향하는 자신의 마음을 다잡을 수 있는 것이다.

이처럼 공자는 자신이 꿈에도 그리는 주공을 통해 어려운 공부를 끝까지 해냈던 것이다. 그의 학생들도 학업 과정에서 자신에게 어울리는 이상을 하나씩 찾았을 것이다. 물론 그 속에는 공자 선생도 들어 있을 것이다.

50
책임 | 널리 베풀어 힘겨운 삶을 함께 풀어내자
박시제중博施濟衆(06.30/151)

입문　왜 공부를 하는 걸까? 모르는 것을 알고 싶어서 공부한다는 답이 가장 빨리 찾아온다. 그럼 알고 나면 어떻게 할까? 그때 가면 또 모르는 것이 생길 것이고 그걸 알려고 또 공부를 한다고 대답할 수 있다. 우리는 신이 아니므로 전지全知를 목표로 할 수는 없다. 하지만 전문적인 학문은 해당 분야에만 적용되지만 인문학은 삶 전체와 관련을 맺는다. 그

덕분에 인문학은 전지가 아니더라도 인생을 조망하고 역사를 일별하며 현재와 미래를 설계하는 힘을 준다. 즉 모든 것을 알 수는 없지만 자신이 가진 앎으로 인생과 역사 그리고 세계를 나름대로 조직할 수가 있다.

그럼 끝인가? "철학자는 이제까지 세계를 해석만 해왔다. 이제 중요한 것은 세상을 변혁하는 일이다"라는 마르크스의 「포이에르바하에 관한 11번째 테제」에서 보듯 해석 너머의 변혁이 남아 있는 것일까? 내가 세상을 아름답고 바람직하게 만드는 그림을 그려놓는 것도 엄청난 가치가 있다. 그것이 없던 시절에는 그림 그리기가 최종 목표가 되겠지만 그림이 그려졌다면 목표가 달라질 것이다. 이와 관련해서 공자는 '박시제중'이란 과제를 던진다.

승당　　자공이 물었다. "예컨대 누군가 백성들에게 널리 은혜를 베풀고 많은 사람을 구제한다면 어떻습니까? 그 사람을 평화의 사도라고 일컬을 수 있습니까?" 공 선생이 대꾸했다. "어찌 평화 차원에서 일삼겠는가. 반드시 세계 질서의 산출자일 게다! 요임금과 순임금 같은 위대한 제왕들도 그런 면에서는 오히려 부족하다고 생각했을 터이다."

子貢曰：如有博施於民而能濟衆, 何如? 可謂仁乎?
자 공 왈　여 유 박 시 어 민 이 능 제 중　하 여　가 위 인 호
子曰：何事於仁! 必也聖乎! 堯舜其猶病諸!
자 왈　하 사 어 인 필 야 성 호　요 순 기 유 병 저

입실　　여如는 같다, 따르다는 뜻이지만 여기서는 만약으로의 접속사로 쓰이고 있다. 박博은 널리, 두루라는 뜻으로 사람을 가족, 인종에 따라 차별하지 않고 하나로 싸안는다는 뜻이다. 제濟는 건너다, 건지다는

뜻으로 문제 상황 또는 어려움에 빠진 사람을 구원한다는 뜻이다. 우리나라 대학교 등록금이 세계 2위라고 한다. 이 문제를 푸는 것이 '제'다.

사事는 일하다, 일삼다, 일의 뜻이다. 성聖은 거룩하다, 성스럽다, 신성하다, 성인의 뜻이다. 성인은 신과 다르다. 신은 전지전능하므로 불가능, 한계가 없는 절대자다. 성인은 특별하고 뛰어나기는 하지만 사람을 벗어나지 않는다. 성인은 홍수 문제를 해결한다든지 옷을 고안한다든지 붓을 만든다든지 하는, 세상의 여러 분야 중에서 하나를 창출해내는 창작자를 나타낸다. 따라서 공자는 자신이 결코 성인이 아니라고 했지만 후대 사람들에 의해 성인으로 여겨졌다. 이처럼 공자가 성인이라고 하더라도 그는 절대자가 아니기 때문에 기회를 얻기 위해 세상을 돌아다녀야 했지만 무에서 유를 만들듯 기회를 창출할 수는 없었다.

인仁과 성聖은 차이가 있다. 인은 반드시 인의 반대 상태인 전쟁, 증오, 고통을 전제하고서 그것이 없는 상태로 바꿔나간다는 것이다. 반면 성은 없던 것을 있는 것으로 만들어내는 것이다. 인이 상대적인 특성을 갖는다면 성은 절대적인 특성을 갖는다.

병病은 아프다, 질병, 흠, 근심, 아픔을 뜻한다. 여기서는 해야 한다고 생각하지만 할 수 없어서 아파하다, 문제로 여기다, 한계로 생각하다는 뜻이다.

여언　　막연히 알고 싶어서 공부를 할 수 있다. 이 단계에서는 내적 동력이 떨어지면 공부를 계속하기 어렵다. 더 궁금해하지 않는 사람에게 이야기하면 귀찮아하지 솔깃해하지 않는다. 시험공부는 시험이 끝나면 하지 않을 뿐만 아니라 책이 지긋지긋해서 쳐다보기도 싫다. 어학 공부를 할 때 보던 책을 그 뒤에도 쭉 보는 사람은 없다. 이처럼 실용적인 공부는 실용이 끝나면 더는 하지 않게 된다.

하지만 공부하는 이유가 살아가는 이유가 된다면 사정은 달라진다. 이것이 바로 인문학의 힘이다. 인문학은 한갓 자신의 학식을 뽐내기 위해서 자신을 장식하는 것도 아니고 눈앞에 닥친 시험에 합격하기 위해서 외워야 하는 암기 대상이 아니다. 인문학(철학)은 나를 돌아보고 또 나를 주위 세계 속에 집어넣어보고, 세계에서 발생하는 병리 현상의 원인을 찾아들어가게 한다.

그 과정에서 나는 변하게 된다. 그것은 내가 인격적으로 성숙된다는 것만이 아니라 나와 세계를 관련짓고 바라보는 시각이 달라지게 된다는 것이다. 아울러 이전에 나의 세계에 없던 이웃의 문제가 나의 문제이자 우리 모두의 문제로 다가오게 된다. 공자는 이를 '박시제중'이라고 말하고 있다. 내가 가진 것을 나만의 것으로 독점하지 않고 절실한 사람과 함께 나누고 음식, 식수 등 기본 생존권이 위협받는 사람을 위해서 기꺼이 도움의 손길을 내미는 것이다.

불교는 윤회의 사슬에서 벗어나는 해탈을 추구한다. 소승불교는 개인의 해탈에 초점을 둔다. 대승불교에 이르면 세상에서 한 사람이라도 고통을 겪는다면 그 사람을 내버려두고 개인 해탈을 우선시하지 않겠다는 서원을 내세웠다.

'박시제중'은 바로 세상이 나를 위해서 돌아야 한다는 사고에서 내가 세상으로 들어가 함께 돌겠다는 방향 전환을 나타내는 말이다. 쉽지 않은 일이다. 유일신의 문화 전통에서는 신의 영광을 위해서 기부와 나눔의 길에 동참한다. 우리나라에는 영광을 나누도록 하는 신은 없지만 박시제중의 책무를 자각한다면 기부가 활성화될 수 있을 것이다.

51
예언 | 백 년 천 년 뒤도 알 수 있다
백세가지百世可知(02.23/039)

입문　공부하는 사람을 불안하게 하는 것으로는 여러 가지가 있다. 그중에 불안한 장래가 있다. 사실 오늘날 인문학은 배우느라 수 년을 보내고서도 나중에는 먹고사는 것이 막연한 분야인데, 학생더러 이를 공부하라고 권하기가 쉽지 않다. 그 밖에도 자신의 능력이 공부해야 할 것을 따라갈 수 있을지도 걱정이 된다. 하지만 뭐라고 해도 가장 심한 불안은 내가 지금 배운 것이 과연 세상에 유의미할 수 있을까라는·의구심이다. 옛날 사대부들은 과거를 통해서 자신이 배운 것을 보상받았다. 하지만 근대에 이르러 과거 제도가 폐지될 즈음 사대부들은 마음을 잡기 어려웠다. 공부를 해야 하는지 말아야 하는지 확실하지 않았기 때문이다.

이 같은 불안은 학생으로서 스스로 껴안기에는 너무나도 큰 문제였다. 정작 단어 하나를 더 외워야 하는 상황에서 내일 세상이 어떻게 될까라는 질문은 감당하기도 버거울 뿐만 아니라 사치스러울 수 있다. 거꾸로 선생은 학생들에게 학문의 가치와 의미를 긍정적으로 심어주어야 한다. 공자는 이를 위해 '백세가지'라는 말을 건네고 있다.

승당　　자장이 물었다. "10세대 뒤가 어떻게 될지 알 수 있는지요?" 공선생이 당연하다는 듯 들려주었다. "은나라는 기본적으로 이전 하나라의 문물 제도를 이어받았으니 비교해보면 덜어내고 덧보탠 부분을 알 수 있다. 또 주나라는 이전 은나라 문물 제도를 이어받았으니 비교해보면 덜어내고 덧보탠 부분을 알 수 있다. 마찬가지로 주나라를 이어받은 나라가 있다면 덜고 더한 것을 통해 100세대가 지난 뒤라도 얼마든지 알아낼 수 있다."

子張問十世可知也. 子曰 : 殷因於夏禮, 所損益, 可知
자 장 문 십 세 가 지 야　자 왈　은 인 어 하 례　소 손 익　가 지
也, 周因於殷禮, 所損益, 可知也. 其或繼周者, 雖百世,
야　주 인 어 은 례　소 손 익　가 지 야　기 혹 계 주 자　수 백 세
可知也.
가 지 야

입실　　자장은 공자의 제자다. 세世는 세상, 세대의 뜻이다. 1세대가 30년이므로 100세대는 3000년에 해당한다. 자장은 공자에게 장기 예측을 묻고 있는 것이다. 지知는 예측하다, 추론하다는 뜻으로 어떤 기준을 가지고 미래에 어떤 일이 생길지 예상하는 것이다.

인因은 원인, 까닭, 비롯하다, 잇다는 뜻이다. 손익損益은 각각 덜어내고 덧보태는 것을 말한다. 있어도 필요하지 않거나 마땅하지 않으면 없애고, 있는 것으로 부족하면 집어내서 보완하게 된다. 가감加減과 같은 뜻이다.

기其는 뜻은 없고 아마처럼 추측의 어감을 전달한다. 혹或은 혹, 또는, 있다는 뜻이다. 계繼는 후사, 잇다, 이어받다의 뜻이다. 하夏·은殷·주周는 합쳐서 삼대三代라고 하는데, 춘추전국이라는 분열의 시대가 나타나

기 이전에 있었던 안정된 평화의 시대를 가리킨다. 민족마다 있는 '황금시대'의 중국판이라고 할 수 있다.

여언　사실 10세대, 즉 300년은 짧지 않은 시간이다. 무슨 말을 하더라도 검증할 수 없는 시간대이기도 하다. 아마 자장은 공자가 10세대는 아니더라도 조금 줄여서 말하지 않을까라는 생각을 한 듯하다. 하지만 공자는 그 말을 듣고서 300년이 그렇게 긴 시간이 아니라며 '알 수 있다'는 긍정적인 대답을 한다.

공자의 말은 단순히 희망 사항일까 아니면 나름 근거를 가진 합리적인 주장일까? 공자는 분명히 근거를 제시하고 있다. 춘추 시대에 예禮가 현실에서 존중받지 못할지라도 장기적으로 보면 예에 의한 지배, 즉 예치禮治는 움직일 수 없는 전제이자 사실이라는 것이다. 하지만 시대에 따라 조정해야 하는 문제가 생긴다. 공자는 그것을 손익損益의 작업으로 해결할 수 있다고 보았다. 예컨대 09.03/213에 보면 모자(관)의 재료는 이전 시대와 다르더라도 검소하다면 바꿀 수 있다고 생각했다.

공자는 시대에 맞게 약간의 손익 작업을 해서 예가 시대를 지속적으로 지도할 것이므로 장기 예측이 얼마든지 가능하다고 주장하고 있다. 공자의 이런 해명을 들으면 학생은 일단 자신이 하고 있는 공부에 대해 근본적인 회의를 하지 않을 것이다.

만날 부부싸움하는 가정, 부도 직전의 회사, 비리와 부패로 얼룩진 정부에서 우리는 살아갈 희망을 키우지 못한다. 아이, 종업원, 시민의 문제가 아니라 이끌어가는 사람의 문제다. "열심히 하라!"고 말할 것이 아니라 열심히 할 환경을 만드는 것이 중요하다. 너무나 쉬운 질문을 하나 해보자. 취업을 준비하고 있는 사람에게 "10년 안에 망할 회사와 100년 이후에도 살아남을 회사 둘 중 어디에 입사하기를 바라느냐?"고 묻는다면 뭐라고 대답할까?

52 하심

나는 이제 자네들보다 못하네

오불여야吾弗如也(05.09/101)

입문　어떤 분야든 초보자의 기세는 자못 등등하다. 고등학교 야구선수에서 프로 야구선수로 스카우트되면 바로 그해 리그에서 스타가 될 듯 용기가 넘친다. 그렇게 각광받으며 직업에 발을 들여놓지만 말처럼 신데렐라가 된 선수는 드물고 몇 번의 실패 뒤에 후보를 전전하다 소리 소문도 없이 사라지는 선수가 더 많다. 처음에는 투수라면 선동열과 최동원, 타자라면 장종훈과 양준혁을 목표로 삼지만 경기를 거듭할수록 그들의 업적이 가진 위대성을 인정하지 않을 수가 없다. 한때 경쟁 상대로 여겼지만 존경의 대상으로 삼게 된다.

학문의 세계도 처음에는 호기심과 궁금증이 앞으로 닥칠 어려움을 예상하지 못하게 만든다. 하지만 학문의 깊이와 넓이를 아는 순간, 누구 하나 아연실색하지 않는 사람이 없다. 그간 기세등등하던 모습은 사라지고 위축되어 겸손해진 모습을 나타내게 된다.

어떤 세계든 절대적인 높이를 지닌 사람이 있기 마련이다. 물론 그 사람은 죽었을 수도 있고 살아 있을 수도 있다. 만약 그런 사람을 마주한다면 늘 압도적인 차이 앞에 주눅 들기 마련이다. 공자도 제자들에게 그런 느낌을 주었다. 하지만 이런 느낌만 준다면 제자는 분발하기는커녕 지레 겁을 집어먹고 포기할 수도 있다. 『논어』에 보면 두 개의 강이 흐른다. 하나는 제자가 선생의 위대성 앞에 때로는 우러러보고 때로는 포기하는 강이다. 다른 하나는 선생이 제자의 진보를 위해 때로는 꾸짖고 때로는 자신을 낮추는 강이다. 특히 공자는 자신이 제자보다 못하다는 소리를 서슴지 않는다. 제자들이 그 말을 얼마나 곧이곧대로 들었을지 알 수는 없지만 이로써 제자들이 절망의 늪에 빠지지 않을 수는 있을 것이다.

승당　공 선생이 맞장구쳤다. "그래 맞아, 자공 자네는 안연보다 못할 것이야. 아니지, 아니지. 자네랑 나랑 둘 다 그이보다 못하지."

子曰：弗如也, 吾與女弗如也.
자 왈　불 여 야　오 여 녀 불 여 야

입실　이 구절의 앞부분은 '문일지십聞一知十'(1강 18조목 참조)을 보라. 앞부분에서 공자는 자공에게 자신을 안연과 비교해보라는 주문을 했다. 자공은 안연을 '문일지십'으로 말하고 자신을 '문일지이聞一知二'로 구분했다. 공자는 자공의 대답을 듣고서 그의 말을 긍정한 뒤에 다시 자신과 자공이 둘 다 안연보다 못하다는 말을 하고 있다. 불弗은 불不과 같고 '~아니다'는 뜻이다. 불여不如는 주로 'ㄱ 不如 ㄴ' 형식으로 쓰이며 ㄱ이 ㄴ보다 못하다는 비교급을 나타낸다. 여與는 주다, 따르다, 돕다는 뜻이지만 여기서는 접속사로서 와, 그리고의 뜻을 나타낸다.

여언　다음에서 보겠지만 공자의 제자는 각자가 독특한 개성을 가지고 있다. 공자도 한두 차례 제자의 특성을 덕행·언어·정사·문학 등 네 분야로 나눠서 이야기할 정도로 다양한 재능을 지니고 있다(11.03/271).

거꾸로 제자들도 선생을 두고 다양한 평가를 했다. 자로는 사사건건 공자의 처신에 트집을 잡으며 불평을 터뜨렸다(06.28/149). 염구는 공자의 학문 세계를 이해하지만 너무 힘이 들어서 계속 나아가기 어렵다고 투정을 부리기도 했다(06.12/133). 제자들 중 안연은 단연 돋보이는 인물이었다. 그는 공자가 하는 말을 스펀지처럼 무서운 속도로 흡수하고 삶에 그대로 실현했다. 두 사람이 주고받는 말을 보면 동성애 관계로 볼 만하다.

그러한 안연도 학문, 특히 공자 학문의 세계에 깃든 깊이와 넓이를 보고서 절망하다가 다시 자신을 일으켜 세우며 〈사사곡思師曲〉을 불렀다. "선생님은 우러러볼수록 더욱 높아만 가고 뚫고 들어갈수록 더욱 단단해보인다. 바라보니 어느 틈에 앞에서 손짓하더니 문득 뒤에서 채찍질하시네. 선생님은 차근차근 배우는 사람을 이끌어가는구나"(2강 38조목 '욕파불능' 참조).

공자는 제자들이나 동시대 사람들에게 성인으로 추앙받을 정도로 절대적인 높이에 서 있었다(09.06/216). 하지만 그는 이 높이를 가지고 권력으로 호환하려고 하지 않았고 오히려 그것에 늘 불편해하며 평지로 내려오려고 했다. 제자와의 관계에서도 늘 뒤에서 채찍질하곤 했지만 저 높은 곳의 구원을 약속하며 숭배를 요구하지 않았다.

이 구절을 보면 그는 실제로 제자 아래 서기를 자처하고 있다. 공자의 선생 역할은 선생과 학생은 일방적인 수수가 아니라 서로 주고받는 관계

192

라는 교학상장敎學相長(『예기』「학기學記」)에 어울린다. 공자 학파는 선생이 후생이 되고 후생이 선생이 되며 학업을 한 걸음씩 앞으로 진척시키는 신뢰의 공동체였던 것이다.

53
침묵 | 하늘이 무슨 말을 하는가
천하언재天何言哉(17.19/470)

입문   언어는 교육 현장에서 없을 수 없는 요소다. 부처와 가섭이 말이 아닌 미소로 서로 마음과 마음이 통했다고 하는 염화미소拈華微笑 고사가 있지만, 이도 두 사람 사이의 다른 인연이 있었기에 가능한 일이다.

역설적으로 말이 서로의 이해를 가로막을 수 있다. 사람은 자신이 말을 하면 듣는 사람이 모두 다 알아들을 거라 생각하지만 실제로 그렇지 않다. 서로 쓰는 말이 같다고 하더라도 그 속에 담은 뜻이 달라 이해를 가로막을 수 있다. 예컨대 보통 가정에서 부모의 사랑을 듬뿍 받고 자란 사람이랑 콩쥐처럼 계모의 박대를 받고 자란 사람, 어릴 적부터 고아가 되어 부모사랑이 뭔지도 모르고 자란 사람은 같은 어머니라는 말을 쓰더라도 서로가 생각하는 '어머니'의 뜻이 같을 리가 없다. 감동적인 모녀의 사랑 이야기를 고아 출신이 얼마나 감동적으로 이해할 수 있을까?

이렇게 사람은 서로 다른 언어 체계를 가지고 있기 때문에 완전한 상호 이해가 어렵다. 대담 프로그램을 시청하다 보면 패널이 상대 주장을 제대로 이해하고 서로 물고 물리며 생산적인 토론을 하는 경우도 있지만 상대가 한마디 하면 말꼬리를 붙잡고 늘어져서 이야기가 뱅글뱅글 돌고 도는 경우가 많다. 공자도 말이 이해가 아니라 오해를 낳는 원인이 된다는 것을 경험한 듯하다. 제자로서 스승의 침묵 선언에 당혹스러워할 수 있지만 이 또한 새로운 체험을 낳을 수 있다.

승당 공 선생이 지친 듯 제자들에게 느닷없이 선언했다. "나는 더는 말하고 싶지 않네." 자공이 조심스레 마음을 돌리려고 말을 건넸다. "선생님이 말문을 열지 않으면 우리들이 어디에 가서 사람들에게 무엇을 들려주겠습니까?" 공 선생이 멀리 하늘을 쳐다보면서 말을 이었다. "하늘(하느님)이 무슨 말을 하던가? 사계절은 때가 되면 바뀌고 만물은 때에 따라 자라난다. 하늘이 무슨 말을 하던가?"

子曰：予欲無言. 子貢曰：子如不言, 則小子何述焉?
자왈　여욕무언　자공왈　자여불언　즉소자하술언
子曰：天何言哉? 四時行焉, 百物生焉, 天何言哉?
자왈　천하언재　사시행언　백물생언　천하언재

입실 술述은 짓다, 설명하다, 말하다, 풀이하다는 뜻이다. 현대는 텍스트 과잉의 시대다. 공자 당시는 텍스트가 절대적으로 부족하거나 하나밖에 없던 시대였다. 특히 공자가 스스로 텍스트인 경우가 많았다. 이 경우 공자가 아무런 말을 하지 않는다면 제자들은 들어서 적고 적어서 읽을 텍스트가 없게 되는 셈이다. 오늘날 스승이 침묵한다고 선언하는 것과 공자의 침묵 선언은 그 질이 완전히 다른 것이다. 이런 맥락에서 보면 술述은 공자가 말하는 내용을 제자들이 듣고서 그것을 자료삼아서 적절한 상황에서 이것은 이런 뜻이고 저것은 저런 뜻이라고 풀이하는 행위라고 할 수 있다. 사시四時는 봄·여름·가을·겨울 사계절을 가리킨다. 백물百物은 만물萬物과 같은 뜻이다. 모든 존재를 가리키는 말이지만 공자는 완전수를 100으로 생각했던 것이다. 그 뒤 『묵자』나 『주역』에는 '만물'이란 말이 보인다.

여언　공자의 침묵 선언은 여러 가지 의미를 갖는다. 단순히 이제까지 말을 너무 많이 했으니 말하기를 그칠 때도 되었다는 뜻일 수도 있다. 지금까지 말과 행동을 나란히 했지만 앞으로는 행위로 보여주고 말은 끊는다는 뜻일 수도 있다. 또 말이 오해를 낳는 경험을 통해 말의 불필요성을 선언한 것일 수도 있다. 공자가 지금은 살아서 말하지만 앞으로 있을 죽음 이후를 대비해서 말을 그만두겠다는 뜻일 수도 있다.

　우리도 공자와는 다른 맥락이지만 간혹 침묵의 대화를 한다. 그 대화는 언뜻 비정상적이고 낯설어 보이지만 우리를 전에 느끼지 못했던 경험으로 이끈다. 침묵은 자신을 청취자이면서 발화자이게 만든다. 질문이 주로 상대를 향할지라도 "저 사람 왜 저래?"에서부터 나는 질문을 일으키고 그 질문에 답을 찾으려고 한다. 그러면서 상대가 나에게 차지하는 무게와 비중을 새삼 느끼게 만든다. 이전에 상대는 나의 물음에 언제나 대답하는 존재였지만 이제는 내가 질문조차 던질 수 없는 부재의 인물이 되기 때문이다. 공자는 침묵으로 존재하지만 부재하는 역설에 놓이는 것이다. 이는 제자들로 하여금 공자의 죽음 이후 공자의 존재를 확인하는 길을 모색하게 만든다. 이를 우리는 '공자의 침묵'이라고 할 만하다. 역시 "침묵이 금이다."

3강 본보기

공자가 가려 뽑은
최고의 인물 열전

3강에서는 지금보다 나은 우리 삶을 위해 필요한 역할 모델을 『논어』에서 찾아보기로 하자.

공자 총장은 추상적인 원리만을 앞세우기보다는 늘 구체적인 언급을 좋아했다. 덕목을 강조하면서도 그 덕목을 가장 잘 실현한 인물을 들어 예시하는 것을 잊지 않았다. 우리가 야구를 좋아하는 것도 알고 보면 처음부터 야구 그 자체를 좋아했다기보다 야구선수를 좋아하면서 야구를 좋아하게 된다. 공자는 이와 비슷한 전략을 구사하고 있다. 잔소리처럼 "약속을 지켜라" "게으름을 피우지 마라"고 주문하지 않는다. 약속을 목숨처럼 여기는 자로 이야기를 통해 약속의 가치를 일깨우는 식이다(3강 64조목 참조).

『논어』에서는 누가 가장 자주 나오고 누구의 말이 제일 많을까? 다들 공자라고 할 것이다. 정답이다. 그 결과 당연히 공자 이미지가 『논어』에서 가장 강렬하다고 할 수 있겠다. 그렇다고 『논어』에는 공자만 등장하고 공자만이 말하는 것은 결코 아니다. 공자의 제자도 나오고 공자 당시나 이전의 역사적 인물도 나온다. 이런 제자나 인물들은 두 부류로 나눌 수 있다. 한 부류는 너무나도 간단하게 언급되어서 도무지 어떤 사람인지 알아보기 어려운 경우다. 다른 한 부류는 몇몇 이야기를 모아보면 결코 다른 사람과 뒤섞일 수 없는 개성을 뿜어내는 경우다.

인물의 개성이 때로는 맞부딪쳐서 불꽃이 일어나기도 하고 때로는 서로 잘 어울려서 『논어』를 일곱 빛깔 무지개로 수놓기도 한다. 즉 『논어』

는 한 편의 '인물 열전'이라고 할 수 있다. 우리는 사마천을 최초의 역사가로 알고 있지만 『논어』를 보면 공자가 사마천의 선배이고 사마천이 왜 그토록 자신이 공자의 학생임을 자처하는지를 알 수 있다.

앞으로 덕목, 핵심 가치를 알아보기 전에 『논어』에 등장하는 인물이 어떤 개성을 뿜어내는지 살펴보자. 크게 세 부류다. 하나는 공자의 학생 그룹(64~72)이다. 공자 제자 중에서 자로와 안연 등 아홉 명을 골라 그들만의 빛깔을 찾아보자. 이들은 당연히 공자와 호흡을 맞추고 있다. 다른 하나는 공자의 선생 그룹 여섯 명(54~59)과 동년배 그룹 네 명(60~63)이다. 여기서는 신화 전설 시대의 성왕에서부터 동시대의 현자까지 포괄해서 공자가 선생의 참모습을 어떻게 그려내는지 살펴보자. 이들은 주로 유학대학교 교사校舍에 초상화로 등장하거나 몇 명은 이야기의 주인공으로 등장한다. 공자는 이들을 역사에서 발굴해 현재와 미래 사람들에게 역할 모델로 내놓고 있다. 공자의 스카우트 솜씨가 돋보인다. 마지막은 특별 손님으로 사람은 아니지만 많은 가르침을 주고 사람의 상상력을 자극하는 두 가지(73~74)다. 이들은 문학과 예술에도 무한한 상상력을 제공했다.

공자의 인물 묘사는 당연히 문자로 되어 있다. 하지만 되풀이해서 읽다 보면 이것은 때로는 한 편의 그림이 되어 떠오르고 때로는 한 곡의 노래가 되어 들려진다. 그의 글 속에는 그림도 있고 노래도 있다. 이제 공자가 그려내는 인물을 만나러 가보자.

54

공평
대통령 겸 초대총장 요순

치우치지 않게 중심을 잡다
윤집기중允執其中(20.01/514)

입문　현대인들은 다들 바쁘다는 말을 입에 달고 산다. 공사다망公私多忙은 원래 공적인 일과 사적인 일로 모두 바쁘다는 뜻인데, 둘 다 망亡했다는 뜻으로 이야기하곤 한다.

'내'가 이 일에도 기웃거리고 저 일에도 기웃거리다 보니 세월이 지났는데 뚜렷하게 남는 것이 없다. 이도 결국 '내'가 확실히 중심을 잡지 못하고 이리저리 휩쓸리다 보니 그렇게 된 것이다.

사회 지도자나 회사 CEO는 여러 사람과 만나 이야기를 나누다가 자칫 잘못하면 논란의 중심에 서게 된다.

책임자가 되면 여러 사람이 찾아와서 진리의 사도로 자처하며 상대를 비판하곤 한다. 책임자는 가만히 자리에 앉아 있어도 사람들이 다들 찾아와서 이런저런 이야기를 하는 통에 사람들 사이의 비밀마저도 파악하게 된다. 사람들은 하나같이 책임자가 자신의 말을 들은 만큼 자기편이라고 생각한다.

사정이 이와 같으니 책임자가 자칫 명확한 자기 기준을 갖지 않으면 사람들 주의주장에 휩쓸리게 된다. 그 결과 책임자가 바로 사람 사이를 조정 또는 통제하지 못하고 모든 사람의 지지도 받지 못한 채 갈등의 핵이 된다. 여기서는 제1대 총장 요임금이 제2대 총장 순에게 자리를 넘겨주면서 책임자의 중요한 미덕으로 중심(중도)을 이야기하고 있다.

승당   요임금이 순임금에게 자리를 물려주며 다짐했다. "오호, 그대 순이여! 하늘의 운수가 그대 몸으로 옮겨갔으니 진실로 공평(중용)을 잡으시게. 온 세상 백성들이 막막해하면 하느님이 준 작위, 즉 천자도 영원히 끊기게 되리니."

堯曰 : 咨! 爾舜! 天之曆數在爾躬, 允執其中. 四海困窮,
요왈 자 이순 천지역수재이궁 윤집기중 사해곤궁
天祿永終.
천 록 영 종

입실   자咨는 묻다는 뜻이지만 여기서는 오호, 아처럼 감탄사로 쓰이고 있다. 역수曆數는 운수와 같은 뜻으로 나라 또는 지배자가 세상을 관리하도록 하늘로부터 위임받은 기간을 말한다. 즉 요의 시대가 끝나고 순의 시대가 시작되었다는 맥락이다.

궁躬은 몸, 자신의 뜻이다. 윤允은 진실로, 참으로의 뜻이다. 집執은 잡다, 지키다는 뜻으로 구체적인 물건이 아니라 일반적인 원칙을 굳게 지킨다는 맥락이다. 중中은 어느 한쪽으로 기울거나 치우치지 않는 절대 균형의 상태를 가리킨다.

사해四海는 천하天下와 마찬가지로 온 세상, 온 세계를 가리킨다. 곤궁困窮은 처지가 이러지도 저러지도 못하게 난처하고 딱한 것을 말한다. 천록天祿은 천자처럼 사람이 줄 수 없고 하늘이 주었다고 여겨지는 가장 귀중하며 높은 자리를 가리킨다. 종終은 끝나다, 마치다는 뜻이다.

여언   중심(중용)의 기본적인 뜻은 한 점으로부터 같은 거리에 있는 점들의 집합이라는 도형 원의 정의를 떠올리면 이해하기가 쉽다. 만약 어

떤 한 부분이라도 같은 거리가 아니라 조금 짧거나 길다면 그 도형은 결코 원이 될 수 없다.

이러한 원의 이미지에 잘 어울리는 직종이 있다. 바로 각종 스포츠의 심판이다. 그들은 승부를 다투는 양팀 중 어느 한쪽에 0.1밀리미터도 기울어서는 안 되고 정확하게 똑같은 거리만큼 떨어져 있어야 한다. 물론 심판이 부르는 휘슬로 인해 한 팀이 유리해지면 다른 팀이 불리해진다. 하지만 결과로서 유불리는 심판이 신경 쓸 바가 아니다. 심판이 집중해야 하는 것은 운동 경기 규칙을 숙지하고서 선수의 특정 행위가 반칙인지 아닌지 정확하게 판정 내리는 것이다. 그때 심판은 공정한 역할을 하는 좋은 심판이 되는 것이다.

사회의 책임자는 운동 경기의 심판과 똑같은 역할을 하게 된다. 책임자는 수많은 이해 당사자로부터 포위되어 있다. 자기중심을 잡지 못하고 한쪽으로 기울게 되면 책임자는 전체를 통괄하는 인물이 아니라 특정인을 두둔하는 인물이 된다. 그 결과 자연히 이해를 달리하는 측으로부터 지지를 받지 못할 뿐만 아니라 설령 공정하게 한다고 하더라도 사람들은 사사건건 색안경을 끼고서 바라보게 된다.

중심 잡기와 같은 중립이란 말도 눈여겨볼 만하다. 중립은 글자 그대로 어디에 쏠리지 않고 한가운데 서다는 뜻이다. 책임자가 중심을 잡고 중립을 지키면 설령 어떤 결정이 누구에게 불리하고 누구에게 유리하다고 하더라도 판단의 공정성과 진정성을 의심하지 않게 된다. 따라서 왕처럼 의사결정권을 가진 사람들은 '윤집기중'이란 말을 뼛속까지 굳게 새겨야 할 것이다.

55

완전

대통령 겸 2대 총장 순류

이보다 좋을 수 없고 아름다울 수 없네

진선진미盡善盡美(03.25/065)

입문　더할 나위 없이 훌륭하고 아름다운 것을 말할 때 '진선진미'라고 하는데, 이 구절은 그 말의 출처가 되는 곳이다.

행위든 예술 작품이든 사람의 모든 것은 평가를 피할 수 없다. 축구선수가 공을 차고 나면 심사자가 평점을 매기듯 낱낱이 평가를 받는다. 그 평가가 모여 선수 연봉이 결정된다. 불교에 따르면 사람은 살아생전 행위를 하게 되면 업이 쌓이게 된다. 업을 짓는 한 해탈은 할 수 없다. 예술 작품도 작가가 세간의 평가에 신경 쓰지 않을 수도 있지만 작가의 의지와 별도로 전문가와 대중의 호불호 대상이 된다.

그러면 어떤 행위와 예술 작품이 도덕적으로도 완전하고 미학적으로도 무결한, 즉 최고의 평가를 받을 수 있을까? 크게 두 가지 기준이 있을 수 있다. 하나는 행위와 작품 자체에만 주목해서 평가하는 경우다. 다른 하나는 행위를 하고 작품을 창작하게 된 동기와 결과를 함께 고려해서 평가하는 경우다.

여기서 공자는 순임금과 무임금의 음악을 평가하면서 후자의 기준을 적용하고 있다. 그럼 이 두 평가의 차이는 어디에서 나오는 것일까?

승당　공 선생이 순임금의 소 음악에 대해 짧게 평가했다. "더할 나위 없이 가장 아름다울 뿐만 아니라 좋기까지 하다."

또 주나라 무임금의 무 음악에 대해 짧게 평가했다. "더할 나위 없이 가장 아름답지만 그만큼 좋지는 않다."

子謂韶, 盡美矣, 又盡善也. 謂武, 盡美矣, 未盡善也.
자 위 소 진 미 의 우 진 선 야 위 무 진 미 의 미 진 선 야

입실　소韶와 무武는 각각 순임금과 무임금의 개인과 나라를 상징하는 음악이다. 두 음악은 근대 국가가 국가를 세우는 과정을 읊은 국가國歌와 비슷하다고 생각하면 좋겠다. 이 노래가 주기적으로 되풀이되면서 사람들은 건국 과정을 되새기게 되고 각자가 애써 세운 나라가 영원히 지속되기를 바라는 염원을 갖게 될 것이다. 후대의 국정 책임자들도 자신들이 건국 과정에 참여하지 못했지만 국가를 통해 건국 과정의 노고를 기리며 그 노고가 헛되지 않도록 해야겠다는 의지를 다지게 된다.

　순임금은 선양禪讓, 즉 왕위를 평화적으로 물려받는 방식으로 요임금의 뒤를 이었다. 반면 무임금은 이전 은나라 주紂왕과 목야牧野에서 운명을 건 전쟁을 치르고 주나라를 세웠다. 그는 혁명革命, 즉 폭군을 처벌한다는 명분을 내걸었지만 신하가 군주를 폭력으로 내모는 방법을 썼다. 이 차이는 결국 두 사람의 음악, 즉 국가에 그대로 반영되었다. 공자는 이 차이를 예민하게 읽어내고서 음악 비평을 하고 있는 것이다.

　진盡은 다 되다, 끝나다, 완전히라는 뜻이다. 선善은 착하다, 바람직하다는 뜻으로 도덕적 완전성을 나타내고, 미美는 아름답다, 훌륭하다는 뜻으로 미학적 완성도를 나타낸다.

여언　근대 국가는 중세 질서를 무너뜨리며 등장하거나 외세 침략에 맞서 싸우면서 그 모습을 드러냈다. 오늘날 국가를 보면 처음에는 국가

가 아니라 다른 동기로 만들어졌다가 시민의 지지를 받아 국가로 불리게 되는 경우가 많다. 그중 중국의 국가 「의용군 행진곡」은 "일어서라! 노예가 되기를 바라지 않는 자들이여!"로 시작하면서 일본 침략에 항거하는 의지를 굳세게 나타내고 있다. 프랑스 국가 「마르세유 군단의 노래」는 "가자, 조국의 아들아!"로 시작하며 혁명의 승리를 지키려는 강한 기개를 나타내고 있다.

순임금의 소 음악은 전혀 알려지지 않았지만 주나라 무왕의 무 음악은 오늘날의 『예기』 「악기」에 어느 정도 남아 있는데, 그 내용을 보면 「의용군 행진곡」 「마르세유 군단의 노래」와 닮지 않았나 싶다. 오늘날 국가 자체를 음악 예술의 비평 대상으로 삼지는 않는다. 비평 대상이 된다고 해도 그 자체가 갖는 상징성이 있기 때문에 작품의 고하가 그렇게 절대적이지는 않다.

그런데 공자의 생각은 다른 듯하다. 각각 선양과 혁명을 주제로 한 노래가 나라의 공식 행사에서 자주 울려 퍼지고 사람들 의식에 강하게 남아 있다고 하자. 사람들은 그 노래를 듣고 부르면서 노래가 처음으로 불렸던 상황을 추체험하게 된다. 여기까지는 문제가 없다. 이 추체험이 이후 사태에도 하나는 선양으로 다른 하나는 혁명을 권장하는 방식으로 작용할 수 있다는 것이다. 공자 생각에는 정당하다고 하더라도 무력을 쓴 혁명 방식이 평화적 선양 방식에 미치지 못한다고 본 것이다.

우리는 현실에서 최선을 추구하되 불가피하다면 차선도 무난하다고 말한다. 하지만 이 말 속에 최선을 향한 마지막 노력을 포기하려는 욕망이 숨어 있는 것은 아닐까?

무왕은 그 상황에서 혁명이 최선이었다고 항변했겠지만 공자는 무 음악에서 최선에 미치지 못한 차선의 한계를 예민하게 읽어내고 있다.

56
섬김
대통령 겸 3대 총장 우禍

비판자의 입마저 닫게 할 정도로
오무간연然吾無間然(08.21/210)

입문 　정치인과 연예인은 공통점이 많다. 영역과 성질이 다르더라도 사람의 인기를 먹고산다. 인기가 없으면 정치인과 연예인은 자신의 기량을 펼칠 수 있는 무대에 계속 서기가 어렵다. 그들은 언론에 많이 노출되기를 바라며 심하면 관심거리를 만들어서라도 화제 대상이 되려고 한다.

인터넷 보급과 더불어 특정 정치인과 연예인 그리고 운동선수 등 언론에 자주 노출되는 인물을 대상으로 안티 팬의 활동이 적극적이다. 이들은 한편으론 적극적인 지지층에 둘러싸여 있으면서 다른 한편으론 안티 팬의 강한 비판에 쩔쩔매기도 한다. 동일한 인물에 대해 호오가 극명하게 갈리고 '호'의 사람만이 아닌 '오'의 사람도 자신의 의사를 적극적으로 나타내기 시작했다.

이전의 '나'는 좋아하는 사람을 적극적으로 지지하고 그렇지 않은 사람에 대해 무관심했지만 지금의 '나'는 좋아하는 사람에게 열광하면서 그렇지 않은 사람에 대해 싫어한다는 것을 강하게 표출하고 있다.

요즘 공인 중에는 안티 팬이 없는 사람이 드물다. 세계적 스타로 우뚝 선 김연아도 처음에는 국민 여동생이니 국가적 영웅 취급을 받다가 대학

교에 진학한 일, 올림픽 이후 선수 생활 등과 관련해서 안티 팬이 생겨나
기도 했다.

공자는 인터넷 세상에 태어났더라도 누구보다도 열심히 댓글을 달면
서 자신의 호오를 분명하게 주장했을 듯하다. 그는 유학대학교 3대 총장
우임금을 두고 심사자 역할을 포기할 수밖에 없다는 말을 했다. 결국 그
는 우에 대해 최고의 평가를 내린 것이다.

승당 공 선생이 감탄해 마지않았다. "우임금은 내가 비집고 들어가
할 말이 없다네. 자신은 싸구려 음식을 먹으면서 귀신에게 온갖 정성을
다 쏟았고(정갈한 제물을 풍성하게 차렸고), 자신은 변변찮은 옷을 입으면
서 의례용 의복과 모자를 가장 아름답게 꾸몄네. 또 머무는 거처를 허름
하게 지으면서 인민의 생존을 위해 치수(수리) 사업에 온 힘을 쏟았다네.
우임금은 내가 비집고 들어가 할 말이 없다네."

子曰:禹,吾無間然矣. 菲飲食, 而致孝乎鬼神, 惡衣服,
자왈 우 오무간연의 비음식 이치효호귀신 악의복
而致美乎黻冕卑宮室, 而盡力乎溝洫. 禹, 吾無間然矣.
이치미호불면비궁실 이진력호구혁 우 오무간연의

입실 우禹는 요순시대를 뒤이어 하夏나라의 건국 영웅으로, 범람하
던 하천의 치수 사업에 성공한 것으로 널리 알려져 있다. 간間은 틈, 사이,
살피다, 헐뜯다는 뜻으로 비판하다는 뜻을 완곡하게 나타낸 말이다. 거
친 말로 욕하다, 악성 댓글을 달다는 뜻으로 확대해서 생각해볼 수 있다.
비菲는 보잘것없다, 변변찮다는 뜻이다. 학창 시절에 겪었던 맛없는 학교
급식, 먹을 게 없었던 학생 식당의 밥, 어머니가 아파서 대충 차린 탓인지

선뜻 손이 나갈 곳이 없는 식사를 떠올리면 되겠다.

치致는 다하다, 온갖 정성껏 하다, 완전하게 하다, 최선을 다하다는 뜻이다. 불면黻冕은 무릎가리개와 면류관을 가리킨다. 비卑는 낮다는 뜻으로 건물을 웅장하게 짓거나 호화롭게 꾸미지 않고 낮고 검소하게 하는 것을 가리킨다. 구혁溝洫은 배수를 위해 논에 낸 크고 작은 물길이다. 여기서는 그의 대표적인 사업인 치수를 가리킨다.

여언　우리나라 대통령은 국정에 막강한 영향력을 행사한다. 국민을 상대로 '서민 대통령'의 이미지를 심고자 한다. 세계 기록은 아니더라도 장기집권을 했던 박정희 전 대통령도 막걸리 마시는 대통령을 통해 서민 이미지를 만들었다. 참여정부의 노무현 전 대통령은 대통령으로서는 처음으로 퇴임 후에 권부의 상징 서울을 떠나 고향으로 돌아가서 방문객을 상대로 즉석 연설을 하고 손녀와 자전거를 타는 등 서민이 되고자 했다. 17대 이명박 대통령도 공정을 외치면서 빈번하게 점퍼 차림으로 시장을 찾아 오뎅을 사먹으며 자신의 고생담을 이야기하곤 한다.

서민 대통령은 닿을 수 없는 높은 자리에 있어서 서민과 상관없는 인물이 아니라 늘 서민 가까이 있으면서 서민의 문제를 풀려고 노력하는 대통령의 이미지를 전달하는 재미있는 표현이다. 비슷한 사례로는 직원 경조사를 일일이 챙기는 CEO, 사회봉사에 열을 올리는 기업 등이 있다.

우임금도 '서민 대통령' 이미지에 가까워 보인다. 문제는 서민대통령이 이벤트나 상징 행위를 통해서 만들고자 하는 이미지인지, 정책이나 진정성을 통해 실제로 움직이는 실상인지에 있다. 공자가 묘사하는 그림으로 보면 우임금은 임금이면서도 누리는 것은 임금과 같지 않게 소박하고,

하는 일은 임금으로서 해야 할 것을 처리하려고 애쓰고 있다. 쇼가 아니라 실제다. 공자의 그림이 사실이라면 우임금에 대해서는 안티 팬이 없지 않았을까?

57
구원
비운의 왕자들 백이·숙제

지난 일을 오늘로 끌고 오지 않는다
불념구악不念舊惡(05.24/116)

입문　과거의 영광은 내가 오늘을 살고 내일을 살아가는 힘이 될 수 있다. 힘들 때마다 한 번씩 기억에서 끄집어내서 생각해보며 흐뭇하게 미소 지을 수 있다.

그럼 기억하고 싶지 않은 지난 일은 어떻게 될까? 이에 대해 몇 가지 유형이 있다. 첫째, 완전히 잊고서 그로부터 완전히 자유로워질 수 있다. 둘째, 잊은 듯하지만 불쑥 과거의 기억(트라우마)이 되살아나서 주위 사람들이 당황할 정도로 갑작스레 발작할 수도 있다. 셋째, 여전히 현재 진행형으로 그 고통에 갇혀 일상생활마저 하기 어려울 수도 있다.

당위적으로 보면 과거를 잊고 늘 새롭게 출발하는 것이 좋다. 하지만 사람이 과거의 기억을 지우개로 지우듯이 홀홀 털고서 그로부터 자유롭기는 쉽지 않다. 특히 그 일이 트라우마를 남길 정도로 충격적인 일이었다면 또는 그 일로 인해 인생행로가 갑자기 180도 바뀌게 되었다면, 우리는 그 일로부터 벗어나기가 쉽지 않다.

백이와 숙제는 왕위를 계승할 합당한 권리를 가지고 있었지만 아버지가 다른 형제를 더 좋아한 일로 인해 인생이 완전히 바뀌게 되었다. 그들은 그 일로부터 자유로웠을까. 이는 공자 학파에서 즐겨 토론하는 주제 중의 하나였다.

승당　공 선생이 이야기했다. "백이와 숙제는 과거의 좋지 않은 일을 마음에 담아두지 않았다. 이에 따라 두 사람에 대한 원성은 드물어 없는 것과 마찬가지였다."

子曰：伯夷叔齊不念舊惡, 怨是用希.
자왈　백이숙제불념구악　원시용희

입실　백이와 숙제는 고죽국孤竹國의 왕자로 형과 동생 사이다. 아버지가 둘째에게 애정이 많자 두 사람은 분란을 피하려고 차례로 왕위를 포기하고 나라를 떠났다. 훗날 주나라 무왕이 은나라 주왕을 무너뜨리려고 하자 불의한 일이라고 반대했지만 뜻을 이루지 못했다. 이후 그들은 주나라 땅에서 나는 곡물은 먹지 않겠다고 결심한 뒤 수양산에 들어가 고사리를 먹으며 연명하다가 굶어 죽은 것으로 알려진다. 이로써 이들은 훗날 충신열사의 대표적인 인물로 존중받았고 '백이숙제', '고죽국', '수양산', '고사리'는 동아시아 문학사에서 즐겨 등장하는 소재가 되었다. 백이숙제는 육각수의 노래 「흥보가 기가 막혀」(1995)에도 "지리산으로 가오리까, 백이숙제 주려죽던 수양산으로 가오리까?"라고 나온다.

　념念은 생각하다, 외다는 뜻으로 의식에 늘 담고 있다, 의식에 살아 있다는 맥락이다. 구악舊惡은 이전에 있었던 잘못된 일, 과거의 좋지 않은 일을 가리킨다.

원怨은 슬퍼하다, 한탄하다, 미워하다는 뜻으로 일어났던 일에 대해 달리했으면 하고 후회한다는 맥락이다. 희希는 바라다, 혹은 드물다는 다소 잘 어울리지 않는 뜻을 나타낸다. 아마 바라는 것이 이루어지는 일이 적기에 그렇게 되지 않았을까?

여언　공자는 왜 춘추 시대의 큰 나라 축에도 끼지 못하던 고죽국 출신의 백이와 숙제에 필이 꽂혔을까? 그는 그들의 고결한 삶이야말로 춘추 시대 혼란을 끝낼 수 있는 가치를 실현한 역정歷程이라고 보았기 때문이다. 춘추 시대에 이르러 사람은 전통적으로 주어진 사회적 역할에 만족하지 않고 자신의 욕망에 따라 새로운 역할을 찾아나섰다.

사는 위로 대부의 자리를 노리고 대부는 제후의 자리를 노리고 제후는 천자의 자리를 노리고, 이와 더불어 이민족은 중원 지역을 넘보았다. 이 노림수로 인해 자연히 역할이 충돌하면서 사회적으로 혼란의 깊이가 더해졌던 것이다.

이런 추세에 비춰보면 백이와 숙제는 오늘날 말로 하면 '위대한 포기'를 통해 자발적 가난, 자발적 손해를 달게 받아들였다. 두 사람이 왕위 권리를 끝까지 주장했다면 고죽국은 내전 아니면 궁중 암투로 인해 공동체가 커다란 희생과 갈등을 피할 수 없었을 것이다. 두 사람의 포기로 인해 고죽국은 갈등의 태풍을 맞으려다 태풍을 완전히 피해가면서 사회 통합을 거둘 수 있었다. 여기서 공자는 백이와 숙제의 가치를 읽어냈고 그것을 높이 샀던 것이다. 우리는 이 시대를 살면서 21세기 삶의 가치를 미리 살아간 사람으로 누구를 꼽을 수 있을까?

58
정도

파직을 거듭한 류하혜

진리를 섬길 뿐 자리에 연연하지 않는다

직도사인直道事人(18.02/479)

입문　우리나라 권력 기관 중 국정원, 검찰, 경찰, 국세청, 감사원만큼 힘이 센 곳이 없다. 그중에서도 검찰과 국세청의 활동은 언론만이 아니라 일반 사람들의 뜨거운 관심을 받는다.

예컨대 검찰은 독립 기관임에도 불구하고 세인의 관심이 집중된 사건에서 국민의 법 감정 또는 일반 상식과 어긋나는 처신을 보인다든지 정권의 이해를 의식한다는 비판을 단골로 받는다. 그 결과 검찰은 국민의 불신을 받으며 개혁 대상으로 즐겨 거론되곤 한다.

공무원은 정권 교체 시기가 되면 처신하기가 쉽지 않다. 노동자도 기업이 비리와 부패를 저지른 것을 알았을 때 어떻게 행동해야 하는지 번민하게 된다. 쉽지 않다고 해도 선택을 미룬 채 시간만 끌 수는 없다. 이때 선택은 둘로 나뉜다. 하나는 정권과 기업에 부담을 주는 선택을 하지 못하고 상황을 모면하려는 방향이다. 다른 하나는 진실이라는 보편 원칙을 기준으로 판단할 뿐 정권과 기업의 이해관계를 고려하지 않는 방향이다.

이 중에서 류하혜는 공무원으로서 자신이 어디에 서야 하는지 입각점을 분명히 하고 있다. 그 입각점은 바로 '도'였다.

승당　류하혜가 사사 즉 사법관이 되었다가 세 차례나 파직되었다. 주위 사람들이 수군거렸다. "당신은 아직도 이 나라를 떠나지 않으시오?" 류하혜가 대꾸했다. "국가의 나아갈 길(원칙)을 곧게 펼치면서 사람

(상관)을 모신다면(돕는다면) 어디에 간들 세 차례 정도 쫓겨나지 않겠는가? 나아갈 길을 양보하면서 상관을 도울 생각이라면 무엇 때문에 부모의 나라를 떠나겠는가?"

柳下惠爲士師, 三黜. 人曰 : 子未可以去乎? 曰 : 直道而
류 하 혜 위 사 사   삼 출. 인 왈   자 미 가 이 거 호? 왈   직 도 이
事人, 焉往而不三黜? 枉道而事人, 何必去父母之邦?
사 인   언 왕 이 불 삼 출? 왕 도 이 사 인   하 필 거 부 모 지 방

입실　　류하혜는 노나라의 현자로 성은 전展, 이름은 획獲, 자가 금禽이다. 그의 식읍이 류하柳下이고 시호가 혜惠여서 류하혜로 널리 알려졌다. 『장자』에 나오는 춘추 시대의 대도 도척의 형이라고 하지만 확실하지 않다. 그는 '좌회불란坐懷不亂' 고사의 주인공이기도 하다(5강 87조목 '무의위란' 참조).

　　그가 밤에 성문 앞에서 유숙을 하게 되었는데 마침 갈 곳 없는 여인이 추위에 떨고 있는 것을 보았다. 그는 여인이 추위에 일이 날까 두려워 함께 붙어 앉아서 자신의 옷가지로 서로 덮은 채 밤을 보냈지만 불상사가 없었다고 한다. 이 구절은 류하혜란 인물의 특성을 잘 보여준다. 이 고사는 조선 시대 황진이와 서화담의 이야기를 떠올리게 한다.

　　사사는 옛날 중국에서 법령이나 형벌과 관련된 일을 맡아보던 재판관을 가리킨다. 출黜은 물러나다, 쫓겨나다는 뜻으로 해고되다, 사직하다는 맥락이다. 직直은 올곧다, 바르다는 뜻으로 원칙에 충실하다는 맥락이다. 왕枉은 굽다, 굽히다는 뜻으로 원칙을 포기하고 특정인의 의중을 따른다는 맥락이다. 사事는 일, 일하다, 섬기다는 뜻으로 주위 사람 또는 윗사람을 돕다, 보좌한다는 맥락이다.

여언　검찰과 사법부 자리는 예나 지금이나 결코 가벼운 자리가 아니다. 유죄냐 무죄냐에 따라 한 사람의 인생이 달라지고, 형량 또는 사형 여하는 사람의 목숨과 직결된다.

병원에 한 번 다녀오게 되면 괜히 피곤해지고 다시는 가고 싶지 않아진다. 경찰서나 검찰에 가거나 또는 재판정에 서기는 병원에 가기보다 더했으면 더했지 결코 유쾌한 경험이 아니다.

이처럼 사람의 생사 또는 명예를 살리기도 하고 짓밟을 수도 있으므로 검사와 판사는 법률을 절대 기준으로 삼아서 공정을 신조로 무장해야 한다. 그렇지 않으면 자신들 판단 때문에 정의가 죽고 불의가 살아 이 세상에 진선眞善과 진악眞惡이 가려지지 않고 위선과 위악이 널리 퍼질 수 있다.

2500여 년 전의 류하혜는 도를 판결의 절대 기준으로 삼았다. 그 기준이 얼마나 곧았던지 정권이나 세도가의 입김에 전혀 흔들리지 않았다. 물론 이 탓에 그는 그 자리에서 세 차례나 쫓겨나는 기묘한 경험을 하게 되었다. 정작 류하혜 본인은 아무렇지도 않은데 주위 사람들이 걱정했다. 도에 충실하다 보면 신변이 위험할지 모르니 망명을 생각해보라는 것이다. 류하혜는 참으로 배짱이 두둑하다. 자신은 어디에 간들 도道 외에 다른 것을 생각하지 않을 터이니 어디에 간들 쫓겨나지 않겠느냐, 그러니 망명갈 필요가 없다는 뜻이다.

참으로 올곧은 사람이고 오늘날 한국에서 절실하게 필요로 하는 인물이다. 과거와 현재의 시간 차이를 뛰어넘어 우리나라 권력 기관도 얼마나 '류하혜'와 같을 수 있는지 자문해봐야 한다.

59

대업
천하의 파트너 환공 관중

혼란한 세상을 바로잡아 질서를 세우다
일광천하—匡天下(14.18/366)

입문　오늘날 국제 사회에서 미국은 자국의 경제 침체와 중국의 등장으로 그 위세가 주춤해지고 있다. 그럼에도 미국은 여전히 유일한 초강대국으로 세계 경찰 국가의 역할을 톡톡히 하고 있다.

공자가 살았던 시대는 주나라가 천자 나라이고 나머지 나라는 제후나라였다. 춘추 시대 이전만 해도 주나라는 당연히 국제 질서 수호자로서 그 역할을 나름대로 수행했지만 춘추 시대에 이르러 주나라는 이름만 상국上國의 천자 나라이고 실제로는 강대국이 패자霸者, 즉 헤게모니를 장악한 어른(수장)으로서 지역 경찰 노릇을 하고 있었다.

흔히 춘추오패라고 하듯 환공과 관중이 파트너로 활약하던 제나라도 그중 하나였다. 사실 패자는 제도적으로 보장된 지위가 아니라 현실의 역학 관계에서 쟁취하는 지위였다. 환공과 관중은 춘추 시대의 패자로서 시대 질서를 수호하기도 했지만 경우에 따라 요구되는 역할을 제대로 해내지 못하는 경우도 있었다.

따라서 그들에 대한 평가는 사람의 기준에 따라 갈린다. 공자는 두 사람의 단점에도 불구하고 후한 점수를 주었다. 오늘날 미국은 가급적 군사 개입을 자제하고 있지만 국제 분쟁에 나 몰라라 하지는 않는다. 이에 대해 세계 질서를 이끌어간다는 긍정적인 평가도 있지만 철저하게 자국의 이해에 따라 움직인다는 부정적인 평가도 있다. 이 구절은 미국이 새겨볼 내용이다.

물론 우리 사회에서도 미국과 같은 역할을 하는 기관이나 사람이라면 이 구절을 눈여겨볼 만하다.

승당　자공이 궁금한 듯 질문했다. "선생님, 제나라 관중은 사람다운 사람이 아니지요? 환공이 내전에 패배한 공자 규를 죽게 했지만 그의 참모였던 관중은 함께 죽지 않고 오히려 경쟁자였던 환공을 보필했으니까요?"

공 선생이 대꾸했다. "관중은 환공을 보좌해 그이로 하여금 제후들의 어른이 되게 해서 세상의 질서를 바로잡도록 했으니, 백성들은 오늘날에도 관중의 혜택을 누리고 있다. 관중이 아니었다면 우리는 머리를 풀어 헤치고 옷섶을 왼쪽으로 여밀 뻔했다(이민족의 풍습을 따를 뻔했다). 우리가 어찌 그이의 행정을 보통사람들이 사소한 일에 신의를 지키는 것에다 견줄 수 있겠는가? 그들이 스스로 도랑에서 목매어 죽더라도 알아주는 이가 없지 않던?"

> 子貢曰 : 管仲非仁者與? 桓公殺公子糾, 不能死, 又相
> 자공왈 관중비인자여 환공살공자규 불능사 우상
> 之. 子曰 : 管仲相桓公, 霸諸侯, 一匡天下, 民到于今受
> 지 자왈 관중상환공 패제후 일광천하 민도우금수
> 其賜. 微管仲, 吾其被髮左衽矣. 豈若匹夫匹婦之爲
> 기사 미관중 오기피발좌임의 기약필부필부지위
> 諒也, 自經於溝瀆而莫之知也?
> 량야 자경어구독이막지지야

입실　환공과 공자 규糾는 형제 사이다. 제나라는 희공과 양공에 이르러 정치적 갈등이 고조되었다. 양공 이후 왕위를 두고 공자 소백小白과 공자 규가 내전을 벌인 끝에 소백이 승리해 제후가 되었다. 이 과정에서

216

포숙아와 관중은 친구 사이였지만 각각 소백과 규를 지지했는데, 소백이 승리한 뒤 포숙아의 천거로 관중은 죽음을 면하고 오히려 재상이 되었다. 이런 맥락을 알고서 자공은 관중이 죽었어야 하지 않는가라고 공자에게 질문했던 것이다.

상相은 서로, 보다의 뜻이지만 여기서는 환공을 정치적으로 돕다는 맥락이다. 패覇는 백伯과 같은 뜻으로 으뜸, 어른, 수장의 뜻이다. 광匡은 바로잡다, 구원하다는 뜻으로 세계의 혼란을 바로잡아 질서를 회복한다는 맥락이다. 사賜는 주다, 하사하다, 은덕, 은공의 뜻이다.

미微는 작다, 자질구레하다는 뜻이지만 여기서는 없다, 아니다는 뜻으로 쓰인다. '피발좌임'은 이민족의 문화로 머리를 풀어 헤치고 옷섶을 왼쪽으로 여미는 풍습이다. 여기서는 중원 지역이 이민족에게 패배해 식민지가 된다는 맥락이다.

중원 세력은 머리를 묶고 우임을 했다. 일제 시절에 강행됐던 창씨개명, 일본어 사용도 피발좌임의 맥락으로 볼 수 있다.

량諒은 믿다, 진실의 뜻이지만 신信과 다르다. 량은 가치가 적어서 다른 가치와 충돌할 때 무시할 수 있는 신뢰와 약속이다. 반면 신은 어떠한 상황에서도 반드시 지켜야 하는 가치다. 경經은 여기서 특이하게 목매다, 목매 죽다는 뜻으로 의미 없는 자살을 가리키는 맥락이다. 구독溝瀆은 도랑, 하수도를 가리킨다.

여언   자공과 공자의 관점은 오늘날에도 여전히 곳곳에서 되풀이해서 서로 맞서고 있다. 자공은 환공이 내전 이후에 관중과 파트너가 되어 이룬 업적과 상관없이 내전 패배의 책임을 져야 한다고 주장한다. 그가 공자 규와 파트너가 되었다면 내전 패배와 더불어 스스로 현실의 무대에서 은퇴해야 한다는 것이다. 여기서 자공은 관중의 책임과 면책을 대립으로 보지 않고 하나의 일에 대해 하나의 책임을 져야 한다는 일사일책一事一責을 주장하고 있다.

공자는 관중을 자공의 책임론 맥락이 아니라 그보다 상위 가치로 평가해야 한다고 본다. 그는 자공과 달리 관중의 책임과 면책을 대립적인 것으로 보고 있다. 하지만 그것을 가리는 기준은 둘이 동등한 가치를 가지지만 어느 것이 더 합리성을 갖는가가 아니라 둘 중 어느 것이 상위 가치이고 어느 것이 하위 가치인가에 있다는 것이다. 즉 상위와 하위 가치가 충돌한다면 하위 가치는 잠정적으로 유보되고 상위 가치가 존중되어야 한다는 것이다.

공자의 관점은 오늘날 국제 사회에서 미국의 형태와 형식적으로 닮아 있다. 예컨대 이라크 침공의 경우 대량살상무기 제거를 목표로 삼으며 후세인 제거에 성공했지만 국제적으로 석유 자원의 확보라는 비판에 시달렸다. 결과적으로 후세인이 대량살상무기를 보유했다는 증거를 찾아서 국제사회에 제시하지 못했다.

그러면 후세인을 제거한 것만으로 침공이 정당화되어야 할까? 그것이 '일광천하'에 어울릴까?

공자가 오늘날의 역사를 쓴다면 긍정적으로 기술하지 않을 것이다. 이것이 우리나라 박정희의 근대화와 독재, 기업 집단(재벌)의 국가경제 기여론과 무분별한 탐욕론 등에도 적용될 수 있을지 검토해볼 만하다.

60
우직
패배를 수습한 장군 맹지반

이놈의 말이 왜 이리 느려

마부진야馬不進也(06.15/136)

입문 보통사람은 괴롭고 힘든 일이라면 피하려고 하고 공을 나누는 일이라면 작은 것도 크게 내세우기 십상이다. 춘추 시대에는 이를 호리피 해好利避害라고 했다. 유가는 이에 전적으로 동의하지 않지만 법가는 이를 금과옥조처럼 여겼다. 학창 시절을 생각해보라. 화장실 청소라면 다들 피하려고 하고, 상 받는 일이라면 다들 서로 받으려고 애썼다.

전투처럼 생사가 순간순간 엇갈리는 상황에서 위험을 무릅쓰고 싸우기가 쉽지 않다. 특히 전투에서 패배해서 퇴각하는 상황이라면 앞 다투며 먼저 후퇴하기 마련이다. 사실 '명령'이 아니라면 전투를 제대로 할 수 있을지 모를 일이다. 다들 피하려고 하더라도 일단 공격 '명령'을 내리게 되면 누구라도 뒤로 물러설 수 없다. 명령을 어기면 적의 공격에 죽는 것과 마찬가지로 아군의 군율에 따라 처벌받을 수 있기 때문이다.

공자가 '살신성인殺身成仁'(1강 30조목 참조) 정신을 권장했다고 해서 장병이 아군의 후미에 서서 적의 공격을 늦추게 하기란 쉽지 않다. 공자는 맹지반이란 인물을 발굴했다. 다들 저 살기 바빠서 다른 사람 생각할 겨를 없는 상황에서도 그는 자신이 아니라 동료를 위해서 스스로 위험한 상황으로 나아갔다.

승당 공 선생이 들려주었다. "우리나라의 맹지반은 제 자랑을 늘어놓지 않았다. 제나라 군대와 맞서 싸우다 우익의 군대가 무너지자 그이는 대열 맨 뒤에서 노나라의 군대를 엄호하며 성문으로 들어섰다. 그러던 중 자신의 말에 채찍을 휘두르며 '일부러 뒤에 서려고 했던 것이 아니라 말이 앞으로 달려가지 않았구려!'라며 멋쩍은 듯이 말했다."

子曰：孟之反不伐, 奔而殿, 將入門, 策其馬曰：非敢後
자 왈   맹 지 반 불 벌   분 이 전   장 입 문   책 기 마 왈   비 감 후
也, 馬不進也.
야   마 부 진 야

입실　맹지반은 노나라의 장군이다. 자료에 따르면 노나라 애공 11년 (BC 484년)에 노나라와 제나라가 전투를 벌였다. 벌伐은 치다, 자랑하다는 뜻이다. 분奔은 달리다, 도망가다는 뜻으로 전투에서 불리해 퇴각한다는 맥락이다. 전殿은 보통 큰 집, 궁궐의 뜻으로 쓰이지만 여기서는 특이하게 후방을 나타낸다. 이는 전투에서 아군이 퇴각할 때 안전한 퇴로를 확보하기 위해 군진 후미에서 추격하는 적병에 맞서 시간을 버는 역할을 하는 것이다.

문門은 노나라의 성문을 가리킨다. 책策은 채찍, 채찍질하다는 뜻으로 말의 엉덩이를 때린다는 맥락이다. 후後는 앞의 전殿과 의미상으로 호응하면서 맹지반이 스스로 후미에 있으려고 한 것이 아니라 정황상 그렇게 되었다며 자신의 공적을 내세우지 않는 맥락이다. 진進은 말이 앞으로 나아간다는 맥락이다.

여언　맹지반은 백이·숙제와 비슷한 점이 있다. 셋 다 위기 상황에서 자신보다는 공동체 또는 동료의 삶을 먼저 고려했다.

두 사례의 차이도 있다. 백이와 숙제는 위대한 포기라는 결단을 내려

야 했지만 지금 당장이란 상황의 압박감을 느끼지 않았다. 반면 맹지반은 한순간도 지체할 수 없는 절체절명의 상황에서 거의 자동적으로 자신을 위험한 상황으로 몰아넣고 있다. 즉 백이와 숙제는 몇 날 며칠을 두고 숙고에 숙고를 거듭하고서 이성적으로 판단을 내렸다면 맹지반은 무의식적으로 일어났다고 할 정도로 고도로 훈련된 습관에 따른 행위다. 또 백이와 숙제는 위대한 포기를 하며 생명의 안전을 확인하지만 맹지반은 생명의 위험을 자초하고 있다.

맹지반이 돋보이는 점은 후미에 서서 아군의 안전을 지켜내고서도 이를 자신의 공적으로 내세우지 않은 것이다. 자신의 행위가 공적을 고려한 계산된 결과가 아니라 상황의 자연스런 전개에 따른 결과라고 말하고 있다. 이로 보면 그는 공자가 말하는 '선난후획先難後獲'(1강 14조목 참조) 정신을 완벽하게 실현한 인물이라고 할 수 있다.

우리 주위에서도 정치인을 보면 각종 정책과 사업을 자신의 치적이자 공로로 내세우기 급급하다. 더 심한 경우 공을 두고 서로 다투기까지 한다. 기업도 절세 수단으로 문화 사업을 하고 나눔 사업을 펼치면서 책자를 만들어서 자신들이 한 일을 일일이 기록하고 있다. 반면 우리 공동체 곳곳에서 드러나지 않은 채 제 역할을 묵묵하게 수행하는 사람도 많고 이름을 알리지 않은 채 거액을 기부하는 사람도 많다. 이들로 인해 우리 사회가 청정해지는 것이다.

공자는 참으로 뛰어난 스카우트 자질을 지니고 있다. 앞서 그는 백이와 숙제를 발굴해서 춘추 시대 사람들을 일깨우는 인물로 우뚝 세우더니 이번에는 맹지반을 발굴해서 다급한 상황에서도 동료를 생각하는 가치를 일깨우고 있다. 이처럼 공자는 역사와 현실에서 자신이 힘주어서 키우고자 하는 가치를 실현하는 사람을 찾아내서 그 가치의 고귀함과 숭고함을 널리 퍼뜨리고 있다. 오늘날 언론과 지식인(사관)은 이 역할을 얼마나 제대로 하고 있는 걸까?

61
수양
공자를 이해한 거백옥

잘못을 줄이려고 해도 잘 되지 않는구나
과과미능寡過未能(14,26/374)

입문　학교에 있다 보면 추천서를 쓸 일이 많다. 취업 추천서, 유학 추천서 등 각자 절실한 사연으로 나를 찾아온다. 추천서에는 그냥 형식적으로 사인만 하는 것도 있지만 인성과 적성 등을 종합적으로 판단해서 길게 써야 하는 경우도 있다. 쓰는 사람 입장에서 보면 추천서가 참으로 쉽지 않다.

사람을 제대로 알기도 어렵지만 안다고 하더라도 제대로 표현하기란 쉽지 않다. 결국 수업과 학과 활동을 하면서 관찰한 바를 중심으로 추천서를 쓰게 된다. 간혹 말도 잘 하지 않고 뚜렷한 인상도 없는 사람이라면 더욱 곤혹스럽다. 써놓고서도 내가 제대로 보았는지 확신이 들지 않는다.

우리는 누가 이 사람 어떤 사람이냐고 물으면 흔히 '좋은 사람' 또는 '괜찮은 사람'이란 말로 얼버무린다. 하지만 말하는 사람도 그렇지만 듣는 사람도 그 말만으론 그 사람을 판단하는 데 결정적인 정보를 얻지 못한다.

평소 연락을 주고받던 사람이 공자에게 사람을 보내 안부를 물었다. 공자가 심부름꾼에게 모시는 사람의 관심사를 물었을 때 그는 뭐라고 대답할까? 잘 아는 사람인데 "잘 모르겠습니다"라고 빠져나가기도 뭔가 이상하고 그렇다고 미주알고주알 주위섬기기도 뭔가 마땅찮다. 참으로 말 한마디에 심부름을 온 사람이나 보낸 사람의 인격이 드러날 판이다.

승당 위나라의 거백옥이 공 선생에게 사람을 보내 안부를 물었다. 공 선생이 호의에 감사를 표시하고 사자와 앉아서 거백옥의 근황을 물었다. "선생님은 어떻게 지내시는지요?" 사자가 질문을 받고서 대꾸했다. "선생님은 자신의 허물을 적게 지으려고 합니다만 아직 잘 안 되는 것 같습니다." 사자가 공 선생과 이야기를 마치고 방을 나섰다. 공 선생이 감탄했다. "훌륭한 사자답구나, 훌륭한 사자답구나!"

蘧伯玉使人於孔子. 孔子與之坐而問焉. 曰: 夫子何
거 백 옥 사 인 어 공 자 공 자 여 지 좌 이 문 언 왈 부 자 하
爲? 對曰: 夫子欲寡其過而未能也. 使者出. 子曰: 使
위 대 왈 부 자 욕 과 기 과 이 미 능 야 사 자 출 자 왈 사
乎! 使乎!
호 사 호

입실 거백옥은 위衛나라 대부로 이름이 원瑗이다. 공자가 주유천하를 할 때 그의 집에 머문 적이 있다. 두 사람은 같은 시대를 살아가면서 뜻이 맞아 아마 속 깊은 이야기를 나누는 사이였으리라.

사使는 사신, 시키다, 심부름 보내다는 뜻이다. 여與는 더불어, 함께의 뜻이다. 좌坐는 예방을 맞이해서 같은 곳에서 의자에 앉는다는 맥락이고, 문問은 예방의 목적이나 상대 안부 등 내방객과 이런저런 이야기를

나눈다는 맥락이다. 부자夫子는 존칭으로 선생님, 영감으로 옮길 수 있다. 과寡는 적다는 뜻으로 여기서는 과실을 줄인다는 맥락이다.

여언　한 사람이 장점만 있고 단점이 없거나 단점만 있고 장점이 없으면 그 사람을 평하기가 상대적으로 편할 수 있다. 하지만 현실에 그런 사람은 없다. 사람이란 얼마간 잘난 측면도 있고 얼마간 못난 측면도 있다. 이때 자칫 한 측면을 너무 돋보이게 하면 사람의 실상을 부풀려서 아첨하는 듯하거나 아니면 너무 야박하게 깎아내리는 듯하다.

다시 사자의 말을 들여다보자. "자신의 허물을 적게 지으려고 합니다만 아직 잘 안 된다." 과기과寡其過는 거백옥이 일상적으로나 공식적으로 무엇을 염두에 두고 있는지 그 방향을 알려준다. 사람이란 불완전한 존재이므로 뜻한 대로 하지도 못하고 실수를 연발하는 나약하기 그지없는 존재다. 거백옥의 방향은 옳은 듯하지만 나약한 사람을 초월하려고 한다는 느낌을 준다. 여기서 뭔가 남다르다는 생각을 갖게 한다. 바로 이어서 '미능未能'이란 말을 덧붙이고 있다. 이로써 거백옥은 사람이면서 사람을 초월하려고 하지만 결국 사람에 머무를 수밖에 없는 사람의 조건으로 되돌아오고 있다. 이로써 사자는 거백옥이 초월로 향하는 사람으로서 오만하다는 느낌을 지우고 실패하면서도 결코 포기하지 않고 자신을 단련한다는 편안한 그림을 그려낸다.

여기서 어떤 일로 생긴 성을 엉뚱한 사람에게 화풀이하지 않고 한 번 한 잘못을 되풀이하지 않는다는 안연의 '불천노不遷怒, 불이과不貳過'(06.03/124)가 떠오른다. 사람은 여유 있고 평화롭고 안정될 때는 별다른 차이가 나지 않는다. 짜증나고 화나고 힘들고 되는 일이 없을 때 사람은 하고 나서 금방 후회하는 잘못을 하기 쉽다. 안연은 그것의 통제에 나름 성공한 모양이다. 우리는 경지에 오른 안연처럼 되기 어려울지 몰라도 후회할지언정 노력하는 거백옥처럼은 하려고 해봐야 하지 않을까?

62
연기
명예에 사로잡힌 미생고

이웃집에서 얻어 식초를 빌려주다
걸혜걸린乞醯乞鄰(05.25/117)

입문　우리나라 사람들은 대체로 체면이나 주위 평판에 예민하다. 우리는 무슨 일을 하려고 하다가도 남들 눈에 비친 자신의 모습을 예상해보고 실제로 하지 못한다. 예컨대 나이 들어서 청바지를 입고 싶어도 다른 사람이 어떻게 볼까 따져보아 좋게 생각할 것 같지 않으면 청바지를 입지 않는다.

사람은 나름대로 일관되게 살려고 생각하면서도 때로는 자신을 바꾸면서 색다르게 살고자 한다. 하지만 정치적 신조는 공적인 특성을 지니므로 시시각각으로 돌변할 수는 없다. 그렇게 되면 '철새 정치인'이란 말처럼 믿음성이 없어지기 때문이다.

나이, 성별, 지위, 이력 등으로 인해 사람은 각자 나름의 사회적 평판을 쌓게 된다. 이 평판이 사람을 엄청 불편하게 만들기도 한다. 예컨대 서태지는 자신을 알아보지 못하는 곳에서 자유롭게 살고 싶지만 한국에서는 그게 불가능하므로 외국에서 지내거나 국내에 있으면 잠행을 한다. 얼굴이 알려진 연예인도 사람이지만 일반인 상식에 반하는 언행을 하면 금방 반응이 생겨난다.

또 보통사람이라도 남자는 잘 울지 못하고, 나이 들면 소형차 타기가 민망하고, 어머니는 자신보다 가족을 위해 헌신해야 하고, 후배를 잘 챙긴다는 선배는 마시고 싶지 않은 술을 마셔야 한다. 우리는 이런 사회적 편견과 평판에 반해서 행동하기가 그렇게 쉽지 않다.

이 구절의 주인공 미생고도 한국의 여느 성인처럼 사회적 평판에 완전히 갇혀 살아가고 있다. 미생고는 옛날 사람이 아니라 소줏집과 호프집에서 어렵지 않게 찾아볼 수 있는 지금 우리네 한 사람이다. 공자는 이 사람을 어떻게 생각할까?

승당 공 선생이 한마디 했다. "누가 미생고더러 솔직하다고 말하는가? 신원 미상의 사람이 미생고의 집으로 식초를 얻으러 갔다. 마침 자신의 집에 식초가 떨어지자 미생고는 이웃집에 가서 식초를 얻어다 그 사람에게 주었다."

子曰 : 孰謂微生高直? 或乞醯焉, 乞諸其鄰而與之.
자 왈 숙 위 미 생 고 직 혹 걸 혜 언 걸 저 기 린 이 여 지

입실 숙孰은 누구, 누가의 의문대명사다.

미생고는 노나라 사람으로 미생이 성이고 고가 이름이다. 그는 『논어』 이외에 『장자』 등에 이름을 올릴 정도로 특이한 사람이었다. 그는 한 여인과 다리 아래에서 만나기로 약속을 했다. 마침 비가 내려 하천에 물이 급속하게 불어났다. 그는 이런 급박한 상황에서도 약속을 지키기 위해

그 자리를 떠나지 않았다가 물에 빠져 죽었다. 이로 인해 '미생지신尾生之信'이라는 고사가 생겨났다. 이런 '신'을 지켜야 할까?

직直은 솔직하다, 정직하다는 뜻이다. 혹或은 혹시, 누군가의 뜻이다. 걸乞은 빌다, 구하다는 뜻이다. 혜醯는 식초를 가리킨다. 린鄰은 이웃, 이웃하다는 뜻이다.

여언　사람은 누가 뭐라고 하든지 자기가 하고 싶은 대로 거리낌 없이 사는 측면이 있고 무엇을 하고 싶어도 주위 사람들을 의식해서 마음대로 하지 못하는 측면이 있다. 미국의 사회심리학자 허버트 조지 미드는 『정신 자아 사회』에서 앞부분을 'I'로 뒷부분을 'Me'로 명명했다. 'I'는 1인칭 주격으로서 주위에 신경 쓰지 못하는 주체적인 측면을 가리키고 'Me'는 목적격으로 'I'가 주위 사람들에게 비쳐진 객체적인 측면이다. 미드에 따르면 사람은 통상적으로 'I'로 행동하면서 'Me'로부터 수신되는 주위 평가를 'I'에 반영하면서 살아간다고 본다. 즉 I와 Me가 상호 작용하면서 '나'라는 사람이 형성된다는 것이다.

우리나라 사람도 I와 Me의 상호 작용에 따라 행동하더라도 I보다는 Me의 측면에 훨씬 더 많은 영향을 받는 듯하다. 극단적으로 보면 미생고는 I는 없고 Me에 따라서만 살아가는 사람이라고 할 수 있다. 미생고는 누군가가 식초를 빌리러 오자 자신의 집에 없으면 그냥 '없다'고 하면 될 것을 사회적으로 알려진 자신의 평판을 의식해서 '없다'고 말하지 못하고 다른 집에 가서 얻어서 빌려주고 있다.

이렇게 되면 미생고라는 I가 움직이는 것이 아니라 미생고는 어떤 사람이어야 하는 사회적 평판(Me)이 미생고를 움직이게 한 것이다. 이는 꼭두각시와 닮아 보인다. 실제로 움직이는 것은 꼭두각시의 손발이지만 움직이게 하는 것은 꼭두각시를 조종하고 있는 사람 또는 사회다.

공자는 미생고처럼 주체 없는 영혼을 우려에 찬 눈으로 보았다. 우리는 미생고와 얼마나 다를까? 흔히 "까라면 까고, 죽으라면 죽는 시늉을 해야지!"라고 말한다면 미생고는 시대와 더불어 사라진 것이 아니라 오늘날 여전히 거리에서 만날 수 있는 사람인 것이다.

63

귀감

흠잡을 데 없는 처신
공숙문자

제때에 할 말을 하다

시연후언時然後言(14.14/362)

입문　보통사람도 마찬가지지만 책임질 일이 많은 사람은 세 가지에 조심해야 한다.

하나는 말을 해야 할 때와 하지 않을 때를 구별할 줄 알아야 한다. 말이란 한번 하고 나면 다시 주워담기 어렵기 때문에 깊이 생각하지 않고 즉흥적으로 내뱉었다간 돌이킬 수 없는 사태를 맞이하게 된다. 2004년 4·15 총선 당시 열린우리당 당의장 정동영이 거두절미하고 "60~70대 이상은 투표하지 않아도 괜찮다. 집에서 쉬셔도 된다"고 말한 것으로 알려져 곤혹을 치렀고 그 이후에도 두고두고 이야기되고 있다.

다음으로 실없이 웃지 않아야 한다. 사람들에게 불필요한 인상을 줄 뿐만 아니라 오해를 살 수도 있다. 특히 요즘은 개인미디어 시대라고 할 정도로 미디어 기술이 발달해 특정 개인이 다양한 영상으로 편집 가공되어 인터넷에 떠돌 수가 있다.

그리고 공짜로 받는 것이 좋다고 누가 주면 덥석덥석 받지 않아야 한다. 최근 고위공직자의 인사 청문회를 보면 과거에 받았던 것이 물의가되어 임명되지 못한 채 중도에 후보 사퇴하는 경우가 비일비재하다.

물론 삶에서는 정치적 신조와 보편적 가치처럼 굵직한 이야기가 더 중요하다. 하지만 말, 표정(행동), 수수 등 세 가지에 문제가 있으면 신조와가치를 말할 기회조차 얻지 못하거나 어렵사리 얻었던 기회마저 순식간에 날려버릴 수가 있다. 이런 점에서 공숙문자는 처신의 달인으로 알려진 인물이었다. 공자는 그 실상이 궁금해서 공명가를 만나서 확인해보고 있다. 사실 이 구절은 민자건의 '언필유중言必有中'과 경합을 벌이다보다 넓은 의미를 담고 있어서 항목으로 선택되었다.

승당　공 선생이 위나라의 공명가와 이야기를 나누다 공숙문자의 사람됨을 화제로 두게 되었다. "참말인가요, 선생님은 그다지 말이 없으시고 실없이 웃지도 않으시고 가지려고 하지도 않으신다는 게."

공명가가 공 선생의 질문을 받고서 대꾸했다. "그 이야기는 전해주는사람이 지나치게 부풀린 것입니다. 선생님은 때를 맞춰서 한마디 하므로주위 사람들이 그분의 말씀을 거북해하지 않습니다. 다들 즐거운 뒤에 밝게 웃으니 주위 사람들이 그분의 웃음을 싫어하지 않습니다. 정의(분수)에 맞아야 자기 것으로 가지므로 주위 사람들이 그분의 소유에 신경 쓰지 않습니다." 공 선생이 감탄했다. "정말 그런가요? 어떻게 그럴 수있죠? 대단하십니다."

子問公叔文子於公明賈曰：信乎, 夫子不言, 不笑, 不
자문공숙문자어공명가왈 신호 부자불언 불소 불

取乎? 公明賈對曰：以告者過也. 夫子時然後言, 人不
취호 공명가대왈 이고자과야 부자시연후언 인불

厭其言, 樂然後笑, 人不厭其笑, 義然後取, 人不厭其
염기언 락연후소 인불염기소 의연후취 인불염기

取. 子曰：其然? 豈其然乎?
취 자왈 기연 기기연호

입실　공숙문자는 위나라의 대부 공숙발公叔拔을 가리키며 문은 그
의 시호다. 공명가는 위나라 사람으로 공명이 성이고 가가 이름이다. 신
信은 믿다, 진실로의 뜻으로 확실하지 않아 확인하는 맥락이다. 고告는
알리다, 말하다는 뜻이다. 과過는 지나치다는 뜻으로 실상보다 과도하게
부풀려져 있다는 맥락이다. 시時는 때, 때맞추다는 뜻이다. 염厭은 싫다,
족하다라는 반대의 뜻을 가지고 있는데 여기서는 싫다는 뜻이다.

여언　공인은 자신의 언행이 사회적으로 물의를 일으키면 흔히 "본래
의도와 달리 알려졌다" "본의는 그게 아니다" "전체 문맥을 보면 그렇지
않다"는 말을 자주 한다. 현대 사회의 언론은 진실한 보도를 최우선시하
기보다는 없는 갈등을 부추기고 웃고 넘어갈 작은 실수를 크게 다뤄서
일반인의 관심을 상업적 흥행에 이용하기도 한다. 특히 파파라치는 공인
의 지극히 사적인 장면마저 돈벌이 수단으로 삼는다.

　이렇게 보면 언言 · 소笑 · 취取는 공인이 신중하면서도 올바르게 처신해
야 하는 세 분야, 즉 말 · 행行 · 물物이다. 공숙문자는 세 가지와 관련해서
기준이 확고했다. 말은 때(상황)에 맞아야 하고, 행은 사람들이 즐거워해
야(호응해야) 하며, 물은 분수(정의)에 들어맞아야 했다. 하나같이 모두
이 기준에 들어맞으므로 어느 하나 흠 잡을 것이 없는 것이다.

누군가는 공자 시대에는 미디어가 없었으므로 오늘날과 상황이 다르다고 생각할지 모른다. 물론 당시는 오늘날과 같은 언론은 없지만 소문所聞이 그에 준하는 역할을 대신했다. 귀족 사회에 한번 악평이 나돌면 그 사람의 정치적 사회적 생명은 치명적인 손상을 입었던 것이다.

예를 든다면 오늘날 아무리 유명인이라고 해도 인사하지 않았다고 언론에 보도되지는 않지만 공자 시대에는 인사하지 않았다고 소문이 날 수가 있었다. 그 소문은 당사자에게 치명적으로 작용할 수 있었다. 증자는 『시경』에 나오는 말을 인용해서 언言·소笑·취取에서 불안한 상태를 "가슴 졸이고 조심하네. 깊은 연못에 서 있는 듯하고 얇은 얼음을 밟은 듯하다"(전전긍긍戰戰兢兢. 여임심연如臨深淵, 여리박빙如履薄氷)라고 표현했다(08.03/192). 이는 공자 당시 사람들의 마음을 적절하게 표현하고 있는데, 오늘날 사람에게는 해당되지 않는 것일까?

64
신실
늘 100도로 뜨거운 자로

한쪽 말만 들어도 정확하게 판결하다
편언절옥片言折獄(12.12/306)

입문　중매 서는 것도 어렵지만 중재하는 것도 어렵다. 이해 당사자가 날카롭게 맞서고 있으므로 어떤 결정이 한쪽에 유리하다 싶으면 결정을 뒤엎으려고 한다. 따지고 보면 고대의 신탁도 이러한 중재의 어려움을 제3자인 사람이 아니라 아예 신에게 떠넘기려는 의도가 들어 있는 것인지 모른다. 다행히 오늘날에는 미국 드라마 〈CSI〉처럼 객관적 사실을 밝힐 수 있는 과학이 있기 때문에 결과의 유불리를 떠나서 판결이 정확하면 시비를 걸지 않는다.

아이 둘을 키우면서, 그애들이 어릴 적에 나는 종종 먹거리 분배, 시비 판정에 문제가 생기면 아이들 세계에 끼어들곤 했다. 그때마다 나는 나름의 이유를 가지고 공정하게 처리했다고 생각하지만 아이들은 늘 한쪽이 유리하면 한쪽이 불리하다며 '편애'한다는 이야기를 하곤 했다.

흔히 부부 싸움은 한쪽 이야기만 듣고서는 모른다고 한다. 같은 사실에 대해서도 서로 받아들이고 하는 이야기가 다르기 때문에 두 사람의 이야기를 종합해봐야 나름대로 판단이 선다는 말이리라. 결국 우리는 진실을 말한다고 하더라도 그 진실은 나를 유리하게 하는 것으로부터 완전히 벗어날 수 없기 때문이다. 그런데 자로는 한쪽 이야기만 듣고서도 공정한 판결이 가능하다고 한다. 도대체 어떻게 가능할까?

승당　　공 선생이 칭찬했다. "쌍방의 진술이 아니라 한쪽의 주장만 듣고서도 똑 부러지게 소송을 매듭지을 사람이 있다면, 틀림없이 자로일 게다. 자로는 하기로 한 일(약속)을 묵혀두지 않는다."

子曰 : 片言可以折獄者, 其由也與? 子路無宿諾.
자 왈　편 언 가 이 절 옥 자　기 유 야 여　자 로 무 숙 낙

입실　　편片은 조각, 한쪽의 뜻이다. 편언片言은 쌍방이 아니라 한쪽의 주장을 말한다. 여기서는 실제로 청聽 자가 없지만 의미상으로는 편언을 듣는다는 맥락으로 쓰이고 있다. 절折은 꺾다, 자르다, 쪼개다는 뜻으로

소송을 판결한다는 맥락이다. 옥獄은 감옥, 송사, 소송의 뜻이다.

유由는 중유仲由의 이름으로 자로子路라는 자로 더 알려져 있다. '기其 ~여與'는 틀림없이, 반드시의 어감을 나타내는 어기사다. 숙宿은 묵다, 머무르다는 뜻으로 여기서는 사람이 아니라 약속(언약)을 묵혀두지 않는다는 맥락이다. 낙諾은 대답하다, 승낙의 뜻이다.

여언　문장이 워낙 간단해서 다 읽고 나면 자로가 특별한 능력을 가진 것처럼 보인다. 예컨대 천 리 밖의 일을 보고 들을 수 있는 천리안과 천리통처럼 다른 사람에게 없는 신적 능력을 자로가 가지지 않았나 하는 생각이 든다. 그렇지 않고서는 의견이 맞서는 양쪽의 소리를 다 듣고서도 진실을 가리기가 쉽지 않은데, 어떻게 한쪽 말만 듣고서도 가능할까 의구심이 들 수 있다. 이는 자로를 못 믿어서 그런 것이 아니라 너무나도 자연스런 문제 제기다.

하지만 가만히 따져보면 불가능한 일도 아니다.

첫째, 자로의 외모다. 자로가 공자 학파로 들어온 뒤로 누구도 쉽사리 공자를 가볍게 여기지 못했다고 한다. 특히 자로는 공자 학파에 들어서기 전에 무사였을 정도로 우락부락한 외모로 사람을 압도하는 측면이 있었다. 따라서 일단 자로를 보면 사람이 주눅 들기 십상이다.

둘째, 자로의 집중력이다. 자로는 한꺼번에 두 가지 세 가지 일을 동시에 하지 못한다. 그는 일단 무엇을 하기로 하면 그 일 이외에 다른 것에 조금도 신경을 쓰지 않는다. 이처럼 자로가 말하는 사람보다 오히려 더한 집중력을 가지고 상대 말을 듣다 보면 상대가 눈치채지도 못한 채 실수하거나 앞뒤가 맞지 않는 말을 하는 것을 알아차릴 수 있다. 결정적인 순간에 상대가 한 말을 가지고 상대를 공격하는 것이다.

셋째, 자로의 과단성이다. 자로는 일단 무엇을 하기로 하면 그것을 끝장내기 전에는 결코 그만두지 않았다. 집중력에다 집요함이 덧보태지면서 불같은 추진력을 가지게 되면 진실을 밝히는 데 난관이 없다. 설혹 윗사람이 부당한 지시를 하더라도 자로는 불같은 돌파력으로 진실을 통해 무조건 돌진할 수 있었다.

자로 같은 이가 한국의 검찰총장을 맡는다면 검찰에 대한 국민의 신뢰가 한층 높아질 것이다. 이런 자질이라면 자로는 상대가 한마디 할 때마다 그 말의 진위를 꿰뚫어보는 혜안을 가진 것이다. 이것이 특별한 능력이라면 자로가 그런 능력을 가졌다고 할 수 있다. 이게 없다면 양쪽의 주장을 듣는다고 하더라도 진실을 가리기가 쉽지 않다. 자로만큼 공자도 대단하다. 자로의 이러한 숨은 재능을 들여다보고서 그것을 키워주고 있으니 말이다.

65

해방
학문을 사랑한 안연

라면을 먹고 맹물을 마실지언정
일단사일표음─簞食─瓢飮(06.11/132)

입문　우리나라 풍습 중에 돌잔치에 돌잡이라는 독특한 순서가 있다. 잔칫상에 여러 가지 음식을 마련하는데, 거기에 돈이며 실이며 연필이며 대추며 화살이며 마이크를 놓아둔다. 아이가 그중 하나를 집는 것에 따라 앞으로 커서 부자가 된다거나 장수한다거나 공부를 잘한다거나 자손이 많다거나 무용을 떨치거나 노래를 잘 부르게 되리라 예상한다. 요즘에는 아이가 경제적으로 어려움을 겪지 않기를 바라며 종이돈을 집기를 바라는 부모가 많은 모양이다.

사람은 같은 듯하지만 각자 소중하다고 여기는 대상이 다르다. 보통 경제적으로 풍요롭고 건강상 문제없이 오래 살기를 바라는 세속적 욕망을 보인다. 하지만 사람들은 세속적 욕망으로 채워지지 않는 허전함을 느낀다. 이때 인문학 또는 철학이 사람으로 하여금 허전함을 넘어서서 충만감을 느끼게 할 수 있다. 문제는 충만감을 가져오는 인문학이 현실적으로 배고픈 직업일 수 있다는 것이다.

오늘날 사회적으로는 인문학 수요가 많지만 대학에는 인문학의 위기 징후가 넘쳐난다. 학생들이 진학하지 않을 뿐만 아니라 강의를 들으려고도 하지 않는다. 그런데 안연은 먹고사는 문제에 어려움을 겪으면서도 인문학에 매료되어 헤어날 줄을 모른다. 우리는 2500여 년 전 그의 모습에서 오늘날 가난한 인문대생의 모습을 미리 읽어낼 수 있다.

승당   공 선생이 감탄했다. "참으로 훌륭하구나, 안연은! 대그릇에 담은 밥 한 그릇을 먹고 표주박에 담긴 물 한 모금을 마시면서 달동네(빈민가)에 살고 있구나. 아마 내로라하는 사람들도 그런 생활의 고통을 참고 견디지 못할 터인데 오히려 안회는 그 생활의 즐거움을 바꾸려 들지 않는구나. 참으로 훌륭하구나, 안연이여!"

子曰 : 賢哉, 回也! 一簞食, 一瓢飮, 在陋巷, 人不堪其
자왈   현재 회야   일단사   일표음   재루항   인불감기

憂, 回也不改其樂. 賢哉, 回也!
우 회 야 불 개 기 락 현 재 회 야

입실 현賢은 뛰어나다, 훌륭하다, 대단하다는 뜻으로 감탄의 맥락으로 쓰이고 있다. 단簞은 대로 만든 광주리로 오늘날 도시락을 생각하면 된다. 그렇다고 뜨끈뜨끈한 밥을 담은 보온 도시락은 아니고 차가운 밥을 담은 소위 옛날 노란 '벤또辨當'에 가깝다. 食은 먹다로 쓰이면 '식'으로 읽고 밥으로 쓰이면 '사'로 읽는다.

표瓢는 바가지, 표주박을 가리킨다. 음飮은 마시다, 음료를 가리키는데 오늘날 원두커피가 아니라 값싼 믹스커피, 1000원에 세일해서 3~4개 묶어 파는 음료수를 생각하면 좋겠다.

루陋는 좁다, 비좁다는 뜻이다. 항巷은 거리를 가리킨다. 루항은 슬럼가, 빈민가, 뒷골목을 말한다. 감堪은 버티다, 견디다는 뜻이다. 개改는 고치다, 바꾸다는 뜻이다.

여언 드라마 단골 주제는 가난한 여자/남자가 재벌의 남자/여자를 만나서 결혼하는 이야기다. 물론 그 과정에 출생의 비밀이며 배반과 복수며 탐욕과 순수며 여러 가지 반찬이 서로 짝을 이루며 다양하게 버무려진다. 드라마에서는 하나같이 가난은 벗어나야 할 대상이고 부귀는 도달해야 할 목표로 그려진다.

이런 관점은 공자의 말 속에도 보인다. 그는 사람들이 슬럼가에 있으면 하루바삐 벗어나려고 안달하는 모습을 적나라하게 말하고 있다. 공자도 그게 나쁘다고 말하지 않는다.

하지만 안연은 자신의 삶을 부귀와 비교해서 초라하다고 생각하지 않는다. 이에 따라 그는 자신의 현재 상황을 벗어나야 할 것으로 보지 않는다. 그는 가난한 생활에도 불구하고 부귀와 다른 즐거움의 원천을 찾은 것이다.

우리 주위에도 보면 경제적으로 풍족하지 않지만 행복한 삶을 사는 사람이 있다. 우리가 너무 세속적인 삶을 기준으로 인생의 가치를 재단하다 보니 우리 사회에 자연 돈이 최고의 목표인 것처럼 생각하는 분위기가 강해지고 있다. 안연은 '자발적 가난'을 선택하고 그 속에서 '도'로써 충만한 삶을 살아가고 있는 것이다.

우리도 돈을 부정하거나 무시하는 것이 아니라 그것으로부터 좀 자유로운 자세를 지녔으면 좋겠다. 흙을 밟으면서 느끼는 따스함, 고요한 숲속에서 쏟아지는 별무리를 보면서 보내는 밤, 누가 뭐라고 해도 개인에게 행복을 가져다주는 삶 등도 돈만큼이나 비슷한 가치를 가진 것으로 받아들이는 다원주의 사회가 되었으면 좋겠다.

안연은 돈으로부터 일정한 거리감을 유지하면서도 그 속에서 즐거움을 누릴 줄 아는 의미 있는 삶을 살았다고 할 수 있다.

66
월경
다재다능한 자공

운명을 넘나드는 자공처럼
사불수명賜不受命(11.19/287)

입문　살림이 넉넉하지 않은 모자가 슈퍼에 들렀다. 엄마는 그날 먹을 식재료를 고르는데도 가격 때문에 물건을 들었다 놓았다를 되풀이한다. 겨우 마음을 정해서 물건을 골라 나오는데 저만치 아이가 뛰어오더니 "엄마, 나 이거 사면 안 돼?"라고 물어본다. 엄마가 물건을 보니 TV 광고에 나오는 장난감이다. 잠시 생각하더니 엄마가 말한다. "안 돼." 아이가 되묻는다. "왜 안 돼?" 엄마가 말을 찾느라 조금 뜸을 들인 뒤에 말한다. "지금 우리 형편으론 살 수 없어." 아이가 묻는다. "형편이 어떤데?" 엄마는 아무 말 없이 앞으로 가버린다.

우리는 어릴 때 '형편'이란 말로 내가 할 수 있는 것과 없는 것의 경계를 마주하곤 했다. 물론 현대 사회에서 개인은 노력해서 자신이 하고 싶은 것을 할 수 있다고 말한다. 이 말은 현실에서 그냥 좋은 말로 남을 때가 많다. '형편'과 비슷한 말들이 많다. '조건'이며 '여건'이며 '주제'며 '개뿔'도 우리의 앞길을 가로막는 말이다. 이 어휘들은 자공이 마주했던 '명命'이라는 말의 사촌이 됨직하다.

공자의 말에 따르면, 자공은 자신에게 주어진 '명' 안에 머무르지 않고 그것을 넘나드는 인물로 보인다.

우리는 개뿔 때문에 좌절하고 울분을 느끼며, 주제 때문에 마음을 접고, 조건 때문에 많은 것을 포기해야 할까? 아니면 자공처럼 그것을 넘나들어야 할까?

승당 공 선생이 묘한 표정을 지으며 이야기했다. "안연은 학문적 성취가 거의 상당한 수준에 이르렀는데, 한두 번도 아니고 저렇게 자주 살길이 막막하다니 말이야. 자공은 주어진 분수(운명)를 받아들이지 않고 시세 차익으로 재산을 모았지. 그리고 그 사람이 시세를 예측하면 자주 맞아떨어졌단 말이야."

子曰：回也其庶乎, 屢空. 賜不受命, 而貨殖焉, 億則屢
자 왈   회 야 기 서 호   루 공 사 불 수 명, 이 화 식 언, 억 즉 루
中.
중

입실　서庶는 '거의 ~에 이르다'는 뜻이다. 루屢는 자주, 빈번하게의
뜻이다. 공空은 비다, 없다는 뜻으로 쌀독이 텅 비다, 먹을 게 없다는 맥
락이다. 수受는 받다, 받아들이다는 뜻이다. 명命은 목숨, 운수, 삶의 조
건의 뜻이다. 화貨는 재물, 재화를 가리킨다.

　식殖은 불리다, 늘리다는 뜻이다. 억億은 헤아리다, 추측하다, 예상하
다는 뜻으로 물가 시세 변동을 예측한다는 맥락이다. 중中은 들어맞다,
적중하다, 틀림없다는 뜻으로 대박 나다, 대박을 터뜨리다, 횡재하다, 한
밑천 단단히 잡다라는 맥락이다.

여언　과거에는 어려운 조건에서 열심히 공부해서 판검사가 되면 "개
천에서 용 났다"고 했다. 하지만 최근 여론 조사를 보면 개천에서 용 나는
일은 점점 힘들어지고 있다. 일단 소위 좋은 대학에 들어가려고 하면 많
은 돈을 들여서 과외를 해야 하는데, 없는 집 아이가 그런 기회를 갖기 어
렵기 때문이다. 앞으로 못사는 집 아이가 무엇을 한다고 하면 "어림 턱도
없는 소리다"라고 말할지 모르겠다.

　불행하게도 우리 사회에는 요즘 세습 사회의 징후가 강하게 나타나고
있다. 판검사 자식이 판검사하고 의사 자식이 의사 되고 정치인 자식이
정치인이 되고 기업인 자녀가 기업인이 되고 있다. 물론 정치인 자식이 어

릴 때부터 정치하는 부모를 보면서 스스로 정치를 해야겠다고 생각해서 그 꿈을 이어나가는 것을 두고 뭐라고 할 수는 없다.

문제는 자식 세대가 의사가 되려고 할 때 자신의 노력이 들어가지 않고 능력이 없으면서도 오로지 부모 잘 둔 덕에 고속 출세를 하는 것이다. 즉 자식이 자신의 일을 잡으면서 잘난 부모를 둔 덕택에 다른 사람보다 특혜를 받는다거나 우대를 받는 일이 있다는 것이다. 자본주의 사회에서 전가의 보도처럼 외치던 기회의 공정이 지켜지지 않는다면, 우리 사회는 건전성을 잃을 뿐만 아니라 동력과 활기를 잃어버릴 수가 있다.

아무리 노력해도 되지 않는다고 생각하는 '나'가 늘어나면 늘어날수록 우리 사회는 도전을 향한 열정이 사그라지고 기득권을 지키려는 탐욕이 강하게 나타날 것이다.

그것은 자공이 말했던 "빈이무첨貧而無諂, 부이무교富而無驕"(01.15/015. 1강 27조목 참조)의 반대로 "가난해 있는 자에게 알랑거리며 뭔가를 바라고 재산이 많아 없는 자에게 뽐내거나 시건방을 떠는 것이다"(빈이첨貧而諂, 부이교富而驕).

자공은 시대의 프레임에 갇히지 않았다. 그는 당시 상업에 대한 사회적 편견이 있었지만 그에 아랑곳하지 않고 국제 무역에서 시세 차익을 남겼다. 어떤 상품을 사고 나면 그 상품의 가격 차가 많아져 여러 번 재미를 본 모양이다. 이렇게 보면 자공은 시대와 사회적 편견 모두를 날려버린 인물이다. 공자는 그런 인물을 내치지 않고 공자 학파 안에서 품고 있다. 이래저래 공자 학파는 봉숭아학당처럼 일곱 빛깔 무지개를 이룬다고 할 수 있겠다.

67

실력

신분 차별을 겪은 중궁

신은 얼룩소를 내버리지 않는다

리우물사犂牛勿舍(06.06/127)

입문　우리나라도 점차 실업과 세금 등 현실적인 문제가 사회의 중요한 의제가 되어가고 있다. 특히 '이태백'이란 말처럼 청년 실업은 심각한 지경에 이르렀고 중년 실업과 장년 실업 그리고 노년 실업 등 실업 관련 용어가 나날이 늘어나고 있다. 아마 근래 가장 많은 신조어가 실업이나 취업과 관련해서 생겨나고 있는 듯하다.

이에 대해서는 정부의 책임이 크다. 1990년 이후로 우리나라는 저임금에 기반한 가공 무역이 국제 경쟁력을 잃자 생산 시설을 대거 해외로 이전하기 시작했다. 그때라도 고용 문제에 대한 준비를 했어야 하는데 타이밍을 놓쳤다. 그리고 2000년대 들어서 고용 없는 성장이 지속되고 있다. 기업은 수출과 내수를 통해 이례적인 수익을 올리지만 정작 고용 효과는 그렇게 크지 않다. 오히려 노동 유연성이 늘어서 비정규직이 나날이 늘어나면서 사람들의 불안도 그에 따라 늘어나고 있다.

물론 개인의 책임도 있다. 바뀐 상황을 고려하지 않고 이전 방식으로 취업을 하려고 하니 취업하기 쉽지 않은 것이다. 하지만 취업이란 게 물가, 국제 수지, 경기 등 거시 지표에 의해서 결정되는 측면이 강하므로 개인이 해결하기에는 벅찬 상황으로 정부의 책임이 결코 적다고 할 수는 없다.

취업문이 좁다 보니 능력이 있으면서도 자리를 잡지 못하고 능력이 없어도 백이 있으면 자리를 쉽게 잡는 일이 생겨난다. 또 개인은 특출하지만 가족이나 주위 문제로 취업 문턱에서 번번이 미끄러지는 일이 있다.

공자도 이런 아픔을 겪었나 보다. 중궁이 재능이 특출하지만 가족의 이력으로 기회가 없었던 모양이다. 뭐라고 위로할 수 있을까?

승당 공 선생이 중궁을 두고 한마디 했다. "털빛이 붉고 뿔이 가지런 하더라도 얼룩소의 새끼라면, 일반 사람이나 제관祭官이야 그 녀석을 제물로 쓰려고 하지 않겠지만, 산과 강의 귀신이야 어찌 그 녀석을 내버려 두겠느냐?"

子謂仲弓曰：犁牛之子，騂且角，雖欲勿用，山川其舍
자위중궁왈　리우지자　성차각　수욕물용　산천기사
諸？
저

입실 중궁은 공자 제자 염옹冉雍의 자다. 리犁는 얼룩소를 가리킨다. 성騂은 붉다는 뜻으로 털빛이 붉다는 맥락이다. 각角은 뿔의 뜻으로 짐승의 뿔이 곧바르다는 맥락이다.

용用은 쓰다, 용도의 뜻으로 제물로 채택해서 쓴다는 맥락이다. 산천山川은 뫼와 내를 가리키지만 여기서는 그곳에 깃들어 있는 신을 가리킨다. 즉 산의 신과 내의 신을 나타낸다. 사舍는 그만두다, 내버리다는 뜻이다.

여언 오늘날 학교 선생님이 되려면 '교육 공무원 임용에 결격 사유가 없는 사람'이어야 한다. '국가공무원법'에 따르면 "1. 금치산자 또는 한정 치산자, 2. 파산자로서 복권되지 아니한 자, 3. 금고 이상의 형을 받고 그 집행이 종료되거나 집행을 받지 아니하기로 확정된 후 5년을 경과하지 아니한 자" 등은 공무원에 임용될 수 없다(국가공무원법 제33조). 만약 어떤 사람이 교원에 어울리는 능력이 있다고 하더라도 결격 사유에 해당한다면 선생님이 될 수 없다. 과연 이러한 결격 사유가 나쁜 사람의 진입을 막아내고 훌륭한 사람의 진입을 보장할 수 있을까?

오늘날 한국 사회는 신분 사회가 아니다. 하지만 공자 시대와 같은 진입장벽은 아직도 곳곳에 있다. 예컨대 이른바 서울 명문대와 지방대의 차이가 있다. 임원의 비율 등으로 상황이 나아진다고는 하지만 '지잡대'라는 자조적인 말이 있을 정도로 지방대 출신은 취업에서 불이익을 받고 있다. 대학 안에는 인문대생과 경영대생의 차이가 있다. 대학에 입학할 때는 인문대학으로 들어오지만 취업에 도움이 되지 않는다고 생각해서 그런지 대학에 들어와서 대다수 학생들은 복수전공을 하고선 졸업할 때는 자신의 전공을 경영학 등 취업이 유리한 곳으로 바꾼다.

공자 당시에는 신분제 사회였던 오늘날보다 더 많고 더 가혹한 진입장벽이 있었다. 비유긴 하지만 중궁은 순색이 아니라 얼룩소여서 제물로서 모든 조건을 갖추고서도 제물로 쓰이지 못하고 있다. 얼룩소는 중궁이 선택할 수 있는 상황이 아니다. 이로 인해 그는 고스란히 차별받았던 것이다. 우리나라의 경우 앞으로 국제결혼한 가정의 자녀가 한국판 '중궁'이 되지 않는다고 장담할 수 있을까?

김대우 감독의 영화 〈방자전〉(2010)이 흥행몰이를 하기도 했고 사람들의 관심사가 되었던 적이 있다. 양반놀음으로 볼 수 있는 〈춘향전〉의 전개를 뒤틀어 방자의 욕망을 전면에 내세우고 있기 때문에 사람들에게 신선한 충격을 준 모양이다. 이는 감독의 상상력에 의존하는 것이겠지만 현 질서의 고착을 꾀하는 이들에겐 충격으로 받아들여졌던지 일각에서는 상영 금지를 주장하기도 했다. 우리는 과연 이를 영화적 세계가 아니라 현실 세계에서 자연스럽게 수용할 수 있을까?

중궁을 위로하는 공자의 말은 비유로 가득 차 있다. 그 속에 안타까움과 따뜻함이 묻어난다. 김대우 감독이 『논어』를 읽었다면 중궁에서 〈방자전〉 고故 김주혁(방자 역)의 모델을 찾아내지 않았을까? 여기서 우리는 공자 학파에 왜 인물이 모여드는지 그 이유를 알 것 같다.

68
사명
무척 소심한 증삼

진 짐은 무겁고 갈 길은 멀고
임중도원任重道遠(08.07/196)

입문　　기원전 490년에 그리스는 아테네 북동쪽에 위치한 마라톤 들판에서 자국을 침략한 페르시아 군대를 격파했다. 그리스의 한 병사는 승리를 갈망하는 동족에게 한시바삐 소식을 전하기 위해 약 40킬로미터를 달려서 "우리는 이겼노라!"라는 소식을 전하고서 그 자리에 쓰러져 숨졌다. 이 이야기는 오늘날 마라톤의 유래를 설명하는 이야기로 널리 알려져 있다. 옛날 자식 여럿을 키우던 어머니는 몸이 성한 곳 없이 아파도 아침이 되면 일어나 밥을 해서 자식에게 먹였다. 물론 같은 일이라도 힘들어서 죽겠다며 도중에 그만두는 사람도 있고 힘들더라도 참고 견뎌내는 사람도 있다. 차이는 어디에 있을까?

우리가 그 병사와 어머니가 되어보자. 쉽지 않은 일이다. 병사와 어머니는 극한의 고통을 이겨내며 해야 할 일을 완수해냈다. 누가 병사나 어머니더러 그렇게 하지 않으면 안 된다고 윽박지르지 않았다. 그들은 자신에게 주어진 몫을 온전히 몸으로 받아내서 완수하고 있다. 신체로 보면 사람이 맹수에 비해 나을 것이 없다. 하지만 사람은 자신이 뭔가를 해야 하고 해야겠다고 하면 사람이면서 사람을 넘어서는 힘을 발휘한다. 증자는 그 힘을 사명감으로 보고 있다.

승당　증 선생이 일러주었다. "공동체의 일꾼은 뜻이 넓고 굳건하지 않으면 안 된다. 짊어진 짐이 무겁고 갈 길이 멀기 때문이다. 사회 통합을 자신의 사명으로 여긴다면 짐이 무겁지 아니한가? 죽어서야 그만두게 되니 길이 멀지 아니한가?"

> 曾子曰 : 士不可以不弘毅, 任重而道遠. 仁以爲己任,
> 증 자 왈 　 사 불 가 이 불 홍 의 　 임 중 이 도 원 　 인 이 위 기 임
> 不亦重乎死而後已, 不亦遠乎?
> 불 역 중 호 사 이 후 이 　 불 역 원 호

입실　증자는 공자의 제자 증삼曾參을 말한다. '증자'라는 말을 통해 우리는 증삼의 일파가 『논어』의 편집에 참가했다는 것을 추측할 수 있다. 공자의 제자들은 보통 『논어』에 이름 아니면 자字로 불리는데 증삼은 증자曾子의 존칭으로 불리기 때문이다.

사士는 주周나라에서 지배 계층 말단에 자리하고 있었지만 춘추 전국 시대로 오면서 그들의 정치적 사회적 영향력이 크게 향상됐다. 오늘날 학사·석사·박사에 쓰이는 '사士' 자의 시조인 셈이다. 요즘으로 보면 기술, 학식 등 다양한 분야의 전문가로 볼 수 있다.

홍弘은 크다, 넓다는 뜻이다. 의毅는 굳세다, 의지가 강하다는 뜻이다.

임任은 맡다, 맡은 일, 임무의 뜻이다. 이任는 글꼴에서 몸 기르나 뱀 사巳와 잘 구별되지 않는다. 이는 보통 뜻이 없고 어감을 나타내지만 여기서는 그만두다, 끝나다는 뜻이다.

여언　우리나라 대학 진학률이 70퍼센트를 상회하므로 국민 대부분이 학사가 되는 셈이다. 공자 당시 사는 사회의 중추 집단으로 성장하고 있었다. 이런 점에서 『논어』의 사를 오늘날 세계화 시대의 시민으로 보더라도 큰 무리가 없을 듯하다.

시민으로서 우리는 『논어』에 나오는 사처럼 넓은 뜻과 굳건한 의지를 가지고 있는가? 아니면 자신과 가족의 생계를 책임지고 하루하루 주어진 일을 겨우 해내며 퇴직의 공포에 숨죽이며 살아가고 있는가?

우리는 개개인 입장에서 보면 국가, 사회, 회사, 단체에 비해 자기 방어 능력이 왜소하기 짝이 없다. 하지만 우리를 주권자로서 공화국의 일원이며 무엇과도 바꿀 수 없는 고귀한 가치를 가진 존재로 보면, 각자는 그 무엇과도 비교할 수 없는 존엄성을 갖는다. 생활과 생계 그리고 일상에 찌들어서 주체성을 회복하지 못하면 우리 삶은 깨진 유리 조각처럼 파편화되고 전체성을 지니지 못하게 된다.

사회적 역할을 맡은 우리는 하는 일이 보잘것없고 갈 길이 뻔한 것처럼 보여도 존엄성을 지닌 인간 존재로서 하는 일이 바위보다도 무겁고 가야 할 길이 머나멀다. 우리가 자신을 왜소한 부품이 아닌 존엄한 영혼으로 일으켜 세우려면 증자가 말했듯이 사명감을 가질 필요가 있다. 마라톤 전투의 병사는 처음에는 침략자와 대치한 전선에서 방어를 하는 점과 같은 부품이었지만 승리를 전하는 전령을 맡으면서 승리를 알려 시

246

민의 불안을 날려 보내는 거룩한 존재가 되었다. 아니 전장에 있을 때도 자신을 전투의 한 장면을 채우는 부품이 아니라 조국의 생명을 짊어진 영웅으로 자각할 때 모든 병사는 존엄한 영혼이 된다.

우리는 직업을 돈벌이로 한정하지 않고 직업에서 고객의 행복을 창조하는 의미를 길어 올릴 때 일상의 가치를 자각하게 된다. 프로야구 타자가 안타와 홈런 하나를 연봉으로만 결부시키지 않고 절망에 빠진 사람에게 희망을 주는 축포의 의미를 창출할 때, 스포츠는 각본 없는 드라마로서 관중의 사랑을 받게 된다.

당신은 누군가에게 무슨 '희망'을 줄 수 있는가?

69

초점

여유를 아는 자하

먼 길 가는데 진창길 만날까 염려하다

치원공니致遠恐泥(19.04/492)

입문　집중과 산만. 개개인의 특성을 설명할 수도 있고 각각의 차이를 설명할 수도 있다. 운동선수가 일주일 뒤에 있을 중요한 시합을 앞두고서, 긴장한 탓도 있지만 평소 술을 좋아하는지라 술 생각이 간절하다. 이때 스스로에게 다짐한다. '오늘 꼭 술 한 잔만 하고 시합 끝날 때까지 술을 입에 대지도 않겠다.' 한 잔이 두 잔이 되고 두 잔이 한 병이 되어서 결국 컨디션이 난조에 빠져 시합을 망치게 된다. 작가는 관심이 넓어서 여행도 즐겨 다니고 취미 생활도 많이 한다. 사람들이 묻는다. "당신은 언

제 그 많은 글을 다 씁니까? 누가 대신 써주는 사람이 있나요?" 양심적인 작가라면 대필하는 일이 있을 수가 없다. 다만 글을 쓸 때 자신의 소중한 여행 경험과 취미 생활을 자연스레 살려낼 뿐 괜스레 이곳저곳 여행을 꿈꾸며 시간을 허비하지 않을 것이다.

학창 시절에 종이 위에 돋보기 초점을 맞춰 불을 일으킨 경험이 있다. 처음에는 초점이 맞지 않아 연기가 잘 나지 않는다. 해의 위치에 맞춰 돋보기 각도를 조절해서 초점이 맞으면 그때서야 종이가 검게 변하다가 하얀 연기가 나고 얼마 있으면 불꽃이 일어난다.

하나의 중심으로 수렴할 수만 있으면 산만도 집중을 더욱 활활 타오르게 한다. 그렇지 못하면 산만은 산만으로 끝나고 집중을 끝내 방해할 뿐이다. 자하도 이를 알고 있었나 보다. 집중을 잘하는 사람도 산만한 사람도 '치원공니'를 마음에 새길 만하다.

승당　　자하가 들려주었다. "비록 자잘한 것일지라도 반드시 주목할 만한 가치가 있다. 다만 멀고 큰 꿈을 이루는 데 진흙처럼 발목을 잡을까 봐 염려한다. 이 때문에 자율적 인간은 자잘한 것에 관심을 두지 않는다."

子夏曰 : 雖小道, 必有可觀者焉, 致遠恐泥, 是以君子
자하왈　　수소도　필유가관자언　치원공니　시이군자
不爲也.
불위야

입실　　자하子夏는 공자의 제자다. 수雖는 '비록 ~하더라도'로 쓰이며 양보를 나타내는 접속사다. 소도小道는 영혼을 살찌우는 인문 공부 이외에 재미가 있어서 빠지면 정신을 차리기 어려운 잡기, 기예 등을 가리킨다. 오늘날이라면 게임도 소도다. 『논어』는 사상서이므로 인문과 잡기를 각각 대도와 소도로 구분하고 있다. 맥락을 벗어나 생활인의 관점에서 보면 대도와 소도는 각각 생업, 주된 일, 당장 해야 하는 일 등 본질적인 것과 신문 읽기, 급하지 않은 전화 걸기, 게임, 술 등 비본질적인 것으로 확장시켜서 생각할 수 있다.

관觀은 보다는 뜻인데 여기서는 그냥 지나가듯이 보는 것이 아니라 눈을 치켜뜬 채 뚫어지게 쳐다본다는 뜻이다. 치致는 보내다, 이르다, 도달하다는 뜻이다. 원遠은 멀다, 먼 곳의 뜻이다. 공恐은 두려움, 두렵다, 걱정되다는 뜻이다. 니泥는 진흙, 진창의 뜻으로 방해, 장애를 가리킨다. 시이是以는 둘이 합쳐서 접속사로 쓰이며 따라서, 그래서의 뜻이다.

여언　　사람의 능력이 무한하고 지식의 한계가 없으며 시간과 기회가 무진장하다면 '치원공니'는 눈여겨볼 만한 가치가 없을 말이다. 하지만 사람은 같은 시간에 두 곳에 있을 수 없고 지금 하려는 일이 뒤에 어떻게 결말날지 모르며 지금 발휘하는 능력이 언제까지 지속될지 도무지 알 길이 없다. 사람은 도구의 힘을 빌려서 그 한계를 조금씩 벗어나고 있지만 사람인 한 원초적 조건을 부정할 수는 없다.

특히 '내'가 보통사람이라면 한계만이 아니라 유혹에도 맞서야 한다. 다이어트할 때 길거리 음식점에서 풍기는 음식 냄새는 얼마나 달콤하게 느껴지는지, 시험공부할 때 소설책은 얼마나 읽고 싶은지, 비 오는 날 출근할 때면 왜 갑자기 어디론가 훌쩍 떠나고 싶은지, 기획안을 제출해야 할 때 막 시작한 월드컵 중계는 얼마나 보고 싶은지…….

이처럼 사람은 할 수 없는데 하고 싶은 욕망으로 괴로워한다. 이때 의지의 차가 욕망의 승객을 태우고 질주하게 되면 나중에 후회의 벌점(과태료)이 찾아오게 된다. 이 과정을 겪지 않으려면 욕망을 한순간의 마음으로 남기고 해야 하는 일을 이어서 해야 한다. 이때 '치원공니'는 우리에게 단기적 관점이 아닌 장기적 관점에 설 것을 권한다. 지금 당장 하고 싶은 것과 앞으로 하기를 꿈꾸는 것 사이에 서서 자신을 돌아보라는 것이다. 지금 하고 싶은 것을 하지 않으면 죽는 것이라면 몰라도, 그렇지 않다면 나는 미래의 큰일에 집중해야 하는 것이다.

이 갈등은 어느 순간이나 시절에 그치는 것이 아니라 살아 있는 동안에 늘 따라다니는 것이다. 그러고 보면 사람은 늘 사춘기 상태에 있나 보다. 영화 〈방자전〉이 생각난다. 방자(고 김주혁 분)는 지금 바라는 것을 하지 않으면 안 된다고 생각했고, 몽룡(류승범 분)은 지금 바라는 것과 앞날에 꿈꾸는 것을 능숙하게 저울질하고 있다.

70
극단
들쭉날쭉한 자장

지나치나 미치지 못하나 그게 그것이니
과유불급過猶不及(11.16/284)

입문   이분법은 다양한 사람이나 세계를 어떻게 단 두 가지로 환원할 수 있느냐는 숱한 항의를 받아왔다. 그럼에도 불구하고 이분법은 사람이 가진 차이를 가장 간명하게 보여주는 분류법으로서 여전히 맹위를 떨치고 있다. 성격에도 내성적인 사람과 외향적인 사람이 있고, 성질에도 급한 사람이 있고 느린 사람이 있다. 물론 현실에는 100퍼센트 내성적인 사람과 100퍼센트 외향적인 사람, 100퍼센트 급한 사람과 100퍼센트 느린 사람은 없다. 하나의 성향이 다른 성향에 비해서 주도적으로 드러난다는 차이가 있을 뿐이다.

성격이 외향적인 사람은 자신의 성격에 만족하기도 하지만 간혹 자신이 내성적이었으면 좋겠다는 생각을 한다. 성질이 급한 사람은 자신이 좀 차분하고 느리게 반응했으면 좋겠다는 생각을 한다. 물론 내성적인 사람이나 느린 사람도 마찬가지다.

이런 생각대로라면 우리는 성격이나 성질이 어느 한쪽으로 지나치게 치우쳐 극단적인 성향을 드러내는 것보다 두 가지가 적절하게 섞여 외향적이면서 내성적이고 느리면서도 급한 것을 좋아하는 것이다. 중용이라고 할 수 있겠다.

공자도 제자의 성향에 대한 질문을 받고서 묘한 대답을 했다. 둘 다를 적절하게 섞어놓으면 얼마나 좋을까라고 말이다. 부모도 자식을 키우다 보면 그런 생각이 들고, 우리도 사람을 겪다 보면 이런 묘한 상상을 하게 되지 않던가?

승당 자공이 공 선생에게 물었다. "자장과 자하 두 사람 중 누가 더 뛰어납니까?" 공 선생이 대꾸했다. "자장은 좀 지나쳐서 문제고, 자하는 좀 미치지 못해서 문제지."

자공이 궁금한 듯 다시 물었다. "그렇다면 자장이 더 낫다는 말입니까?" 공 선생이 대꾸했다. "그게 아니지. 말을 글자 그대로 알아듣지 말게. 지나치는 것은 결국 미치지 못하는 것과 같은 것일세."

子貢問, 師與商也孰賢? 子曰 : 師也過, 商也不及. 曰 :
자공문 사여상야숙현 자왈 사야과 상야불급 왈
然則師愈與? 子曰 : 過猶不及.
연즉사유여 자왈 과유불급

입실　　사와 상은 공자의 제자 자장子張과 자하子夏의 이름이다. 자장
의 성명은 전손사顓孫師이고 자하의 성명은 복상卜商이다. 현賢은 뛰어
나다, 훌륭하다는 뜻으로 학업 방면에서 비교하는 맥락이다.

　　과過는 지나치다는 뜻으로 일정 기준을 훌쩍 넘을 정도로 뛰어나다는
것이 아니라 허용의 범위를 넘어섰다는 맥락이다. 불급不及은 미치지 못
하다는 뜻으로 허용 범위에 들지 못했다는 맥락이다. 유愈는 현賢과 같
이 낫다, 뛰어나다는 비교 용례로 쓰인다. 유猶는 같다, 비슷하다, 차이가
없다는 뜻이다.

여언　　그렇게 총명한 자공이 공자의 대답을 듣고서 그 의미를 제대로
이해하지 못했을까? 그는 규범 또는 기준의 두 가지 특성을 알아차리지
못했기 때문에 질문을 하지 않을 수 없었다. 첫째, 어떤 한도를 정해서 그
것에 이르기만 하면 일찍 왔는지 늦게 왔는지 따지지 않는 경우가 있다.
예컨대 성적 우수상을 받으려면 과목당 85점 이상의 점수를 받아야 한
다고 해보자. 그러면 85점을 받기만 하면 누구나 똑같이 우수상을 받지
만 85점과 100점 사이에 우열이 없어지는 것은 아니다.

　　둘째, 일정한 범위를 주고 그 안에 들기만 하면 모든 것이 허용되는 경
우가 있다. 예컨대 계약을 할 때 물품 양도를 꼭 15일 아니면 늦어도 17일

까지 맞춰달라고 했다고 해보자. 13일에 물품을 양도하려고 하면 상대가 준비가 되어 있지 않고, 18일 이후에 양도하면 이미 생산 차질이 생길 수 있다. 15~17일 사이에 물건을 건네면 아무런 문제가 생기지 않는다.

자공은 공자의 대답을 듣고 한도를 생각했다. 그래서 미치지 못한 것보다 지나치는 것이 더 낫다고 판단했던 것이다. 반면 공자는 말하면서 허용치를 생각했던 것이다. 자장이나 자하나 둘 다 허용된 범위에 들지 못한다는 점에서 똑같다는 것이다.

앞에서 본 성격을 다시 생각해보자. 우리는 사람이 너무 외향적이면 나설 곳과 나서지 않을 곳을 구별하지 못하고 천방지축으로 날뛴다고 생각하고, 너무 내성적이면 나설 곳에도 나서지 않는다고 생각한다. 즉 외향적 성격과 내성적 성격의 어느 극단을 선호하지 않고 그 두 가지가 적절하게 뒤섞인 중용을 바람직하다고 생각하는 것이다.

공자도 자장과 자하 두 사람이 하나로 합쳐진다면 아무런 문제가 없으리라 생각한 것이다.

71
언변
논쟁의 달인 재아

하는 말을 듣고 하는 짓을 봐야 한다
청언관행聽言觀行(05.11/103)

입문　친한 사람끼리 다음과 같은 가벼운 실랑이를 한다. "야, 네가 그런 사람인 줄 몰랐어." "도대체, 뭘?" "네가 저번에 우리 함께 공연 보러

가자고 했잖아? 그런데 어떻게 그 뒤로 아무런 말 한 마디가 없을 수 있어!" "내가 언제? 그때 그렇게 하면 좋겠다고 말한 거지 내가 언제 그렇게 한다고 그랬어?"

말이란 아주 투명해서 누구나 다 똑같이 받아들이는 것처럼 보이지만 실제론 그렇지 않다. 친한 친구 사이도 각기 달리 알아들어서 '오해'를 하곤 한다. 요즘엔 특히 소셜 미디어의 발달로 트위터에 단순히 '~하고 싶다'고 한 건데 나중엔 자살 소동으로 비춰져 119구조대가 출동하는 일이 일어나기도 한다.

공자와 재아는 스승과 제자 사이지만 말을 두고서도 가벼운 소란을 일으키고 있다. 추측컨대 평소 잠이 많던 재아는 공자에게 낮잠을 줄여보겠다고 말하지 않았나 싶다. 그런데 어느 날 공자는 낮잠을 자는 재아를 발견했다. 공자는 지난 날 재아의 말을 생각하고서 어찌 이런 일이 반복해서 일어나는지 따지게 되었던 것이다.

승당   공 선생이 한마디 했다. "나는 처음에 주위 사람과 어울리며 어떤 사람의 무엇을 하겠다는 다짐을 들으면 말대로 실행되리라는 것을 믿어왔다. 이제야 비로소 나는 어떤 사람의 무엇을 하겠다는 다짐을 들어도 과연 그 말대로 실행하는지 살펴보게 되었구나! 재아의 일로 인해서 나는 삶의 관행을 고치게 되었다네."

子曰 : 始吾於人也, 聽其言而信其行, 今吾於人也, 聽
자 왈   시 오 어 인 야 청 기 언 이 신 기 행 금 오 어 인 야 청
其言而觀其行. 於予與改是.
기 언 이 관 기 행   어 여 여 개 시

254

입실　이 구절은 05.10/102와 연결해서 이해하는 쪽이 좋겠다. 거기서는 공자가 낮잠 자는 재아宰我를 보고 재아의 싹수가 노랗다며 강하게 질책하고 있다. 이 구절은 재아의 낮잠을 두고 말하다가 연이어서 한 말로 보인다. 시始는 처음, 시작하다는 뜻으로 지금 시점에서 이전과 다른 판단을 내리기 이전을 가리키는 맥락이다. 금今과 대비되는 시점을 가리킨다.

청聽은 듣다의 뜻이다. 언言은 말, 약속을 가리킨다. 신信은 믿다의 뜻으로 앞서 들은 말이 반드시 행동으로 이어진다는 것을 의심하지 않는다는 맥락이다. 관觀은 살피다, 관찰하다, 지켜보다는 뜻으로 앞서 들은 말이 행동으로 이어지는지 확신하지 못하고 도대체 어떻게 될 것인지 지켜본다는 맥락이다.

여언　말과 행동은 마음에서 생각하고 느낀 것이 밖으로 드러난 것이다. 마음을 직접 들여다볼 수 없으므로 말과 행동으로 사람의 마음을 헤아릴 수가 있다. 하지만 말이라고 하더라도 다 같은 말은 아니다. 결혼식에서 혼인서약을 하거나 잘못을 하고서 용서를 구하며 다시는 잘못하지 않겠다고 다짐할 때의 말은 곧 행동이다. 즉 "행복한 결혼을 위해 노력하겠습니다"라고 말했으면 그 노력은 반드시 행동으로 옮겨져야 하는 것이다. 한 사람이 아프면 다른 사람이 밥도 하고 빨래도 하고 청소도 한다는 것이다. 아무리 가부장적인 남편이라고 하더라도 자신은 꼼짝도 하지 않으면서 아픈 아내더러 밥하고 청소하라고 말할 수는 없는 것이다.

의사가 토론 프로그램에 나와서 흡연이 건강에 나쁘다고 주장했다고 하자. 그렇다고 그가 현실에서 담배를 피운다고 해서 뭐라고 할 수는 없다. 흡연이 건강에 나쁘다고 말했다고 해서 반드시 그가 담배를 끊어야 할 필요는 없다. 나쁘다고 주장한 것과 피우는 기호는 별개의 문제인 것이다.

또 우리나라처럼 술자리 실수가 관대한 분위기라면, 술 먹고 한 이야기를 잊지 않고 기억해두었다가 나중에 정식으로 따지면 사람 사이가 어색해진다. 그냥 술 먹고 한 이야기인데 뭘 그렇게 진지하게 생각하느냐고 거꾸로 항변할 수도 있다.

중요한 것은 공자의 언어관이 바뀌었다는 것이다. 그는 누구나 뭐라고 말하면 반드시 실천한다고 생각해왔다. 즉 말과 행동은 일란성 쌍둥이처럼 반드시 닮았다고 본 모양이다. 하지만 재아의 일을 경험하고서는 말이 반드시 행동으로 이어지지 않는 것을 알아차리게 되었다. 그래서 이제 그는 누가 말하기만 하면 반드시 행동하리라 믿지 않고 도대체 그 사람이 어떻게 하는지 두고 보게 되었다는 것이다.

이는 우리도 생활에서 자주 부딪치는 일이다. 이 차이를 안다면 말을 할 때 서로 무엇을 어떻게 하고자 하는 것인지 분명하게 할 일이다.

72

기만
책임을 피하는 염유 | ## 맹수가 우리를 뛰쳐나가게 하다
호시출합虎兕出柙(16,01/438)

입문 　요즘 국가 간의 외교나 기업 간의 관계는 예전처럼 적과 아군

이 뚜렷하게 구분되지 않는다. 외교에서는 영원한 적도 없고 영원한 우방도 없다는 말이 오래된 정설처럼 들린다. 미국과 중국은 서로 총부리를 겨누던 적이었지만 지금은 서로 경쟁하면서도 경제와 군사 분야에서 전략적 협력을 높이고 있다. 우리나라도 과거 일본을 원수로 여겼지만 지금 역사 문제로 갈등하더라도 사안별로 미래를 향해 나아가는 파트너로 여기고 있다. 반대로 우리나라는 타이완과 정식 외교 관계를 맺었지만 중국의 등장으로 외교 관계를 끊기도 했다.

이처럼 관계가 수시로 변하게 되면 나와 너는 서로에게 상황에 따라 없으면 안 되는 존재이기도 하고 있으면 안 되는 존재이기도 하다.

노나라와 전유는 사실 한 나라다. 따라서 싸울 필요가 전혀 없다. 하지만 이것은 한번 맺은 관계가 영원히 바뀌지 않는다는 세계관에 따른 생각일 뿐이다. 영원한 우방이 없으므로 타자는 나에게 언제든 적으로 돌변할 수 있는 것이다. 공자는 두 나라가 싸울 필요가 없다고 보지만 염유와 계손씨는 전유와 싸워서 그 지배권을 빼앗지 않으면 안 된다고 보았다. 왜 그럴까?

승당　노나라의 대부 계손씨가 전유를 공격하려고 했다. …… 공 선생이 낌새를 채고 있으면서 대꾸했다. "염유야, 해서 안 될 일을 하는 셈인데, 이것은 자네의 과실(책임)이 아닌가? 전유는 옛날 선왕들이 동몽산의 제사를 주관하도록 했던 곳이고, 노나라 영토 안에 있는 곳이다. 이처럼 전유가 노나라와 사직의 보존과 멸망을 함께하는 신하의 국가인데 무엇 때문에 침략을 하려고 하느냐?" 염유가 대꾸했다. "영감(계손씨)이 하려는 일일 뿐 우리 두 사람(염유와 자로)은 모두 하고 싶지 않은 일입니다."

공 선생이 따끔하게 한마디 했다. "염유야, …… 예컨대 누군가 위태로 운데도 지켜주지 않고 넘어지는데도 붙잡아주지 않는다면 앞으로 그와 같은 보좌진은 어디에다 쓰겠는가? 게다가 자네 말투가 이상하군. 예를 들어 호랑이나 코뿔소가 우리를 뛰쳐나오고 거북과 옥이 궤짝 속에서 훼손되었다고 치자. 이것이 누구의 잘못인가?"

염유가 궁지에 몰리자 속셈을 털어놓았다. "가령 전략적으로 고려하면 전유는 성곽이 튼튼하고 계손씨의 근거지인 비 지역과 가까이 있습니다. 지금 계손씨 측이 그 지역을 점령하지 않으면 훗날 반드시 자손들의 골 칫거리가 될 것입니다."

季氏將伐顓臾.…… 孔子曰: 求! 無乃爾是過與? 夫顓
계 씨 장 벌 전 유   공 자 왈 구 무 내 이 시 과 여 부 전

臾, 昔者先王以爲東蒙主, 且在邦域之中矣, 是社稷
유 석 자 선 왕 이 위 동 몽 주 차 재 방 역 지 중 의 시 사 직

之臣也. 何以伐爲? 冉有曰: 夫子欲之, 吾二臣者皆不
지 신 야 하 이 벌 위 염 유 왈 부 자 욕 지 오 이 신 자 개 불

欲也. 孔子曰: 求! …… 危而不持, 顚而不扶, 則將焉用
욕 야 공 자 왈 구   위 이 부 지 전 이 불 부 즉 장 언 용

彼相矣? 且爾言過矣, 虎兕出於柙, 龜玉毁於櫝中, 是
피 상 의 차 이 언 과 의 호 시 출 어 합 귀 옥 훼 어 독 중 시

誰之過與? 冉有曰: 今夫顓臾, 固而近於費. 今不取, 後
수 지 과 여 염 유 왈 금 부 전 유 고 이 근 어 비 금 불 취 후

世必爲子孫憂.
세 필 위 자 손 우

입실   전유는 노나라의 속국으로 동몽산의 제사를 지내는 비용을 보 장하기 위해서 세운 나라였다. 속국은 당시 독자적인 외교권을 행사하지 못하고 상국上國 노나라의 감독을 받았다. 문제는 전유가 당시 노나라 실 권자의 근거지 비읍費邑과 그리 멀지 않았다는 데 있다. 계손씨 쪽은 누 가 전유를 근거로 해서 또는 전유를 사주해서 비읍을 공격하게 할 수 있

다고 보았다. 전유가 계손씨 공격을 돕는 전진 기지가 될 수 있는 것이다. 따라서 계손씨는 전유를 완전히 자신의 손아귀에 넣어서 위협 요인을 제거하려고 했던 것이다.

동몽은 몽산蒙山으로 오늘날 산둥성 멍인蒙陰현 남쪽에 있다. 전顚은 넘어지다, 엎드려지다는 뜻이다. 시兕는 코뿔소를 가리킨다. 합柙은 우리, 궤, 함을 가리킨다. 훼毁는 부서지다, 깨지다는 뜻이다. 독櫝은 함, 널을 가리킨다.

여언　베이징의 만리장성과 자금성 그리고 서울의 성곽과 도성은 공통점이 있다. 둘 다 외적을 방비하기 위해 긴 거리에 걸쳐서 높고 튼튼한 담장으로 둘러쌓았다. 사실 이들 거대한 인공 구조물은 백성들에게 위압감을 주고 왕의 권위를 돋보이게 하며 방범 효과를 거두었을지라도 외적의 침입을 막는 용도로 쓰인 적은 없다. 즉 성곽을 경계로 아군과 적군이 치열한 전투를 벌인 적은 없다.

조선과 명·청은 외부로부터 쳐들어온 적 때문에 망하기 이전 내부에서부터 문제가 무르익어 고질병이 되었다가 망한 것이다. 내부의 적이 육중한 성문을 열어 외적이 삼엄한 궁성으로 쉽게 들어오게 했던 것이다.

여기서도 공자와 염유·계손씨는 내부의 적과 외부의 적 논쟁을 벌이고 있다. 염유와 계손씨는 외부의 적에 신경을 곤두세우며 국방을 강화시켜야 한다는 주장을 펼치고 있다. 반면 공자는 비유를 통해서 내부의 적이 생기지 않도록 하는 것이 급선무라고 보고 있다.

기업 경영과 정권 유지에서도 그 어려움을 늘 외부의 적에게 돌린다. 그러면서 정작 자신이 잘못을 해서 화를 불러들이는 것을 제대로 보지 못한다. 기업인은 경영진의 부패와 타락 그리고 부정, 소유주의 탐욕과 독선적인 태도가 낳는 문제는 모른 체하고 불리한 기업 환경을 시빗거리로 삼는다. 정치인은 자신의 무능력, 부패, 준비 부족, 진정성 부족을 탓하지 않고 상대의 집요한 반대, 언론의 악의적 보도, 국민의 비협조를 아쉬워한다. 이들은 모두 과거 염유와 계손씨의 재판이라고 할 수 있다.

73
절의
겨울에도 지지 않는 송백

늘 푸르른 소나무와 잣나무처럼 변함없이
송백후조松柏後彫(09.28/238)

입문　공자는 '학무상사學無常師'(2강 35조목 참조)에서 보았듯이 모든 것에서 늘 배울 수 있기에 따로 스승의 존재가 없다고 했다. 그는 "경험을 해보니 적어도 세 사람 정도 함께 길을 가다 보면 그 속에 반드시 우리가 보고 배울 스승이 있기 마련이다"(07.22/173)라고 말한 적이 있다. 공자는 누구를 만나더라도 무엇을 보더라도 배우지 않는 경우가 없었다.

　이와 가장 어울리는 말로 『임제록臨濟錄』에 나오는 "가는 곳마다 주인이 되고 서는 곳마다 참되게 한다"(수처작주隨處作主, 입처개진立處皆眞)라는 표현을 들 수 있다. 임제의 표현을 따른다면 스승이 어디에 따로 있는 것이 아니라 내가 살면서 만나는 곳이 모두 스승이다('수처작사隨處作師')라고 할 수 있다.

　공자는 늦가을 아니면 초겨울에 접어든 어느 날 제자들과 집을 나서 교외로 나섰다. 길을 가다 보니 문득 소나무와 측백나무가 눈에 들어왔다. 그 순간 주위를 둘러보니 다른 나무들은 하나같이 겨울을 보내느라 나뭇잎을 떨어뜨려 앙상한 몸을 드러내고 있었다. 반면 두 나무는 멀리서 보아도 푸른색이 완연할 정도로 색다른 분위기를 씻어내고 있었다. 그때 한 생각이 공자의 뇌리를 스쳐 지나갔다. 이는 아마 추사 김정희가 〈세한도歲寒圖〉를 그리면서 빙그레 웃었던 그 마음과 같은 것이리라.

승당　공 선생이 한마디를 툭 던졌다. "저기 저 숲을 보게나. 날씨가 추워진 다음에야 소나무와 측백나무가 가장 나중에 시들어 떨어진다네."

子曰: 歲寒然後, 知松柏之後彫也.
자 왈　세 한 연 후　지 송 백 지 후 조 야

입실　세歲는 해, 세월, 날씨의 뜻이다. 한寒은 추위, 춥다, 차갑다, 얼다는 뜻이다. 연후然後는 무엇을 한 다음의 뜻이다. 지知는 알다는 뜻으로 감각의 관찰을 통해 지각한다는 맥락이다. 백柏은 측백나무를 가리킨다. 조彫는 시들다, 잎이 떨어지다는 뜻으로 가을에 낙엽이 진다는 맥락이다. 후조後彫는 시들지 않는다로 풀이하기도 한다.

여언　소나무와 측백나무는 공자 학파의 특별 손님이었다. 공자 학파에서 사람 선생은 공자가 유일했다. 물론 학생도 공자와 학생 서로에게 선생이었다. 또 고전과 공자의 기억 속에 남아 있는 옛 성현도 빼놓을 수 없는 선생이었다.

그 외에 특별한 손님이 있었다. 그것은 바로 소나무나 측백나무 같은 자연물이었다. 이러한 선생은 무수하게 있었다. 이 선생은 또 특별했다. 공자나 성현은 학생이라면 누구나 앞 다투며 배우려고 하는 위인이었다. 하지만 소나무는 결코 학생들더러 자신에게 배우라고 말하지도 않고 스스로 가르침을 말해주지도 않았다. 그들은 그냥 그 자리에 그대로 있을 뿐이다. 공자처럼 예민한 눈과 날카로운 귀를 가진 사람만이 소나무가 온몸으로 말하는 메시지를 읽어낼 수 있었다.

공자 시대는 삶의 제도가 빠른 속도로 변해가는 시대였다. 마침 오늘날 '세계화'가 금리, 취업, 구조 조정 등 다양한 계기로 평범한 시민의 삶 속으로 뛰어들어 분탕질을 하는 것과 닮았다.

공자가 생각하기에 변화와 그 방향이 바람직한 것도 있지만 지켜야 할 것을 무너뜨리는 것이 있었다. 여기서 새삼 지킬 것은 지키면서도 시대와 더불어 호흡하면서 변하는 삶의 태도가 고상한 가치로 떠오르게 되었다. 한마디로 하면 절개節介였다. 소나무는 바로 이렇게 시대가 요구하는 절개의 이미지를 오롯이 담아내면서 찬 겨울 대지에 우뚝 서 있는 것이다. 이는 사람 사는 세상에 절개가 존중되지 않고 길바닥에 내팽개쳐져 있는 실상과 뚜렷하게 대비되었다.

공자는 이렇게 인간과 소나무, 무너짐과 우뚝 솟음, 절개와 변절이라는 사유의 틀로 소나무와 측백나무를 읽어냈던 것이다. 이 독해는 공자 이래로 2500여 년 동안 변하지 않고 오늘날에도 여전히 사람들 입에 오르내리고 있다. 훗날 송나라 주돈이는 「애련설愛蓮說」에서 더러운 물에서 순백한 꽃을 피우는 연꽃의 가치를 빼어나게 묘사한 적이 있다. 두물머리의 '세미원洗美苑'에 들러 「애련설」의 전문을 읽으며 정원을 거닐어보라! 민초들은 이팝나무와 조팝나무로 풍요를 바랐고 김소월은 진달래꽃으로 변함없는 사랑을 노래했다. 우리 시대는 무엇을 나약한 나를 일깨우는 선생으로 삼을 것인가? 향기가 강하며 아름다움으로 가시를 감추는 장미보다는 혼자 있으면 표시나지 않고 여럿이 어울려야 그때서야 눈에 들어오는 민들레가 눈에 밟힌다.

74
운명
가을이 슬픈 벼

싹을 틔워도 꽃을 피우지 못하다
묘이불수苗而不秀(09.22/232)

입문 우리는 모두 병에 걸릴 가능성이 있지만 실제 병에 걸리면 발병 사실 자체를 쉽게 믿지 못한다. 수험생은 모두 시험에 떨어질 가능성이 있지만 실제로 떨어지면 실망감을 삭이느라 오랜 시간을 보낸다. 우리에겐 모든 가능성이 열려 있지만 피하고 싶은 가능성이 현실화되면 선뜻 수용하지 못하고 자신이 희생양이 되었다며 분노를 터뜨린다.

인간사의 성공과 실패, 적응과 부적응을 어떻게 설명할 수 있을까? 그것을 모두 DNA로 환원해서 깔끔하게 설명하거나 자연도태의 약육강식 또는 우생학으로 냉정하게 풀이하는 경우도 있다. 사람이 감정을 떠나 순전히 과학적 법칙을 존중한다고 하더라도, 우리는 그 이론으로 현상을 설명할 수는 있지만 그 설명을 완전히 이해하기는 어렵다.

실패와 그에 따른 고통은 냉엄한 법칙 이전에 인간이 겪게 되는 원초적 감정이다. 고통을 어떻게 겪고 또 그것을 어떻게 드러내느냐에 따라 인간다움이 묻어날 수 있다. 고통 앞에 동물처럼 울부짖을 수도 있고 이를 운명으로 받아들이며 제 할 일을 묵묵히 할 수도 있다. 나아가 사람은 고통을 겪으면서 개인을 벗어나 타자를 반갑게 맞이하는 '도약'을 경험하게 된다.

공자는 가을 날 취푸의 들녘으로 나선 모양이다. 땅들이 증발하고 난 뒤에 소금이 남듯 들판은 결실을 보여주고 있었다. 멀리서 보면 가을은 분명히 결실의 계절이다. 가까이 다가가보라. 얼마나 많은 나무와 풀이 결실을 맺지 못하고 마지막을 맞이하고 있는지 똑똑히 볼 수 있다.

공자는 멀리서 건성으로 훑어보고 가을의 풍요를 찬미하지 않는다. 열매를 맺지 못한 1년의 고통에 조의를 표시하고 있다. 세심한 사람인 것만은 틀림없다.

승당　공 선생이 들려주었다. "싹을 틔워도 꽃을 피우지 못하는 일이 있고, 꽃을 피워도 열매를 맺지 못하는 일이 있다네."

子曰 : 苗而不秀者, 有矣夫! 秀而不實者, 有矣夫!
자 왈　묘 이 불 수 자 유 의 부　수 이 불 실 자 유 의 부

입실　묘苗는 모, 싹의 뜻이다. 수秀는 빼어나다, 꽃이 피다는 뜻이다. 의부矣夫는 특정한 뜻이 없고 어떤 일이 일어날 수밖에 없다는 어감을 나타낸다. 실實은 가득 차다, 열매의 뜻이다.

여언　우리는 어떻게 실패의 고통으로부터 조금씩 벗어날 수 있을까?

먼저 일련의 과정을 전체로 보아야지 실패와 발병의 최종 순간에만 집착하지 않아야 한다. 우리나라 사람은 성질이 급해서 아프면 주사 한 방 맞고 약 한 알을 먹고는 금방 낫기를 바란다. 병이 오랜 과정을 거쳐서 우리를 찾아왔듯이 치유도 그만큼의 여유를 가지고 기다려야 하지만 "지금 당장"을 외친다. 만약 실패와 발병에 이르는 과정을 쭉 훑어보면서 그렇게 될 수밖에 없는 계기를 하나씩 찾아낸다면, 그 둘에 대한 적대감은 줄어들 수 있다.

실패와 발병은 지금 생긴 것이 아니라 이전부터 서서히 쌓여서 생겨났다가 지금 하나로 뭉쳐진 상태일 뿐이다. 따라서 내가 잘 느껴서 제대로 대응했더라면 지금 상황에 놓이지 않으리라는 것을 인정하게 된다. 미운 것은 실패가 아니라 미련한 나인 것이다.

다음으로 시선을 주위로 넓혀 다른 것을 들여다보라. 이 세상은 잘 돌아가는데 유독 나만 불행한 것이 아니라는 것을 보게 된다. 병원에는 환자로 넘쳐나며 술집에는 고통의 신음 소리가 곳곳에서 들린다. 이 세상에는 성공이 절반이라면 실패도 절반이며 환희가 절반이라면 고통도 절반인 것이다. 아니 불교의 말대로 '일체개고一切皆苦'가 진실에 더 가깝다는 것을 느끼게 된다. 이로써 나는 나의 짐을 혼자 다 질 수 있는 것이 아니라 우리와 함께 나누어 진다는 것을 깨닫게 된다.

이제 제주도 유채꽃밭을 보라. 멀리서 보면 세상이 온통 노란 물감으로 물들어 있다. 하지만 가까이 다가가보면 꽃을 피우지 못한 유채도 많다. 그리고 꽃이 피었지만 열매를 맺지 못한 유채도 많다. 그들은 함께 결실의 시간을 달려온 녀석들이다. 마지막 순간에만 집중하지 마라. 그 앞의 시간도, 꽃을 피우지 못한 놈도 열매를 맺지 못한 놈도 우주의 한 식구다.

4강 형상화

어떻게 살아야 할지
막막한 당신에게

4강에서는 3강에서 들여다본 역할 모델을 바탕으로 『논어』에 나타난 인물 개성의 형상화를 살펴보고자 한다. 3강의 이야기가 조금 추상화된 것이라고 할 수 있다.

유학대학교 공자 총장은 3강에서 역사와 현실의 다양한 인물을 끌어들여서 덕목을 펼쳐놓았다. '나'와 비교할 수 없는 인물도 있지만 어떤 인물은 '나'와 똑같은 특성을 드러낸다. 간혹 어떤 인물은 '나'보다 못하다는 생각도 든다.

공자 총장이 아무리 구체적인 인물을 들먹인다고 해도 세상에 있는 모든 사람을 일일이 다 들먹일 수는 없다. 일정 정도 비슷한 특징을 보이는 인물을 몇몇 유형으로 묶을 필요가 있다. 우리도 사회생활을 하면서 비슷한 성향을 보이는 사람을 묶는 숱한 말들을 사용하고 있고 또 때에 따라 새롭게 만들어 쓴다.

예컨대 고전적으로는 뺀질이와 구두쇠가 있다. 전자는 몸을 요리조리 빼면서 일을 열심히 하지 않는 사람을 낮잡아 부르는 말이고, 후자는 돈이나 재물 따위를 쓰는 데 몹시 인색한 사람을 말한다. 최근 쓰이는 말로는 성실남과 된장녀 등이 있다. 전자는 정성스럽고 참되지만 융통성이 좀 모자라는 남자를 가리키고, 후자는 비싼 명품을 즐기는 여성들 중 스스로의 능력으로 소비 활동을 하지 않고 다른 사람(애인, 부모 등)에게 의존하는 여성을 비하하는 속어다.

공자 총장도 과거의 용어를 그대로 사용하기도 하고 경우에 따라 신조어를 통해 당시 인물들을 형상화시키고 있다. 물론 여기에는 긍정적인 형상화도 있고 부정적인 형상화도 있다. 우리는 『논어』에 나오는 인물 군상을 우리 자신을 비춰보고 또 오늘날을 비춰보는 거울로 삼을 수 있다.

75

역사
사회의 구원자 군자

무엇을 걱정하고 무엇을 두려워할까

불우불구不憂不懼(12.04/298)

입문　신이라면 아무런 근심 걱정이 없다. 모르는 것이 없고 불가능한 것이 없기 때문이다. 지금 막 수능을 치르고 교실을 나선 사람은 홀가분하겠지만 모든 과목이 만점이 아닌 이상 대입 때문에 걱정을 하게 된다. 자신이 얼마나 시험을 잘 친 것인지, 또 가고 싶은 대학에 갈 수 있을지 모르기 때문이다. 지금 신상품 개발에 성공한 사람은 금방 걱정이 따라온다. 시장에 내놓으면 반응이 어떨지, 다른 경쟁사에서 어떻게 대응할지 모르기 때문이다. 지금 연애에 빠진 사람도 걱정이다. 내가 상대를 사랑하는데 상대가 나를 사랑하는지, 또 상대가 나만큼 사랑하고 있는지 알 수 없기 때문이다.

　사람인 한 걱정이 없을 수 없다. 잘나가는 사람은 계속해서 잘나가기 위해서 걱정하고, 잘 못 나가는 사람은 이제라도 잘나가기 위해서 걱정한다. 사람이 지금 뭔가를 하더라도 그것이 어떻게 될지 알 수 없기 때문에 답답하고 걱정이 되는 것이다. 그런데 신이 아니면서도 걱정이 없고 두려움이 없을 수 있을까? 공자는 말한다. 군자라면 가능하다고. 도대체 군자는 어떤 존재이기에 그럴 수 있을까?

승당　사마우가 군자에 대해 물었다. 공 선생이 일러주었다. "자율적 인간은 걱정하지 않고 두려워하지 않는다." 사마우가 이 말을 듣고 자신의 생각을 물었다. "그럼 역으로 걱정하지 않고 두려워하지 않는다면 그것만으로 '군자'라고 일컬을 수 있습니까?" 공 선생이 역으로 말한 사마우의 단점을 지적했다. "사례들의 교훈을 내 문제로 받아들여 살펴보고 흠 잡을 데가 없는데, 대체 무엇을 걱정하고 두려워하겠는가?"

司馬牛問君子. 子曰 : 君子不憂不懼. 曰 : 不憂不懼, 斯
사 마 우 문 군 자   자 왈   군 자 불 우 불 구   왈   불 우 불 구   사
謂之君子已乎? 子曰 : 內省不疚, 夫何憂何懼?
위 지 군 자 이 호   자 왈   내 성 불 구   부 하 우 하 구

입실 사마우는 공자의 제자다. 우憂는 근심하다, 근심, 걱정의 뜻이다. 구懼는 위태롭다, 두렵다, 두려움의 뜻이다. 내內는 안, 받아들이다, 수용하다의 뜻이다. 성省은 살피다, 깨닫다란 뜻이다. 구疚는 흠, 병, 허물의 뜻이다.

여언 군자는 원래 왕을 가리키는 호칭이다. 춘추 시대에 이르러 군자는 사람을 부리는 왕만이 아니라 자신을 부리는 인격자를 가리키게 되었다. 이로써 군자는 특정한 사람에게만 불리는 호칭이 아니라 누구에게나 해당될 수 있는 개방적인 호칭이 되었다. 오늘날 우리도 춘추 시대 용법을 충실하게 따라 하고 있다. 이런 점에서 우리는 '군자'라는 말을 그대로 사용해도 좋고 그 의미를 살려서 이를 '자율적인 사람', '자기주도적인 인물'로 바꾸어 생각해도 좋겠다.

이처럼 군자가 누구에게 이끌려서 움직이지 않고 자신의 주체적인 판단에 따라 살아가는 존재라는 점을 고려한다면, 그가 걱정과 두려움이 없다는 것을 이해할 수 있다. 우리가 다른 사람에게 평가받고 조종당한다면 당연히 걱정이 많아진다. 내가 상대의 뜻을 제대로 이해하고 임무

를 잘 수행해서 좋은 평가를 받을 수 있을까, 언제까지 일을 할 수 있을까 등등. 내가 전체 과정을 장악하지 못하므로 상대의 말 한 마디 때문에 언제 어떻게 될지 몰라 전전긍긍할 수 있다.

군자는 자기 스스로 목표와 방향을 정한다. 군자는 자신과의 약속을 지키기 위해서 늘 스스로 자신을 점검하고 있다. 생각대로 되지 않아 안타까울 수는 있지만 어떻게 될지 몰라 불안해하지도 걱정하지도 않는다. 목표와 방향이 흔들리면 어떻게 살지 몰라 불안할 수 있다. 하지만 그렇지 않으니 무슨 걱정이 있겠는가? 또 방향이 설혹 다른 사람에게 공격을 받아 스스로 그 정당성을 확신하지 못한다면 어찌될지 두려울 수 있다. 하지만 그렇지 않으니 무슨 두려움이 있겠는가?

그래서 공자는 말했다. "자율적 인간은 넓고 거침이 없어 늘 여유가 넘친다"(군자탄탕탕君子坦蕩蕩. 07.37/188). 군자는 외롭지 않다. 왜냐하면 "자율적 인간이라면 폭력이 아니라 글(인문학)로 친구를 불러 모으고, 친구와 어울리며 평화의 힘을 키우기"(군자이문회우君子以文會友, 이우보인以友輔仁. 12.24/318) 때문이다.

우리 사회에 과연 이런 군자가 있을까? 몰라서 적다고 생각하겠지만 실제로는 아주 많다. 그렇기 때문에 사회가 굴러가는 것이다. 언론 보도를 보면 부정, 부패, 비리가 사회 전체를 뒤덮은 것처럼 보이지만 실제로는 그렇지 않다.

사회 구석구석에서 소박한 꿈을 일구며 이웃과 함께 생활 세계를 따뜻하게 가꾸는 사람이 전부 군자다. 예를 들어 은퇴 이후에 살림이 넉넉하지 않아도 폐지를 주워서 팔아 그 수입으로 불우이웃을 돕고, 주말이면 피곤해도 봉사 활동에 나서는 우리 이웃이 바로 군자라고 할 수 있겠다.

76

중심
집단의 조율사 달사

늘 낮은 자세로 임하소서

려이하인慮以下人(12.20/314)

입문　회사나 학교나 어디에서든 평판이 좋은 사람이 있다. 그 사람 이야기만 나오면 다들 능력이 뛰어나다거나 인사성이 좋다거나 매너가 좋다거나 하는 목격담이 하나둘씩 늘어난다. 하지만 우리가 막상 그런 사람을 만나서 함께 일을 하다 보면 실망하는 경우가 종종 있다. 고집이 세서 상대를 배려하지 않거나 행동보다 말이 앞선다거나 하는 단점이 줄줄이 눈에 들어온다. 그러고 나면 사람들이 도대체 왜 이 사람을 좋게 말하는 건지 이해하기 어렵다.

옛날 사람들은 딸이 신랑 후보를 데리고 오면 술을 진창 먹였다. 술을 먹어서 통제력을 잃은 사람에겐 스스로 감추고자 하는 버릇이나 단점이 그대로 드러나기 때문이다. 한 점 흐트러짐 없이 단정하던 사람도 술만 먹으면 말을 거칠게 하고 주위 사람의 단점을 들추어내는 사람이 있다. 즉 '지킬과 하이드'처럼 자아 분열이라고 할 정도로 술 마시기 전과 후가 완전히 다른 사람이 되는 것이다.

꼭 술이 아니더라도 같이 일을 하거나 이야기를 오래 나누거나 취미를 함께 하다 보면 사람의 본모습을 하나씩 알 수 있다. 사람이 의도적으로 감추려고 해서 그런 것이 아니라 본모습이 드러날 기회가 없다가 술, 일, 취미를 통해서 자연스럽게 드러나는 것이다. 그냥 지나치며 인사하는 정도라면 누구나 좋은 사람으로 보이며 일로 엮이지 않은 상태에서 사람을 알기란 쉽지도 않고 안다고 하더라도 피상적으로 알 뿐이다.

공자와 자장은 달사達士가 어떤 사람인지를 두고 서로 다른 그림을 그리고 있다. 어디에서 차이가 나는 것일까?

승당　　자장이 물었다. "인재(일꾼)가 어떻게 하면 통달했다고 할 수 있는가요?" …… "통달이란 바탕이 순수하고 이치를 앞세우며, 상대의 이야기를 잘 가리고 표정(마음)까지 잘 살피며, 상대를 배려하고 자신을 낮추는 것이다. 그러면 나라 안에서 통달하지 않은 것이 없고, 가문에서도 통달하지 않은 것이 없지. 자네가 말한 소문이란 얼굴빛은 평화의 길에 참여하는 듯하지만 행실은 평화의 길과 전혀 딴판이고, 그런 생활에 안주한 채 조금도 회의하지 않는 것이다. 그러하니 누구라고 하면 나라 안에서 이름(명성)이 자자하고, 가문 안에서도 이름이 자자하기는 할 것이다."

子張問, 士何與斯可謂之達矣? …… 夫達也者, 質直
자장문 사하여사 가위지 달 의　　　부달야자 질직
而好義, 察言而觀色, 慮以下人. 在邦必達, 在家必達.
이호의 찰언이관색 려이하인 재방필달 재가필달
夫聞也者, 色取仁而行違, 居之不疑. 在邦必聞, 在家
부문야자 색취인이행위 거지불의 재방필문 재가
必聞.
필문

입실　　달達은 멀리까지 퍼지다, 미치다 또는 꿰뚫다, 깨닫다의 뜻이다. 자장과 공자는 두 가지 의미 갈래 중 각각 하나를 달의 핵심 의미로 파악하고 있다. 자장은 앞의 갈래로 파악했기 때문에 달達과 문聞의 의미 차이가 애매해졌던 것이다. 질質은 바탕, 진실, 꾸미지 않은 본모습이란 뜻이다. 직直은 올곧다, 바르다, 순수하다의 뜻이다.

찰察은 살피다, 들여다보다의 뜻이다. 색色은 얼굴빛, 표정, 겉모습의 뜻으로 후대에 이르러서야 이 색이 색깔의 뜻으로 쓰이게 되었다. 려慮는 생각하다, 꾀하다, 배려하다의 뜻이다. 위違는 어긋나다, 차이의 뜻이다. 거居는 머무르다, 안주하다, 입장에 서다의 뜻이다. 의疑는 의심하다, 회의하다의 뜻으로 자신의 처신이 정당한지 부당한지 따져본다는 맥락이다.

여언   학회나 강연회를 할 때 '유명인'이 오면 홍보를 덜해도 사람들이 많이 모인다. 반면 실력이 쟁쟁해도 덜 알려진 사람이 오면 홍보를 많이 한다고 해도 사람이 잘 모이지 않는다.

유명하다는 것은 무엇일까? 이름이 널리 알려져 있다는 뜻이다. 보통 이름이 널리 알려져 있으면 그 사람이 뭔가 특별한 것이 있으니 그렇게 되었으리라 생각한다. 유명한 사람이 내실도 꽉 차서 명불허전名不虛傳인 경우가 있다. 반면 유명한 사람이라고 해도 그 이름이 실제와 달리 부풀려져서 빛 좋은 개살구 모양 명실이 일치하지 않는 경우도 있다.

평판 그 자체가 중요한 것이 아니라 그것에 걸맞은 인격과 자질을 갖추는 것이 더 중요하다. 이와 관련해서 공자는 몇 가지 조건을 제시하고 있다. 먼저 사람의 심지가 올바르고 윤리 의식을 갖추고 있어야 한다. 또 자기 이야기를 하느라 바쁘지 않고 파트너 이야기를 귀담아듣고 표정까지 헤아릴 줄 알아야 한다. 마지막으로 말끝마다 자신의 실적과 이력을 앞세우며 젠체할 것이 아니라 파트너를 배려하며 자신을 뒤에 둘 줄 알아야 한다.

이런 사람과 관계를 맺으면 하는 일이 어렵다고 하더라도 최종적으로 일이 잘 풀려나간다. 일단 윤리 의식을 갖추고 있으므로 일이 도중에 비리와 불법으로 인해서 중단되지 않는다. 파트너의 말을 경청하므로 서로 제대로 알아듣지 못해서 오해가 생길 가능성이 적을 뿐더러 이견이 있다고 하더라도 신뢰로 인해 크게 문제될 게 없다. 마지막으로 파트너를 배려하므로 공과를 두고 볼썽사납게 다툴 일이 없다. 이렇다 보니 그런 사람과 무엇을 함께하더라도 일이 제대로 되지 않을 까닭이 없다. 이는 그냥 이름만 널리 알려져 있지 윤리 의식도 없고 경청하지도 않고 배려도 없는 사람과는 질적으로 다른 것이다.

사람을 본다면 이름값에 솔깃하지 말고 명실의 일치를 따져볼 일이다. 아울러 우리도 무조건 이름을 알리고 보자며 나대고 볼 일이 아니라 내실을 갖추어 명불허전의 사람이 되도록 해야겠다.

〈나는 가수다〉란 TV 프로그램은 가수들이 경연을 펼치며 한 사람씩 탈락하는 식으로 진행되었다. 당시 김연우가 하차할 때 임재범은 "끝까지 음악을 사랑하는 마니아로 살아가자"고 했다. 이때 '마니아'는 달사의 뜻에 아주 가까운 말이다.

77

계약
시대의 일꾼 士

말은 믿음을 낳고 행동은 열매를 낳다
언신행과言信行果(13.20/338)

입문　'이태백'이란 말이 있듯 청년 실업이 사회의 주요 문제다. 청년들은 좁은 취업문을 뚫기 위해서 어학(영어), 해외 연수, 인턴 경력, 자격증 등 다양한 스펙을 쌓는다.

하지만 사회 어디에서도 그들에게 노력하면 잘될 수 있다는 확신을 심어주지 못하고 있다. 이렇다 보니 취직도 취직이거니와 청년들이 자신을 받아주지 않는 사회에 까닭 모를 적대심을 갖지 않을까 걱정이다.

'사오정'이란 말처럼 중장년 실업도 문제다. 중장년은 청년과 달리 구세대라 오늘날 사회가 요구하는 스펙이 부족하다. 재취업을 하기 위해서는 재교육을 받아야 하는 어려운 여건에 놓여 있다. 이처럼 시대가 바뀌면 사람들에겐 새로운 능력이 요구된다.

공자 시대에 이르러 사士는 그간 사회 지배층 말단에 있다가 핵심 역할을 하기 시작했다. 그에 따라 사는 다양한 특성을 가진 집단으로 세분화되었다. 공자 학파에서는 당시 빠르게 분화하기 시작한 사에 대한 관심이 많았다. 왜냐하면 공자 학파도 결국 늘어난 사 집단의 공간이 있기에 존립이 가능했으며 그것이 있기 때문에 발전할 수 있었다.

공자는 사 집단을 전체로 보지 않고 그 분화에 맞춰서 그에 어울리는 나름의 관점이 있었다. 아마 공자가 인사 담당자가 된다면, 지원자 개개인의 능력과 자질을 꿰뚫어보는 능력을 십분 발휘할 듯하다. 그의 눈에 비친 사 중에 몇몇을 살펴보자.

승당　자공이 물었다. "어떻게 하면 공동체의 일꾼이라 일컬을 수 있을까요?" 공 선생이 대꾸했다. "행동을 하고서 스스로 부끄러워할 줄 알고 이곳저곳에 사신으로 가서 부여받은 군주의 명령을 더럽히지 않는다면 공동체의 일꾼이라 일컬을 수 있지." …… 자공이 이건 부족하다 싶은지 다시 물었다.

"가능하다면 다음(다른) 경우를 알고 싶습니다." 공 선생이 대꾸했다.

"다짐(말)하면 반드시 믿음이 가고 행동하면 반드시 매듭을 지어 딱 부러지는 소리가 나니 작은 사람들이다! 그래도 다음은 차지할 만하다."

子貢問曰:何如斯可謂之士矣? 子曰:行己有恥, 使於
자공문왈　하여사가위지사의　　자왈　행기유치　사어
四方, 不辱君命, 可謂士矣.…… 曰:敢問其次. 曰:言
사방　불욕군명　가위사의　　　왈　감문기차　왈　언
必信, 行必果, 硜硜然小人哉! 抑亦可以爲次矣.
필신　행필과　갱갱연소인재　억역가이위차의

입실　사士는 기본적으로 일하는 사람이란 뜻으로 후대에 선비, 무사로 나뉘어졌다. 원래 사事, 사仕와 의미상으로 겹친다. 오늘날 대학을 졸업하면 학사學士라고 하듯이 사는 일정한 자격을 갖춘 전문가라고 할수 있다. 공자 당시 왕王·공公·경卿·대부大夫 등 다양한 사회 계층이 있었지만 그 말들은 모두 사어가 되고 사士만이 활어로 남아 있다. 여기서 '사'의 끈질긴 생명력을 확인할 수 있다.

행行은 다니다, 처신하다, 몸 놀리다의 뜻이다. 치恥는 부끄럽다, 부끄러움의 뜻이다. 욕辱은 욕보이다, 모욕, 수치의 뜻이다. 차次는 다음, 버금의 뜻이다. 과果는 굳세다, 이루다, 결실의 뜻이다. 갱硜은 돌이 부딪쳐서 나는 의성어를 가리킨다.

여언　공자는 '사'의 자질로 제일 먼저 도덕성과 능력을 강조했다. 즉 '사'라면 부끄러움을 느끼며 끊임없이 자기 향상을 위해 노력하고 외교 사절로 갈 경우 임무를 완벽하게 수행할 줄 알아야 한다. 그는 이전에 '사'의 상관 대부大夫가 해야 할 일을 '사'에게 요구하고 있는 것이다.

자공은 '사'의 기준이 너무 높다고 생각했던지 몇 차례 다음 수준의

'사'에 대해서 질문했다. 공자는 세 번째 단계의 '사'로, 하기로 약속하면 무슨 일이 있어도 '딱 부러지게 해내는 사람'을 꼽았다. 공자는 이 '사'를 기능적인 측면에 치우진 것으로 보아 앞으로 '사'가 갖추어야 할 미래의 모습으로 보지 않았다. 왜냐하면 이 '사'는 첫 번째 사와 달리 남으로부터 주어진 일을 완벽하게 수행해낼 뿐이지 자기 스스로 길을 개척하는 측면은 약하기 때문이다.

오늘날 대학들은 저마다 인재를 키워낸다고 아우성이다. 하지만 정작 졸업 이후 기업이면 기업, 현장이면 현장마다 대학 나온 사람이 쓸모가 없다고 볼멘소리를 한다. 그래서 대학은 아예 맞춤형 인재라면서 수요자가 원하는 인재를 키워내겠다고 화답하고 있다.

공자의 분류로 보면 오늘날 우리는 '사'의 세 번째 유형을 길러내려고 한다. 세 번째 '사'는 주어진 일을 척척 해내지만 스스로 일을 찾아서 술술 문제를 풀어가지는 못한다.

만약 우리가 이 유형을 고집한다면 대학 교육은 직업 교육과 일치하게 되고 인문 교육이 자리 잡을 길이 없어지게 된다. 이렇게 교육해 기능인을 양산하고 나서 우리는 그들에게 자신에게 주어진 자리를 지키지만 부정·부패·비리 등 범죄의 유혹이 있을 때 "그건 안 된다"고 뚝심 있게 말할 수 있는 양심을 기대할 수 있을까?

공자는 자신의 제자들이 극단적으로 월급을 축내는 자리 귀신(구신具臣)이 될지언정 아비와 군주를 죽이는 범죄 행위에는 결코 동조하지 않을 거라고 확신했다(시부여군弑父與君, 역부종야亦不從也. 11.24/292). 오늘날의 대학 총장도 그런 확신을 할 수 있을까? 대학 총장이 그런 약속을 한다고 하더라도 사회에서 그 말을 신뢰할 수 있을까?

78

자존

오늘날의 서민 필부

내 뜻만은 빼앗길 수 없다

불가탈지不可奪志(09.26/236)

입문　TV 드라마를 보다 보면 으리으리한 집엔 꼭 음식과 청소 일 등을 돌봐주는 가사도우미가 있다. 나이 든 분들은 가사도우미라고 해서 함부로 대하지는 않지만 악역을 맡은 인물이나 젊은이들은 간혹 가사도우미를 깔보는 듯한 언행을 한다. 그런 장면은 드라마의 설정이 그렇게 되어 있기에 그런다고 할 수 있다. 하지만 현실에서도 그런 일이 일어나지 않으리란 법은 없다.

학교에도 보면 반교육적인 현상이 많다. 간혹 선생님들은 성적에 따라 학생을 차별적으로 대우하기도 한다. 예컨대 급식, 학습 공간, 봉사 활동, 수상 기회 등에서 유망 대학에 들어갈 학생 위주로 학교를 운영하는 곳도 있다. 심지어 미션스쿨의 경우 헌법에 보장된 종교의 자유를 존중하지 않고 학생에게 종교를 강요하는 일도 있다. 아울러 학생들 사이에서도 공부 잘하는 학생은 점수 안 되는 일을 피하려 하고, 힘깨나 쓰는 학생은 약하거나 순진한 학생에게 돈을 주지도 않고 먹을 것을 사오라며 빵 셔틀을 시키기도 한다.

직장에도 애환이 있다. 부하와 상사는 업무상으로 규정된 직급 차이일 뿐이다. 하지만 현실에서는 직무를 넘어 개인적인 일까지 부하와 상사의 관계가 그대로 적용된다. 상사의 집이 이사를 가면 부하 직원은 이사를 돕고, 상사의 아이를 위해서 부하 직원이 숙제를 돕는 일까지도 있다.

교과서나 도덕에서 사람은 가지고 못 가지고를 떠나서 똑같은 사람으로 존엄성을 갖는다. 하지만 현실을 보면 드라마와 같은 일이 많다. 전체적으로 보면 우리 사회의 인권 의식이 높아짐에 따라 학교나 직장에서 부당한 일은 공공연하게는 이루어지지 않고 더 은밀하게 이뤄지고 있다. 당하는 사람들은 먹고살기 위해서, 귀찮아서, 두려워서, 소심해서 부당한 일을 감내한다. 그렇지만 언제까지나 그렇게 당하지만은 않는다. 그들도 사람으로서 짓밟힐 수 없는 것이 짓밟힌다고 생각하면 분연히 일어서 제 목소리를 낸다. 우리 속담에 "지렁이도 밟으면 꿈틀거린다"는 말이 있는 것처럼. 이 말은 바로 '불가탈지'의 뜻에 딱 어울리는 말이다.

승당　공 선생이 단호하게 말했다. "세 부대로 편성된 군대의 장수를 포로로 잡을 수는 있지만 별 볼일 없는 사람의 뜻(기개)은 꺾을 수 없다네."

子曰 : 三軍可奪帥也, 匹夫不可奪志也.
자왈　삼군가탈수야　필부불가탈지야

입실　삼군은 오늘날 육·해·공군이 아니라 상上·중中·하下군의 편제를 말한다. 탈奪은 빼앗다는 뜻으로 두 군대가 맞붙어 싸우다가 상대를 사로잡다, 생포한다는 맥락이다. 수帥는 장수의 뜻으로 전장에서 전투를 지휘하는 사령관, 지휘관을 가리킨다.

　필부匹夫는 짝이 있는 남정네라는 뜻이다. 나아가 그는 짝 이외의 사람에게 별다른 힘을 쓸 수 없는 보통사람이다. 필부匹婦와 짝이 되어 필부필부匹夫匹婦로 많이 쓰인다. 오늘날 서민의 뜻에 가깝다. 지志는 뜻, 포부, 기개의 뜻이다. 가진 것과 지위에 상관없이 사람이 무너질 수 없는 최후의 보루를 가리킨다. 일상어로 자존심, 배알, 심정 등과 의미상으로 겹친다.

여언　사회적으로 강자보다는 약자가 탈지 상황에 놓이기가 쉽다. 이 때 어떤 사람은 "에이!" 소리와 함께 탈지의 부당성을 언급하고 자리를 박차고 나갈 수 있다. 어떤 사람은 억울함을 속으로 꾹 참으면서 탈지를 애써 모른 체하며 넘길 수 있다.

　『맹자』에 따르면 사람이 손으로 코를 막고 밥그릇을 발로 툭툭 밀치면서 밥을 주면 빌어먹는 거지도 그 밥을 먹지 않는다고 한다. 『사기』를 보면 한신韓信이 볼일이 있어 시장을 지날 때 건달이 시비를 걸자 그의 가랑이 아래를 기어서 갔다는 '과하지욕跨下之辱'이 나온다.

　제자백가 중 한 명인 송견宋銒은 사람이 업신여김을 당했다고 욱하는 성질을 참지 못하면 싸움이 끊이지 않게 된다고 보았다. 따라서 업신여김을 당하더라도 치욕이라 생각하지 않으면 된다는 '견모불욕見侮不辱'을 주장했다. 하지만 우리에게는 또 "무릎을 꿇고 사느니 서서 죽겠다"는 장엄한 말도 있다.

　사람에겐 다른 것은 다 양보하더라도 이것만은 지켜야겠다는 것이 있다. 그것은 사람마다 다를 수도 있고 사람이라면 공통으로 지켜야 하는 것도 있다. 물론 사람이 그렇게 처참한 상황에 놓이지 않도록 개인이나 공동체가 노력하는 것이 좋다. 그러나 모든 사태를 탈지냐 아니냐 또는 자존심을 세우느냐 마느냐는 상황으로 몰아갈 필요는 없다. 사실 한신이 치욕을 당했다고 하지만 그 상황을 치욕이라 생각할 필요는 없다. 한신도 그렇지만 주위 사람들도 시비를 건 사내의 부당성을 알고 있다. 그때 한신이 욱하는 성질을 참지 못해 차고 다니던 보검으로 사내를 벨 수도 있었을 것이다. 하지만 그는 그 상황을 치욕이 아니라 재수 없는 상황으로 보았기에 그냥 넘길 수 있었던 것이다.

문제는 진정으로 탈되된 상황 또는 인간의 존엄성이 위협받는 상황에서 어떻게 하느냐인 것이다. 공자는 주위에 아무리 많은 병사가 호위하고 있어도 장수를 사로잡아서 무릎을 꿇릴 수는 있지만 제 반자(아내 또는 남편)만 알고 지내는 사람일지라도 그의 존엄성은 해칠 수는 없다고 보았다. 고개가 끄덕여지는 대목이다.

79
미숙
다듬지 않은 희망 광견

묻지 않고 앞으로 나가 뭔가를 찾다
광자진취狂者進取(13.21/339)

입문 배우자를 고르는 기준이 무엇이냐 또는 무인도로 간다면 무엇을 가지고 가겠느냐 또는 점심식사로 무엇을 좋아하느냐 등의 물음을 비롯해서 다양한 설문 조사가 있다. 모든 사람에게 물어보지 않아도 통계를 내보면 대체적인 경향성을 파악할 수 있다. 한 사람 두 사람에게 물어보면 의미가 없지만 일정 수치를 넘어서면 통계적인 수렴성이 있어서 전체적인 윤곽을 그릴 수 있다.

물론 공자는 다중을 상대로 여론 조사를 하지는 않았다. 하지만 그는 종종 자신을 상대로 여러 가지 여론 조사를 한 적이 있다. 세상을 버리고 배를 타고 바다로 간다면 누구와 갈까? 혼란한 세상을 구제하기 위해서 누구와 함께 어울릴까? 등등. 여기서도 공자는 예의 '여론 조사'식 이야기를 건네고 있다.

그는 원래 성인聖人을 만나고 선인善人을 만나고 싶어 했지만 그것이 불가능하다는 것을 알자 기준을 조금 낮추었다. 먼저 중행을 만나고 싶어 했다. 그것마저 기준이 높은지 그는 다시 기준을 낮추어 광자와 견자라도 좋겠다며 여론 조사를 마치고 있다. 광자와 견자는 그가 기준을 낮추고 낮추어서 더는 낮출 수 없는 최후의 보루였다. 우리는 어떤 사람과 함께 살아가기를 바라는 걸까?

승당   공 선생이 자신의 바람을 터놓고 이야기했다. "가운데 길로 가는 사람과 어울릴 수 없다면 반드시 광자나 견자와 어울리리라! 광자는 진취적이고, 견자는 주저주저하며 하지 않는(못하는) 일이 있다."

> 子曰: 不得中行而與之, 必也狂狷乎! 狂者進取, 狷者
> 자 왈 부 득 중 행 이 여 지 필 야 광 견 호 광 자 진 취 견 자
> 有所不爲也.
> 유 소 불 위 야

입실   중행中行은 뒤의 광과 견의 중용에 해당한다. 너무 앞서 나아가지도 않고 너무 뒤처져서 오도 가도 못하지도 않게끔 적절함을 잃지 않는 것이다. 차를 모는 것으로 비유하면 중행은 경제 속도나 안전 속도를 지키며 도로 교통량에 따라 속도를 조절하는 것이다. 광자는 틈만 나면 차선을 이리저리 바꾸며 앞으로 나아가려고 연신 깜빡이를 켜는 것이다. 견자는 차를 몰며 전후좌우에 지나치게 신경을 쓰면서 필요 이상으로

느리게 운전하는 것이다.

광狂은 미치다, 앞뒤를 따지지 않다는 뜻으로 앞으로 나아가는 데 강하지만 뒤를 돌아보는 데 약하다는 맥락이다. 견狷은 주저하다, 이것저것 따지다는 뜻으로 앞으로 나아가는 데 약하지만 뒤를 돌아보는 데 강하다는 맥락이다. 광과 견은 서로 반대되는 인물 유형을 대표한다. 『시경』에서 광은 성聖과 대비되면서 둘이 한순간의 생각에서 차이난다고 말하고 있다. 공자는 광과 성을, 광과 견의 관계로 재조정해서 춘추 시대의 인물 유형을 형상화시키고 있다.

진취進取는 적극적으로 나아가서 일을 이룩한다는 뜻이다. 오늘날엔 진취가 주로 긍정적인 문맥으로 쓰이지만 공자는 이 말을 약간의 위험성을 가진 것으로 보아 불안한 시선을 거두지 않고 있다. 이곳은 '진취'가 가장 먼저 쓰인 곳이다.

여언 공자는 특별한 스승이 없는 '학무상사學無常師'(2강 35조목 참조)지만 만나는 상황을 모두 스승으로 삼아서 자신의 영혼을 살찌웠다. 그는 신이 아닌 이상 세상을 아름답고 정의가 넘치는 곳으로 만들려면 함께 길을 가는 사람이 필요하다고 했다.

이때 제일 좋은 사람은 자신을 닮은 사람이다. 혼자서 할 수 없는 일도 여럿이 뭉치면 해낼 수 있기 때문이다.

공자는 세상을 바꾸는 것이 불가능한 줄 알면서도 고집스레 움직이는 '불가이위자不可而爲者'다(2강 34조목 참조). 따라서 그는 자기를 닮지 않았지만 닮을 수 있는 후보자를 찾아 나섰다. 그중 하나가 광자다. 이는 한번 필이 꽂히면 물불 가리지 않고 저돌적으로 달려가는 사람을 가리킨다. 성급하고 거친 측면이 있다. 하지만 앞으로 나아가야 하지만 패배 의식에 젖어 지금 상황에 안주하며 변화를 꿈꾸지 않는 사람과는 다르다. 꿈꾸지 않는 자는 나아질 가능성이 없지만 광자는 가다듬기에 따라 불 같은 추진력을 낼 수가 있다.

다른 하나는 견자다. 이는 돌다리도 두들겨보고 건너듯이 자꾸만 "좀 더 생각해보고……"라는 말을 연신 하는 사람을 가리킨다. 느리고 답답한 측면이 있다. 하지만 신중하다는 것은 무엇을 하고 무엇을 하지 말아야 하는지에 대한 최소한의 기준이 있다는 것을 말한다. 그렇게 기준을 존중한다면 자신을 파괴하거나 공동체를 무너뜨리는 일은 하지 않을 것이다. 공자는 광자와 견자의 변화 가능성을 믿기 때문에 그들과 함께하는 미래를 생각했던 것이다.

우리도 혼자서 모든 것을 할 수 없다. 또 모든 것이 다 갖추어진 뒤에라야 비로소 일을 벌일 수는 없다. 늘 모자라는 조건에서 움직일 수밖에 없는 것이다. 당신은 그때 최소한 어떤 조건을 갖춘 사람과 파트너가 되기를 원하는가?

80
사익
이익을 위해 이합집산하는 소인

패거리에 갇혀 전체를 보지 못하다
비이부주比而不周(02.14/030)

입문　운동 경기만큼이나 치열한 승부의 세계도 없다. 특히 프로 스포츠는 여러 사람이 보는 가운데서 기량을 겨루며 우열과 승패가 바로바로 드러난다. 리그전이나 대회에서 우승을 다투는 팀은 경기가 시작되기 전부터 언론과 사람들의 관심을 받으며 그 열기가 후끈 달아오른다. 한 치의 양보도 없는 열전이 끝나면 결국 승부가 갈리게 된다. 이때 익숙한 두 장면이 있다. 하나는 심판의 휘슬 소리와 함께 경기가 끝나면 선수들이 각자 상의를 벗어서 서로 옷을 바꿔 입으며 끼리끼리 축하와 위로를 나누는 장면이다. 다른 하나는 패자가 패배를 받아들이지 못해 원통해하며 승자의 위로를 받아들이지 않고 그들의 치부를 드러내는 장면이다.

후자는 승부에 너무 집착해서 승자와 패자가 모두 스포츠 세계에 있다는 것을 잊어버린 것이다. 이런 선수는 재능이 뛰어나고 골을 많이 넣는다고 하더라도 그 선수를 좋아하는 사람들만 좋아하지 다른 많은 사람들은 그 선수를 좋아하지 않는다. 승리의 갈망이 아무리 강렬하다고 하더라도 그 갈망은 모두 스포츠와 스포츠맨십 범위 안에서 조율되어야 한다. 팬들에게 오래 사랑받는 선수가 많을수록 그 스포츠는 사람들 사이에서 살아남는다.

공자는 춘추 시대의 인간 유형을 군자와 소인의 틀로 가두어놓고 생각했다. 과연 수많은 사람을 두 가지 틀로 묶어낼 수 있을까라고 걱정할 수 있지만 『논어』를 읽고 다시 우리 현실을 돌아보면 이것이 꽤 유효한 틀이라는 것을 알 수 있다.

승당　　공 선생이 들려주었다. "자율적 인간은 보편의 관점에 서지 당파성을 지니지 않는다. 반면 작은 사람들은 당파성을 지니지 보편의 관점에 서지 않는다."

子曰：君子周而不比，小人比而不周.
자왈 군자주이불비 소인비이부주

입실 주周는 두루, 골고루, 구하다, 도와주다, 알맞다의 뜻이다. 비比는 친하다, 아첨하다, 편들다, 무리, 동아리, 패거리의 뜻이다.

군자와 소인은 공자가 춘추 시대의 다양한 인간 유형을 두 가지로 정리하면서 사용하는 구분법이다. 군자는 『맹자』에서 '대인大人'으로 자주 쓰이므로 사실 군자와 소인은 대인과 소인으로 바꿔서 생각하면 의미가 더욱 분명해진다. 대인과 소인은 원래 사람의 인격 차이를 나타낼 때 즐겨 쓰는 용어다.

요즘 들어 특히 대인은 '대인배' 또는 '대인배답다'라는 말로 인터넷에서 즐겨 쓰이고 있다. 축구선수가 상대편이 그라운드에 쓰러졌는데 손을 잡고 일으킬 경우, 인터넷에는 그 장면을 캡처한 사진이 뜨며 해당 선수를 대인배답다고 추켜세운다.

여언 군자와 소인을 바라보는 고질적인 관점이 있다. 군자는 좋고 소인은 나쁘다는 것이다. 이것은 케케묵고 사태를 너무 규범적으로 바라보는 관점이다. 소인이 나쁘고 바람직하지 않다고 하더라도 그 소인은 사람에게서 지울 수 없는 측면이자 요소다. 없앨 수 없는 것이 주문처럼 나쁘다고 외친다고 해서 없어지는 것이 결코 아니다.

누구에게나 군자의 측면만 있는 것이 아니라 소인의 측면이 있다. 이러한 사실을 고려하지 않고 특정인을 소인으로 지목해놓고 그 사람을 나쁜 사람의 전형인 것처럼 비난하고 공격한다면 그것은 도덕의 이름으로 폭력을 행사하는 것이다. 이는 마치 학교나 회사에서 어떤 사람이 한두 번 실수한 전례를 가지고 그 사람을 무능력자인 것처럼 몰아가는 것과 다를 바 없다.

군자와 소인의 구별은, 나를 선의 화신으로 만들고 타자를 악의 화신으로 만들어서 배제의 논리를 작동하는 데 그 목적이 있지 않다. 그것의 구별은 사람의 차이를 확인하고서 좀 더 나은 단계로 나아가는 변화를 일구어내는 데 목적이 있다.

운동 경기에서 상대 선수는 서로 적일 수밖에 없지만 쓰러진 상대편 선수를 일으켜주면 관중은 격려의 박수를 친다. 이는 승부를 다투지 말라는 것이 아니라 역할로는 서로 경쟁하고 대립하지만 결국 스포츠의 목적이란 인간의 한계와 기량을 더 높이는 것이기 때문이다.

군자와 소인은 어떻게 다른가? 소인은 친한 사람끼리 서로 밀어주고 끌어주며 다른 사람을 끊임없이 배제한다. 사람이 어떤 사람인가를 보기 전에 내 편인가 아닌가라는 단순하며 명쾌한 기준 하나로 모든 것을 재단한다.

군자라고 함께 어울리는 사람이 없겠는가? 아니다. 군자는 어울리는 사람에 빠지지 않고 어떠한 사람이라도 동일하게 바라보는 자유로운 관점을 가지고 있다.

사실 우리나라가 오래전부터 선진국 타령을 하지만 세계의 선도 국가로 나아가지 못하는 원인도 따지고 보면 우리가 모든 기준을 연고, 학연, 지연과 너무 밀착시키고 있는 데 있다. 이를 벗어나지 못한다면 우리나라의 전반적인 문화와 소양이 한 단계 올라가기가 쉽지 않을 것이다. 그래도 자신 있게 군자가 나와 상관없다고 할 수 있겠는가? 있다고 한다면 그것은 무슨 배짱인가?

81

가면

영혼을 잃어버린 향원

좋은 게 좋은 거지 뭘 그렇게 따져

덕지적야德之賊也(17.13/464)

입문　연예인이 가장 무서워하는 것은 무엇일까? 답은 생얼이다. 화장을 해서 얼굴의 단점을 가려야 하는데 그걸 지우고 나면 모든 단점이 그대로 드러나게 된다. 인터넷을 보면 간간이 연예인의 얼굴을 화장 전후로 나누어 올리는 글이 있다. 그것을 보면 심한 경우 속았다는 생각이 들 정도다.

노래방에 가면 사랑, 이별 노래가 많이 불린다. 그 밖에도 여러 노래가 많이 불리지만 배반, 배신, 배은背恩 노래도 빠지지 않는다. 사람이 배신에 민감한 것은 믿는 도끼에 발등 찍히는 것처럼 전혀 믿기지 않는 사실을 준비도 되지 않은 어색한 상태에서 맞이해야 하기 때문이다. 생얼만큼이나 배신도 사람을 당혹하게 만든다.

이처럼 사람은 상대를 좋다고 굳게 생각해왔는데 그 사람이 나쁜 사람으로 밝혀지면 그렇게 불쾌할 수 없고 그렇게 속이 쓰릴 수가 없다. 시저는 자신이 키운 브루투스 손에 죽으면서 "브루투스, 너마저도"라고 말했는데, 박정희도 김재규의 총에 죽으면서 같은 심정이었을 것이다.

공자는 왜 그토록 향원에 대해 저주를 퍼부었을까? 향원이 자신의 본모습을 감춘 것과 관련이 있으리라.

그러고 보면 향원은 정체가 발각되면 안 되므로 탁월한 연기자라고 할 수 있겠다.

승당　　공 선생이 딱 부러지게 이야기했다. "향원, 즉 좋은 게 좋다는 사람은 고상함의 가치를 손상시키는 인물이다."

子曰 : 鄕愿, 德之賊也.
자 왈　향 원　덕 지 적 야

입실　　향鄕은 시골, 마을의 뜻으로 사람이 이웃과 어울려서 친하게 지내는 생활 세계를 가리키는 맥락이다. 원愿은 삼가다, 질박하다는 뜻이다. 향원은 두 단어가 합쳐내서 공자가 부정적으로 그리고자 하는 대표적인 인물 유형이 되었다. 두 글자를 합치면 생활 세계에서 선량한 사람이라고 할 수 있다. 연쇄 살인, 연쇄 강간이 일어나면 해당 지역 주민은 두려움에 떨게 되고 범인 체포가 온 시민의 관심사가 된다. 범인을 잡고 나면 주위 사람들은 그 사람이 그렇게 흉악한 사람인 줄 몰랐다거나 인사도 잘해 착실한 사람인 줄 알았다고 말하곤 한다.

향원도 주위 사람들에게는 선량하기 그지없는 사람인지 몰라도 법과 도덕의 기준으로 보면 흉악하기 짝이 없는 사람이다. 공자는 겉 다르고 속 다른 동시대의 인간 군상을 수없이 목도하고서 그들을 '향원'이라는 말로 포착했다. 오늘날 말로 한다면 위선자에 가깝다고 할 수 있다.

여언　　세상을 좋음과 나쁨으로 양분하면 선과 악으로 대별할 수 있다. 선과 악도 다시 세분할 수 있다.

선에는 최선과 차선 그리고 소선小善이 있다면 악에는 거악과 차악 그리고 소악小惡이 있다. 법과 도덕으로 보면 거악과 차악 그리고 소악은 옳지 않으므로 처벌을 받아야 하고, 최선과 차선 그리고 소선은 그 자체로 누릴 만한 영광이 있다.

그런데 사람 심리가 묘해서 소악을 동정하기도 하지만 소선을 그렇게 달갑게 여기지도 않는다. 왜 그럴까? 악은 이미 악으로 그 정체가 드러났기 때문에 거악이 아니라 소악에 머문 것을 무조건 질타의 대상으로 삼기가 쉽지 않아서 그럴 것이다. 선과 악 중에서 거악만큼이나 저주와 비난의 대상이 되는 것이 있다. 무엇일까? 그것은 바로 위선이다. 반면 위악偽惡은 애교(?)로 봐주기도 한다.

그렇다면 왜 위선을 미워하는 걸까?

그것은 악이 선이 아니면서 선으로 자신의 정체를 감추었기 때문이다. 악이 화장을 통해서 선인 것처럼 행세를 한 것이다.

향원도 따지고 보면 위선자에 가깝다. 선과 악의 경계가 뚜렷하지 않고, 좋은 게 좋은 거지 하고 물에 물 탄 듯 술에 술 탄 듯하면서 사람들로부터 좋은 인상을 받으려고 애쓴다.

그런 사람이 많으면 선이 자라지 못하고 악이 더 왕성하게 자라게 된다. 악이 악으로서 정체가 드러나지 않으므로 제재를 받지 않은 채 자신의 세력을 키울 수 있기 때문이다.

더욱이 위악은 어설퍼서 귀엽기라도 하지만 위선은 너무나도 뛰어나서 사람으로 하여금 분별하지 못하게 한다. 나중에 위악은 "내 그럴 줄 알았어!"가 되지만 위선은 시저의 말처럼 "네가 어떻게 그럴 수가 있어!"가 된다. 이렇게 위선만큼이나 사람 사이를 갈기갈기 찢어놓고 사람을 근원적으로 불신하게 만드는 것이 있을까?

82

독설

말을 칼처럼 휘두르는
녕인

번뜩이는 말로 사람의 말문을 닫게 하다

어인구급禦人口給(05.05/097)

입문　　우리는 말 잘하는 사람의 언변을 표현할 때 '구라 친다'고 한다.
사전적으로 구라는 '거짓말'을 이르는 비속어라고 하지만 실제로는 귀를
쫑긋하고 듣게 되는 재미있는 이야기라고 할 수 있다. 물론 구라는 명확
한 증거를 가지고 하는 말이 아니므로 사실이 아니라고 할 수 있지만 거
짓말이라기보다 픽션에 가깝다. 구라는 지어낸 말이므로 거짓말이기는
하지만 듣는 사람이 전혀 눈치채지 못하게 속아 넘어갈 정도로 앞뒤가
척척 맞아야 한다. 요즘 말로 하면 스토리텔링이라고 할 수 있다.

문학가 황석영, 재야 운동가 백기완, 왕년의 협객 방동규의 공통점이
구라를 잘 친다는 데 있다. 일설에 이들을 조선의 3대 구라라고 한다. 최
근에『나의 문화유산답사기』로 사람들의 시선을 끈 유홍준도 구라의 한
축을 이룬다는 평가가 자자하다. 구라를 치면 듣는 사람이 무릎을 탁 치
고 말문이 막히지만 "예끼 이 사람!"이라고 할지언정 누구 하나 화는 내
지 않는다.

공자가 문제 삼는 녕인佞人은 외형상 구라 치는 사람과 닮았지만 기실
다른 점이 크다. 녕인도 말이 청산유수라 상대의 입을 뻥긋도 하지 못하
게 한다. 그의 말은 구라보다 훨씬 더 논리적이고 지적이다. 녕인이 말하
고 나면 듣는 사람은 재미를 느끼는 것도 감동을 하는 것도 아니라 적의
를 품는다. 상대는 몸을 파르르 떨 정도로 기가 막히지만 말로 어떻게 대
응할 수 없으므로 그냥 두 눈 부릅뜨고 녕인을 노려볼 뿐이다. 그런 사람

이 많으면 모듬살이에 원망과 분노가 가득 차서 바람 잘 날이 없다. 서로 만나려고 하지도 않은 채 뒤에서 구시렁거리니 평화가 찾아올 리가 없다. 혹 당신 주위에 '녕인'이 없는가?

승당　정체불명의 사람이 물었다. "염옹은 평화에 힘쓰지만 말재주가 변변찮습니다." 공 선생이 한마디 했다. "말재주를 어디에다 쓸까요? 그런 사람은 끊임없는 입심으로 상대의 말문을 막곤 해서 주위 사람들에게 자주 원성을 듣습니다. 그이가 평화에 힘쓰는지 어떤지는 잘 모르겠습니다만 말재주를 어디에다 쓸까요?"

或曰 : 雍也仁而不佞. 子曰 : 焉用佞? 禦人以口給, 屢
혹 왈　옹 야 인 이 불 녕　자 왈　언 용 녕　어 인 이 구 급　루
憎於人. 不知其仁, 焉用佞?
증 어 인　부 지 기 인　언 용 녕

입실　녕佞은 아첨하다, 말재주, 유창하다의 뜻으로 말이 쉴 새 없이 쏟아져 나와서 다른 사람의 말문을 막는 것을 가리킨다. 방송인 송도순과 배한성의 말 빠르기를 생각하면 녕인의 이미지를 어느 정도 이해하리라(두 사람이 실제로 녕인이라는 뜻은 아니다).

어禦는 막다, 맞서다, 대비하다의 뜻으로 적이 아니라 말문을 막는다는 맥락이다. 구급口給은 각각 입과 넉넉하다의 뜻이다. 돈이 넉넉하면 사람의 기를 팍 죽이듯이 입(말솜씨)이 넉넉해도 사람의 기를 팍 누를 수가 있다. 대체로 부부 싸움을 하면 여성 분의 입담이 훨씬 세다. 간혹 음식점 같은 곳에 여자 몇 명이 모여 수다를 떨면 인근 동네가 떠들썩할 정도로 시끄럽다. 물론 남자들도 나이가 들면 말문이 트여서 주위에 아랑

294

곳하지 않고 한시도 가만있지 않고 종알거리는 사람도 있다.

증憎은 미워하다, 싫어하다의 뜻으로 미움을 받는다는 맥락이다.

여언 한자로 뜻은 칼이지만 도刀와 검劍은 다르다. 도는 외날로 베기에 적합하고 검은 양날로 찌르기에 편하다. 우리는 칼로 평화를 지킬 수도 있지만 폭력을 낳을 수도 있다. 이를 칼의 양면성이라고 한다. 우리 사회에는 칼 이외에도 하나가 두 가지 서로 반대되는 측면을 갖는 것이 있다. 돈, 음식, 확신 그리고 말이 있다. 이것은 모두 어떻게 쓰이느냐에 따라 행복과 불행의 길이 갈린다.

이 중에서 말의 양면성 또한 극명하게 나뉜다. "말이 화근이다"라고 할 때 말은 조금 있는 것을 크게 부풀리고, 없는 것을 만들어내서 사람 사이를 찢어놓아 친구가 원수가 된다. "말 한 마디로 천 냥 빚을 갚는다"라고 할 때 말은 사람을 감동시켜서 원수마저 상대를 이해하게 만들 수 있다.

우리 사회에는 미담보다 독설이 주목을 받다 보니 점점 상대를 자극하며 개인의 화풀이를 하는 말들이 늘어나고 있다. 학생들의 언어를 들어보면 대화에 욕설이 아무렇지도 않게 자연스럽게 녹아들어 있다. 한국교육개발원이 공개한 「학교생활에서의 욕설 사용 실태 및 순화 대책」 보고서에 따르면 학생들 중 욕설을 전혀 쓰지 않는 학생이 초중고생 20명 중 1명뿐이라고 한다(《경향신문》, 2011.6.5). 이렇다 보니 고인故人에 대한 금기마저도 깨지고 있다. 아무런 반론권이 없는 고인을 상대로, 학술적 발언이 아니라 무분별한 험담이 버젓이 언론에 대서특필되는 실정이다. 특히 정당 대변인들은 언론의 주목을 받기 위해서 선정적인 말도 주저하지 않는다. 이것이 우리가 말을 주고받는 이 시대의 자화상이다.

공자도 말이 서로 다른 존재로 하여금 합일점을 찾게 하는 안내자 역할이 아니라 상대의 욕망을 좌절시키고 자신의 욕망을 실현하는 무기로 쓰이는 현실을 마주했다. 그는 녕인佞人이란 말을 만들어서 말이 나아갈 길을 돌이켜본 것이다.

83 약자
소외받은 집단 이적

어디에도 내릴 수 없는 깃발을 세우자
이적불기夷狄不棄(13.19/337)

입문 우리는 우리나라를 단일 민족 국가로 알고 있다. 하지만 사실 여부를 떠나서 앞으로 서울을 비롯한 주요 도시는 외국인과 함께 살아가는 국제도시의 특성을 이전보다 훨씬 더 많이 갖게 될 것이다.

이주 노동자가 한국에서 결혼하거나 한국인이 국제결혼을 하게 되면 자연스럽게 혼혈 현상이 일어난다. 이로 인해 기존에 '한국' 또는 '한국사람'이라고 생각하는 고정관념이 앞으로 상당 부분 깨져나갈 것이다. '살색'이 인종 차별 혐의가 있다고 해서 그 말이 '살구색'으로 바뀌었는데, 이는 우리나라가 단일한 특징의 민족으로 된 나라가 아니라는 것을 더욱 상징적으로 보여준다.

이처럼 우리가 다양한 국적과 풍습을 가진 사람과 어울려 살게 되면 자연스럽게 문화 충돌이 일어나게 된다. 각자 오랜 시간에 걸쳐서 자신에게는 익숙한 것이 타인에게는 낯설기 그지없는 것이다. 이에 새삼스럽게 나와 너에게 공통으로 적용될 수 있는 문화나 풍습에 대한 논의가 필요해진다.

　공자 당시에도 중원 지역에는 주족周族, 즉 오늘날 한족漢族만 살았던 것이 아니다(엄격하게 따지면 한나라 이전 중국 사람을 '한족'이라 부를 수는 없다. 당시 주나라가 천자 나라이므로 주족周族이라고 할 수 있다). 오늘날 그 이름이 사라진 수많은 종족이 주족과 혼재해 살고 있거나 일정한 거리를 두고 산재해 있었다. 공자는 자신이 하는 말이 주족에게만 해당하지 않고 널리 실현될 수 있다는 생각을 가지고 있었다. 오늘날 말로 하면 공자는 주족만을 위한 가치를 세운 것이 아니라 세계 기준global standard을 마련한다고 생각했던 것이다.

승당　번지가 평화 일구기에 대해 물었다. 공 선생이 대꾸했다. "몸가짐이 겸손하고 역할 수행이 신중하고 일을 함께하는 상대와의 사귐을 충실히 하시게. 주위 이민족(소수 민족)의 땅으로 가더라도 이런 행실을 무시해서는 결코 안 된다네."

> 樊遲問仁. 子曰 : 居處恭, 執事敬, 與人忠. 雖之夷狄,
> 번 지 문 인　자 왈　거 처 공　집 사 경　여 인 충　수 지 이 적
> 不可棄也.
> 불 가 기 야

입실　번지는 공자의 제자다. 공자 학파 일원이기는 하지만 간혹 공자와 이야기를 나누며 생뚱맞은 주장을 하곤 한다. 공자와 동학이 예의를 가지고 이야기를 하는데 농사짓는 방법을 묻는 식이다. 그는 인이다 예의다 하는 추상적인 주제보다 농사와 원예 등 현실적인 사안에 관심이

있었던 듯하다. 공자는 그의 이야기를 듣다가 간혹 윽박지르듯이 좀 더 본질적인 주제에 관심을 가질 것을 권하고 있다.

집執은 잡다, 가지다의 뜻이다. 집사는 경우에 따라 대갓집 허드렛일을 맡아보는 사람을 가리키기도 하고 일을 주관한다는 점에서 존귀한 사람을 가리키기도 한다. 여기서는 일을 맡는다는 맥락이다.

이적夷狄은 공자 당시 주족이 아닌 이민족을 가리키는 말이다. 우리는 이를 '오랑캐'로 풀이하는데, 그 말이 중화주의를 담고 있으므로 앞으로는 쓰지 않았으면 좋겠다. 옛날에는 주족(한족) 이외 민족을 네 방향으로 나누어 남만南蠻·북적北狄·동이東夷·서융西戎으로 부르기도 했다. 기棄는 버리다, 멀리하다, 그만두다의 뜻으로 무가치하다, 뒤도 돌아보지 않는다는 맥락이다.

여언　간혹 혼자 무인도에 가면 무엇을 가지고 갈 건가라는 질문을 받는다. 그것으로 우리가 무엇을 가장 소중하게 생각하는지 가늠해볼 수 있기 때문이다.

공자도 비슷한 질문을 던졌다. 만약 우리가 중원의 주족이 아니라 이민족의 주거지로 간다고 하더라도 꼭 지켜야 할 것이 무엇인가라는 물음을 던졌다. 그는 포기할 수 없는 것으로 스스로 세 가지를 꼽았다. 겸손, 신중, 충실이다. 이것은 가치 규범이기 이전에 생활 자세 또는 예의에 해당하는 것이다. 사실 이 정도를 지키면 모르는 사람도 적대적으로 대하기 어렵다. 즉 이는 사람이 타자를 적대하지 않고 환대할 수 있는 최소한의 요건이라고 할 수 있다. 만약 근본도 모르는 사람이 어느 날 느닷없이 나타나서 점령군인 양 안하무인으로 생활하고 일처리가 독단적이며 사교가 불성실하다면 추방되지 않고 어떻게 배겨낼 수 있겠는가?

우리는 오늘날 습관, 문화, 풍습을 달리하는 사람을 쉽게 만난다. 외국이라고 할 것도 없이 우리나라 안에서도 이주 노동자나 귀화인 등 다양한 한국인을 만나게 된다. '내'가 익숙한 것이라고 해서 한국인이라면 누구나 다 알고 있으리라고 생각할 수 없다. 즉 한국에서 한국인이면서 고립된 섬에 사는 듯한 사람들이 많다.

새삼 차별 없이 함께 통할 수 있는 것이 무엇일까, 깊이 생각해볼 즈음이다. 공자도 주족의 우월성에서 완전히 벗어나지는 못했지만 보편성이 무엇인지 고민했다는 것을 엿볼 수 있다.

5강 덕목

내 인생의 꽃을 피우는
공자의 가르침

강에서는 자기주도적인 삶을 위해서 갖추어야 하는 가지 덕목을 살펴보고자 한다. 가지가 많다고 느껴지면 지금 당장 절실하다고 생각하는 덕목부터 곰곰이 따져보자.

주말에 어디 캠핑이라도 가려고 하면 준비물이 차 안에 가득하다. 여러 차례 다닌 사람은 짐이 그나마 단출하지만 초짜는 짐을 바리바리 싣는다. 이게 없으면 밥 해먹기에 불편할 듯하고 저게 없으면 잠자리가 불편한 듯해 자꾸 챙기는 것이다. 하루 이틀 밖에서 보내는 것도 이렇게 쉽지가 않다.

인생살이에는 여러 가지 필수품들이 많다. 먼저 먹고 자며 입는 문제가 해결되어야 한다. 다음으로 우리는 인생을 잘못 살았다는 생각이 들지 않도록, 향기가 나도록 가꾸어야 한다. 이를 위해서 인생은 의미의 꽃을 피울 필요가 있다. 음식도 맛이 있어야 먹듯이 인생에도 의미라는 맛이 있어야 이야기를 함께 나눌 만하다. 그렇게 해서 인생은 때로는 아름답게 때로는 바람직하게 될 수가 있다.

주린 배를 채우려면 주문만으로는 불가능하고 노동을 해야 한다. 아름답고 바람직한 인생을 가꾸려면 희망만으로는 불가능하고 노력을 해야 한다. 이 노력이 노력으로 끝나지 않고 결실을 맺으려면 그것을 이끄는 덕목이 필요하다. 『논어』에서 가지 덕목을 캐내서 향기 나는 인생의 밭을 만들어보자.

강에서 다루는 덕목은 지금까지 살펴본 응용에서 개성의 형상화까지

의 이야기를 한곳에 모아서 자기주도적인 삶을 가능하게 하고 마지막으로 다룰 핵심 가치가 삶에 뿌리를 내려 꽃을 피우게 할 것이다.

84

주체己

원래 학문은 사람의 영혼을 살찌게 한다

고학위기古學爲己(14.25/373)

입문　'학습 노동'이란 말이 있을 정도로 우리나라 고등학생은 고난의 학습 행군을 벌인다. 하루 이틀도 아니고 3년간 계속되는 공부는 여간 어려운 일이 아니다. 이때 잠시 학생(자식)이 한눈을 팔거나 힘들어하는 눈치가 보이면 부모는 "이게 다 너를 위해서 하는 것이지 누굴 위해서 하는 거냐?"며 잔소리를 늘어놓는다. 그렇게 힘들게 공부해서 대학 가고 대학에서 잠깐 숨을 돌린 뒤에 또 열심히 노력해서 취업을 하게 된다. 취업해서 월급을 받으면 처음에는 제 손으로 제 앞가림을 하게 되어 기쁘기도 하고 대견스럽기도 하다.

직장 생활은 생활의 안정을 가능하게 하고 자아실현을 이루어준다. 이렇게 보면 우리나라 사람은 인생에서 행복감을 크게 느끼리라 예상할 수 있다. 하지만 각종 조사를 보면 우리나라 학생이나 성인은 모두 세계에서 행복도 순위가 낮다. 또 은퇴 이후의 생각을 물으면 다른 나라 사람이 해방과 자유의 이미지를 갖고 있는 반면 우리나라 사람은 불안과 두려움의 이미지를 갖고 있다.

대부분의 우리나라 사람은 하루 세끼를 먹지 못하거나 내년에 먹을 양식이 없어 삶이 절망스러운 정도는 아니다. 그렇다면 기본적인 생활 문제, 미래 대비가 어느 정도 해결되었으면서도 왜 이토록 불행해하고 불안해하는 걸까?

같은 문제를 다른 식으로 질문해보자. 우리나라 사람이 지금보다 행복해지려면 어떻게 해야 할까?

공부를 비롯해서 인생의 가치를 다시금 생각해보면 좋겠다. 공자는 누구를 위해서 무엇 때문에 공부하는가라는 질문을 던지고서는 공부와 행복이 만날 수 있는 접점을 깊이 생각해보았다. 우리도 공부만이 아니라 인생살이를 그냥 해야 하는 과제로만 보지 말고 누구를 위해 무엇 때문에 하는 것인지 따져본다면 현재에서 행복을 더 많이 그리고 깊이 느끼게 되리라 생각한다.

승당　　공 선생이 일러주었다. "학문을 통해 옛날 학자들은 자신을 돌보고자 했지만 오늘날의 학자들은 영향력(권세) 있는 사람에게 이바지하고자 한다."

子曰 : 古之學者爲己, 今之學者爲人.
자 왈　고 지 학 자 위 기　금 지 학 자 위 인

입실　　고古는 옛, 오래다, 낡았다의 뜻이다. 여기서 고는 뒤의 금今과 짝을 이루어서 각각 옛날과 지금, 과거와 현재, 고대와 현대를 가리킨다. 위爲는 하다, 돕다, 위하다의 뜻이다. 여기서는 공부한 것으로 누구를 이롭게 하느냐를 따지는 맥락이다. 자기를 위한다면 영혼을 살찌운다는 맥락이 된다.

기己는 몸, 자기, 자신, 주체의 뜻이고 인人은 사람 일반이 아니라 주위 사람, 상관, 권력자를 가리킨다.

여언　　〈행복은 성적순이 아니잖아요〉(1989)라는 영화는 상영 당시 많은 사람의 관심을 받았다. 요즘도 학생이 자살을 하면 이 영화의 제목은 우리나라 학생이 외치고자 하는 소리를 대변하는 말로 즐겨 인용되곤 한다. 사실 불행해지려고 공부하는 사람은 없다. 그럼에도 현실에서 많은 학생은 공부하면서 행복하다고 느끼지 못하고 불행하다고 생각한다. 여기서 학생과 공부에다 성인과 노동을 대입해보면, 우리는 학생이 학교생활에서 느끼는 정서처럼 성인도 사회생활(인생)에서 느끼는 힘겨운 정서를 헤아릴 수 있다.

사실 우리는 내가 공부하고 내가 시험 치고 내가 취직하고 내가 일한다고 말하면서도 그 '나' 속에는 순전히 나만 있는 것이 아니라 나와 어울린 세계가 들어 있다. 눈엣가시 같은 상사가 버티는 직장을 때려치우고 젊은 날 꿈꾸던 일을 하고 싶어도 가족이 눈에 밟혀 사직서를 내지 못한다. 하고 싶은 공부를 위해 유학을 가려고 해도 나 하나만 바라보는 가족을 위해서 오늘도 도서관 열람실로 향한다. 이렇게 우리는 외형적으로 나를 위해 공부하고 직장 생활을 하지만 실제로는 나를 위하면서 동시에 가족을 위해 살아가고 있다.

이러한 이중 역할은 인생을 나를 위한 것이 아니라 남을 위한 것으로 생각하게 만든다. 이처럼 나와 남의 경계가 분명하지 않다 보니, 여유가 있으면 나를 위한 인생이지만 위기에 처하면 남을 위한 인생이 되어버린다. 공자의 말처럼 우리는 먼저 공부든 직장 생활이든 그것을 나의 영혼을 살찌우고 내 삶의 의미를 찾아가는 과정으로 바라보자. 이때 나를 위한 인생은 이기적인 인생과 다르고 주체적인 인생을 가리킨다. '나'는 내가 아닌 누구를 위해 대신 사는 것이 아니라 바로 나 자신에 집중해서 살아가는 것이기 때문이다.

85

배움學 | 진리를 따르며 자신을 무한히 교정하다

취도이정就道而正(01.14/014)

입문　　사람은 지식과 능력 면에서 현실과 이상 간의 괴리로 인해 고통을 겪을 수밖에 없다. 프로 스포츠 선수라면 누구라도 주전이 되어 이름을 날리고 싶겠지만 실력이 따라주지 않으면 후보의 현실을 벗어날 수 없다. 학생이 중간고사를 망쳤다면 기말고사를 잘 치르고 싶겠지만 공부가 따라주지 않으면 좋은 점수를 받을 수 없다.

개인적으로 현실과 이상 간의 괴리를 메우는 방법이 있다. 술을 마셔 울분을 풀기도 하고 약물에 의존해 괴리의 고통을 잊어버리기도 한다. 환상과 상상의 세계에 젖어 고통을 다른 것과 바꿀 수도 있다. 하지만 이렇게 해도 둘 사이의 격차는 결코 좁혀지지 않는다.

그리고 문화권마다 현실과 이상 간의 괴리를 메우는 방법은 다르다. 유일신이 지배하는 문화에서 사람이 현실과 이상의 경계를 넘으려면 기도와 믿음(복종)의 방법을 선택할 수 있다. 공자는 하느님(하늘)의 존재를 부정하지 않지만 천天은 유일신이 아니다. 공자가 둘 사이의 거리를 메우기 위한 방법으로 주목한 것은 바로 '학學'이었다.

배움은 우리를 새로운 세계로 실어 나르는 가장 강력한 방법이다. 사실 동아시아 사회에서 관료가 되려면 과거 시험을 통과해야 했고, 과거 시험에 합격하려면 사서오경 같은 경서를 배워야 했다. 그리해서 과거의 선비들은 학에 매달렸던 것이다.

승당   공 선생이 일러주었다. "자율적 인간은 음식을 먹더라도 배불리 먹으려고 애쓰지 않고, 일상생활에서 안락하게 지내려고 애쓰지 않는다. 반면 할 일에 재빠르고 날래게 굴며, 꺼내는 말에 착실하게 굴며, 자신의 모자라는 점을 늘 깨달아서 나름대로 길을 터득한 사람을 찾아가서 자신의 방향을 제대로 잡으려고 한다. 이렇다면 배우기를 좋아한다고 일컬을 만하다."

子曰 : 君子食無求飽, 居無求安, 敏於事而愼於言, 就
자왈   군자식무구포   거무구안   민어사이신어언   취
有道而正焉, 可謂好學也已.
유도이정언   가위호학야이

입실   포飽는 배부르다, 질리다의 뜻으로 배터지게 먹는다는 맥락이다. 거居는 살다, 머무르다의 뜻으로 일상생활을 가리킨다. 안安은 편안하다의 뜻이다. 이는 퇴근하고 집으로 돌아와서 편한 옷으로 갈아입고 아무 데나 퍼질러 앉으며 심신의 긴장을 푼다는 맥락이다. 꽉 끼는 옷 대신에 헐렁한 옷으로, 화장한 얼굴에서 맨 얼굴로 등등의 변신을 가리킨다.

민敏은 빠르다, 총명하다의 뜻이고 신愼은 삼가다, 조심하다의 뜻이다. 속도로만 보면 민과 신은 반대된다. 민이 쾌속이라면 신은 저속이다.

취就는 나아가다, 좇다, 따르다의 뜻이다. 호학好學은 글자 그대로 배우기를 좋아한다는 뜻이다. 철학을 영어로 philosophy라고 하는데 어원으로는 지혜의 사랑이다. 지금 philosophy를 어떻게 번역할까라고 묻는다면 '호학'이 제격이다.

여언   공자 이래로 동아시아 사람들은 배움이 현재의 조건을 넘어 더

나은 상태로 나아가게 하는 길이라고 생각했다. 배움은 누가 대신할 수 있는 것이 아니라 개인이 스스로 노력해서 키워갈 수밖에 없는 특성이 있다. 과거에는 배움의 길이 아무에게나 열려 있지 않았고 왕족이나 사족처럼 소수의 사람에게만 열려 있었다. 그 결과 사회가 배운 사람을 우대하고 그들의 말에 귀를 기울였다. 우리가 위인이라 일컫는 사람들, 예컨대 설총, 원효를 비롯해서 이황, 이이 등은 모두 학인으로서 일정 정도 배움의 성취를 거둔 인물이다.

그리고 같은 배움이라고 하더라도 그 특성과 효과는 다르다. 배움이 생계를 해결하는 등 세속적인 문제를 해결하는 방법이 될 수 있다. 이런 사람에게 배움은 개인의 욕망, 즉 취업과 출세를 가능하게 하는 수단이 된다. 또한 배움은 외적 결과보다 그 자체의 즐거움을 느끼게 만들기도 한다. 안 풀리던 수학 문제를 몇 시간 끙끙대며 풀어냈을 때 누구에게 자랑할 만한 것은 아니지만 스스로 성취감과 보람을 느끼게 된다. 나아가 배움으로 모자란 점을 보충하고 잘못된 점을 고쳐서 자신의 인격을 가다듬을 수 있다.

공자는 뭔가 원칙을 알고 있는 사람이 있으면 찾아가서 이야기를 나누어 자신에게 무슨 문제가 있는지 발견하고 그것을 바로잡는 사람을 두고 '호학'이라고 말하고 있다. 그렇다면 공자가 염두에 두고 있는 배움이란 끊임없이 자신을 교정하는 앎이라고 할 수 있다. 즉 배우면서 바뀌고 또 달라지는 것이다.

우리는 누가 말하지 않아도 돈 버는 방법의 책을 사서 들여다보는 등 세속적인 욕망을 위해 배우려는 자세가 되어 있다. 그런데 자신의 인격을 키우는 배움에도 기꺼이 시간을 할애하고 있는 것일까?

86

수치恥

도덕으로 이끌고 예의로 가지런하게 하다

도덕제례道德齊禮(02.03/019)

입문　학교 다닐 때 학생부 선생님이 교문 앞에 서서 매서운 눈초리를 한 채 등교하는 학생을 상대로 용의검사를 하기도 하고 시간이 되면 지각생을 단속하곤 했다.

복장이 불량하다 싶으면 선생님은 해당 학생을 불러 세워놓고 위반 사항을 지적하고 교문 근처에서 벌을 서게 했다. 이때 적발당한 학생은 전교생에게 어찌나 쪽팔리는지 차라리 몇 대 맞고 그냥 교실로 들어갔으면 좋겠다는 생각을 하게 된다.

당시 복장 규정을 어겼는지 어기지 않았는지가 중요한 게 아니라 내가 다른 학생들 눈에 어떻게 비쳐지는지가 더 중요했던 것이다. 그렇게 벌을 서고 나면 오히려 반항심이 들어서 복장을 제대로 고치지 않고 더 규정과 어긋나게 하고 싶다는 생각이 들 정도였다.

만약 그때 잘 아는 선생님에게 걸려 간혹 선생님이 해당 학생을 구석으로 불러다가 어긴 점을 지적하고 "다음에 그렇게 하지 마!"라고 다짐하면 오히려 부끄러워서 금방 복장을 바로잡으려고 했던 것 같다.

공자도 무엇이 사람을 자발적으로 변화시키는가라는 문제를 깊이 고민했던 것이다.

승당　공 선생이 일러주었다. "허용과 금지의 각종 외적 규제(행정 명령)로 이끌어가고 처벌의 공포로 일사분란하게 만들려고 하면, 백성들은 어떻게 해서라도 처벌을 피하려고 할 뿐 비행 자체를 부끄러워하지 않는다. 자율적 규제(고상함)로 이끌어가고 전통 의식으로 가지런하게 한다면, 백성들은 과실을 부끄러워할 뿐만 아니라 서로서로 동화하게 된다."

子曰: 道之以政, 齊之以刑, 民免而無恥, 道之以德, 齊
자왈   도지이정 제지이형 민면이무치 도지이덕   제
之以禮, 有恥且格.
지 이 례 유 치 차 격

입실　도道는 도導와 같은 뜻으로 이끌다, 통제하다의 뜻이다. 정政은 행정 명령을 가리킨다.

　제齊는 똑같이, 같다, 가지런하다의 뜻이다. 딴생각하지 못하고 처벌을 받지 말아야지 하는 똑같은 생각을 갖도록 하자는 맥락이다. 과장이 부장에게 결재를 받으러 갔다가 깨지고 돌아와 부서에서 무게를 잡으니 부서 분위기가 싸늘하게 변하게 된다. 이 상태가 제의 의미에 가깝다. 형刑은 벌, 벌하다, 죽이다의 뜻이다.

　면免은 벗다, 면하다의 뜻으로 법망에 걸리지 않고 요리조리 잘 피한다는 맥락이다. 치恥는 부끄러워하다, 부끄러움의 뜻으로 잘못을 하고서 부끄러워하며 앞으로 다시는 이런 일이 생기지 않도록 해야지 하고 스스로 교정하는 맥락이다.

여언　사람을 변화시키는 힘은 많다.

　먹을 것을 가지고 우는 아이를 더는 울지 않게 달랠 수 있다. 입을 것을 가지고 청소년의 마음을 움직일 수 있다. 그 밖에 돈도 사람을 바꾸게

할 수 있다. 진실을 말하지 않고 허위를 진실처럼 말할 수도 있다. 고통이 사람을 바꿀 수도 있다. 암과 같은 병에 걸리고 난 뒤 전혀 딴사람처럼 되는 경우가 많다.

그 밖에 또 있다. 위 구절을 보면 행정 명령이나 형벌도 사람을 움직일 수 있다. 하지만 이는 사람이 스스로 움직이고 싶은가라는 개인 의사와는 관련이 없다. 국가 의지와 권력 의지가 방향을 설정하고서 그대로 따르면 문제가 없지만 따르지 않을 경우 폭력을 앞세우고 형벌을 부과하면, 사람은 하기 싫더라도 하는 척하게 된다.

하지만 강제하는 권력이 눈앞에서 사라지게 되면 언제 그랬느냐는 듯이 원래대로 돌아가게 마련이다. 요즘 많이 달라졌다고는 하지만, 예비군 훈련 시 현역 시절과 달리 명령에 잘 따르지 않고 틈만 나면 딴청을 피우는 상황을 생각해보라.

공자는 행정 명령과 형벌의 한계를 지적하고서 덕과 예를 대안으로 제시하고 있다. 규제가 아름답고 고상한 방식으로 모범을 보이고 사람이 서로를 배려하는 의식으로 다가온다면 우리 스스로 어느 틈에 상대와 보조를 맞추고 있다.

예컨대 우리가 사람을 만났는데 거칠고 무례하게 군다면 그 사람을 다시 만나고 싶지 않다. 반면 상냥하고 친절하게 군다면 별일 없는 한 그 사람과 관계를 이어가고 싶다. 아울러 상대가 보이는 친절에 보조를 맞추지 못하면 왠지 실수를 한 듯해 부끄럽고 다음에는 같은 실수를 하지 않으려고 공부까지 하게 된다.

87
용기勇 | 정의 없는 용기는 혼란을 낳을 뿐

무의위란無義爲亂(17.23/474)

입문   오늘날 가옥 구조에서 화장실은 모두 집 안으로 들어와 있다. 하지만 아직도 도시화가 되지 않은 곳에는 변소가 가옥 외부에 있다. 겨울이면 여름보다 더 자주 오줌이 마렵다. 오줌이 마렵더라도 추운 바깥에 그것도 깜깜한 밤중에는 나가기가 쉽지 않다. 이를 두고 겁이 많다거나 용기가 없다고 말한다.

용기라고 해서 꼭 전쟁터에서 "돌격 앞으로!" 외치며 제일 앞서 나가는 것만을 가리키지는 않는다. 불안감을 주며 위험이 따라서 심신의 통제를 잃기 쉬운 상황에서 그것에 사로잡히지 않고 씩씩하고 굳세게 행동한다면 그것이 용기 있는 것이다.

외부인이 알 수 없는 정부와 기업의 부적절한 비리를 외부로 밝히는 내부 고발도 용기다. 스포츠 세계의 선수 선발 비리와 승부 조작 같은 상황을 보고 불이익을 감수하면서 진실을 밝히는 것도 용기다. 자신의 부주의로 일어난 일에 대해 자신의 과실을 시인하는 것도 용기다. 한국의 경우 검찰이 죽은 정권이 아니라 살아 있는 정권의 치부를 사실대로 밝혀내는 것도 용기다.

이런 점에서 용기는 좋고 바람직하다. 용기가 발휘된다면 억울한 사람이 없고 부정과 비리가 발붙일 틈이 없고 체념하고 좌절해서 눈물 흘릴 일이 적을 것 같다.

공자 학파에서 용기 하면 자로를 떠올리게 된다. 아니나 다를까 그 자로가 공자에게 용기의 가치를 물었다.

승당　자로가 답답한 듯 물었다. "자율적 인간은 용맹(용기)을 숭상합니까?" 공 선생이 대꾸했다. "군자는 옳음(정의)을 최상으로 간주한다. 군자는 용맹만 갖고 옳음을 갖지 못하면 혼란을 조성하게 된다. 작은 사람이 용맹만 갖고 옳음을 갖지 못하면 도둑처럼 된다."

子路曰 : 君子尙勇乎? 子曰 : 君子義以爲上, 君子有勇,
자 로 왈　군 자 상 용 호　　자 왈　군 자 의 이 위 상　군 자 유 용
而無義爲亂, 小人有勇, 而無義爲盜.
이 무 의 위 란　소 인 유 용　이 무 의 위 도

입실　상尙은 바라다, 높이다, 숭상하다의 뜻이다. 의義는 도의, 정의를 가리킨다. 란亂은 어지럽다, 혼란의 뜻이다. 도盜는 훔치다, 도둑질의 뜻이다.

여언　위험에 처한 사람을 돕는 것은 용기이고 그것은 바람직하다. 불안에 떠는 자신을 우뚝 세우는 것도 용기이고 그것도 바람직하다. 좌회불란坐懷不亂의 고사처럼 류하혜가 야외에서 추위에 떠는 여성을 옷으로 감싸 밤을 지새우는 것도 용기이고 그것을 비난할 수는 없다. 조난당했을 때 가방에 얼마 남지 않은 식량을 동료와 함께 나누는 것도 용기이고 그것도 아름답다. 과거 성을 둘러싼 적의 공격을 뚫기 위해 목숨을 걸고 성 밖으로 나가 구원병을 부르는 것도 용기이고 그것도 아름답다.

　이렇게 보면 용기는 다른 것에 의존하지 않고 그 자체로 바람직하고 아름다운 것인가?

314

자로는 아마 이를 물은 것으로 보인다. 공자는 자로의 질문을 받고서 용기가 바람직하다는 것을 결코 부정하지 않지만 용기가 반드시 옳음(도의, 정의)과 짝을 이루어야 한다는 점을 일깨우고 있다.

군자라고 해도 아무런 도의가 없는데 용기만 앞세운다면 문제가 생긴다. 예컨대 과거 한 왕조(조선과 청)가 타락하고 부패해 해결의 실마리가 보이지 않을 때 사람들은 새로운 왕조의 출현을 꿈꾼다. 이때 한 사람이 반기를 들고 왕조 타도를 외칠 수 있다. 그의 반기가 도탄에 빠진 백성을 구원해 행복한 세상을 만든다고 하면, 그때 용기는 옳음과 짝을 이루어 시대를 구원하는 정치적 혁명이 된다. 반면 순전히 권력을 차지하려는 욕망 이외에 다른 어떤 동기가 없는데 반기를 든다면 그것은 혼란을 더욱 가중시키는 반란에 불과하다.

공자는 정당성이 뒤따르지 않고 용기만을 앞세우면 파괴를 위한 파괴, 또 다른 부패의 시작에 지나지 않는다고 주장하고 있다. 이로써 용기는 공자에게 핵심 가치가 아니라 핵심 가치를 보좌하는 자리에 있는 것이다.

우리 주위에 세계화다, 변화다, 개혁이다, 혁신이다, 선진화다 하며 수많은 정치 슬로건이 넘치고 있다.

우리는 되물을 줄 알아야 한다. 도대체 무엇과 누구를 위한 세계화이고 변화이며 개혁이고 혁신이며 선진화인지를. 그렇지 않으면 아무런 영문도 모른 채 용기를 내고 열의를 쏟지만 나중에 만나고 싶지 않은 상황을 만나게 될 것이다.

꾸밈새와 본바탕이 유기적으로 어울리다

문질빈빈文質彬彬(06.18/139)

입문　같은 사람이라도 시간과 공간에 따라 다른 사람이 된다. 크게
보아 전근대인과 근대인은 다르다. 근대인은 공공연하게 세속적 가치를
추구했지만 전근대인은 초세속적 가치를 중시했다. 성공이 무엇인지 묻
는다면 근대인은 부와 권력의 소유를 꼽는 데 주저하지 않았지만 전근대
인은 신의 영광에 이바지하는 삶, 영혼의 구원을 앞에 내세웠다.

　도시사람과 시골사람도 조금씩 다르다. 대개 도시사람이 화려하고 뭔
가 꾸미는 것을 좋아한다면 시골사람은 수수하고 예쁜 마음 씀씀이를
좋아한다.

　나는 시골에서 태어나서 자랐고 자식들은 모두 도시에서 태어나서 자
라고 있다. 아이들은 부모의 고향에 간다면 한편으론 좋아하면서 다른
한편으론 아쉬워한다. 시골에 가면 도로에 다니는 차를 신경 쓰지 않으
며 강으로 들로 마음껏 뛰놀 수 있어서 좋아한다.

　하지만 저녁이 되면 TV를 보는 것 이외에 할 일이 없다. 도시에 있으면
거리에 나가서 쇼핑을 할 수도 있고 컴퓨터로 게임을 할 수도 있는데 방
안에서 꼼짝달싹도 할 수 없으니 답답할 수밖에. 아이들은 시골과 도시
를 하나로 합쳐놓았으면 좋겠다는 말을 하곤 한다.

　공자도 사람의 두 가지 측면을 두고 고민을 했다. 사람에게는 태어나
면서 갖는 본바탕도 있고 태어난 뒤에 이것저것 배워서 갖추는 꾸밈새도
있다. 이들은 선택의 대상일까 아닐까?

승당 공 선생이 일러주었다. "본바탕이 꾸밈새를 압도해버리면 촌스러워지고 꾸밈새가 본바탕을 압도해버리면 지저분해 보인다. 꾸밈새와 본바탕이 유기적으로 결합한 다음에야 참으로 모범적인 인물이라고 할 것이다."

子曰: 質勝文則野, 文勝質則史. 文質彬彬, 然後君子.
자 왈 질 승 문 즉 야 문 승 질 즉 사 문 질 빈 빈 연 후 군 자

입실 문文과 질質은 사람의 본바탕과 꾸밈새라는 두 가지 특성을 나타내기도 하고 화려미와 자연미(소박미)라는 두 가지 미감을 나타내기도 한다(리빙하이 지음, 신정근 옮김, 『동아시아 미학』 참조).

야野는 들, 들판, 촌을 가리킨다. 들은 사람의 손이 닿지 않은 장소로서 도시와 구분된다. 이에 촌스럽다, 꾸미지 않다를 나타내게 되었다. 꾸미지 않아 지저분하게 느껴질 수 있다. 사史는 사관, 기록하는 사람을 가리킨다. 사관은 역사적 사실을 기록해서 사건과 사람의 특성, 가치를 그려낸다. 이에 꾸미다, 장식하다를 나타내게 되었다. 꾸민 것이 적절하지 않으면 꾸미지 않은 것보다 못할 정도로 너저분해진다. 사는 이것까지 모든 의미를 다 함축한다.

승勝은 이기다, 낫다, 뛰어나다의 뜻으로 두 가지를 비교하는 맥락으로 쓰이고 있다. 빈彬은 빛나다, 밝다의 뜻으로 서로 다른 두 가지가 어울려서 한층 더 아름답게 되는 상태를 가리킨다.

여언 결혼식 날 점퍼 차림이나 첫선 보는 날 장화 차림을 한 상대를 보게 된다면 고개를 갸웃거릴 것이다. 결혼식과 첫선 보는 날 모두 옷차

림에 신경을 써서 예쁘게 가꾸는 날인데 아무리 자신이 있다고 하더라도 평소와 다를 바 없이 나온다면 상대에 대한 예의가 아니기 때문이다. 질이 넘치고 문이 모자라는 것이다.

또 우리가 중학생의 짙은 화장을 보게 되더라도 자신이 잘못 본 것인지 다시 한번 더 확인하려고 들 것이다. 꾸미지 않은 게 오히려 자연스럽기도 하고 예쁘기도 한데 오히려 꾸미니 그게 더 이상하게 보이기 때문이다. 문이 넘치고 질이 모자라는 것이다.

이렇게 보면 사람은 꾸며야 하면 꾸미고 꾸미지 않아도 되면 꾸미지 않아도 된다. 두 가지는 둘 중 하나만 있으면 충분하고 나머지 하나는 아무런 필요가 없는 것이 아니다. 상황과 역할에 따라 둘이 적절하게 어울리는 게 바람직하기도 하고 아름답기도 하다.

평생 농사를 짓는 농부는 일할 때 햇빛을 가리느라 밀짚모자를 쓰지만 읍내에 외출할 때 제대로 씻지도 옷을 갈아입지도 않고 그 차림으로 나서면 자식들이 말린다. 소박하지만 깨끗하게 빤 옷과 중절모를 쓰고 길을 나선다면 이게 문질이 잘 어우러진 모습이다.

반면 몸에는 구석구석 명품으로 치장하고 차를 몰다가 신호등에 걸리자 앞에 있는 차더러 비키라며 경적을 연신 울려대고 목적지에 도착해서 장애인 주차구역에 주차하고 쌩하니 어디론가 가버린다면 문이 질을 압도한 상황이다.

문질과 관련해서 사람은 어느 하나가 모자라서 문제가 아니라 둘이 어울리지 않아서 문제가 되는 것이다.

89 자기긍정
矜

자긍심을 갖되 자만하지 않는다

고렴금분古廉今忿(17.16/467)

입문　학생들은 대부분 '시험 없는 나라'에 살고 싶다고 말한다. 그 심정을 이해하지 못할 바는 아니다. 시험을 칠 때까지 하고 싶은 것을 하지 못하고 시험이 끝나도 결과로 인해 가슴 졸이고 결과가 나쁘면 그것으로 인해 상처를 받기 때문이다.

하지만 대학 입학과 대기업 입사 또는 공무원 채용 등에서 시험을 치지 않고 면접으로만 사람을 채용한다면 우리나라 사람들은 흥분하며 반대할 것이다. 시험이 사람의 능력을 측정하는 유일한 방법은 아니지만 그나마 개인의 재능을 발휘할 수 있는 공정한 방법이기 때문이다. 그래서 우스갯소리로 대통령도 시험으로 뽑자는 말이 나오기도 한다.

우리는 시험을 통해 대학, 취업 등 인생의 중요한 고비를 넘어가면서 알게 모르게 고통을 겪는다. 대학 하면 다들 명문 대학을 가야 하고 그렇지 못하면 실패자가 되는 것이다. 이렇게 우리는 인생의 꽃과 같은 10대 후반과 20대 초반에 쓰라린 '실패자'의 경험을 하고서 그걸 애써 묻어두고 산다. 사정이 이렇다 보니 우리나라 사람들은 자긍심이 약하다. 즉 사람이 자신의 능력을 믿고 무엇이든 해낼 수 있다는 자신감을 가져야 행복할 텐데 의외로 그렇지 못하다. 사회적으로 유망한 회사에 다니면서 보란 듯이 살아가는 사람도 친해져 술을 마시다 보면 10대 후반과 20대 초반에 앓았던 실패의 망령으로부터 자유롭지 못하다. 자신이 어떠한 고생을 하더라도 자식만은 좋은 대학에 보내겠다는 뜻을 내비친다.

자긍심이라고 다 좋은 것은 아니다. 소심하고 주눅이 든 실패의 경험만큼이나 시건방지고 사람을 피곤하게 만드는 자만심도 정신 건강과는 거리가 멀다.

공자는 당시 사람의 정신 상태를 꽤나 집요하게 분석하고 있다.

승당　공 선생이 들려주었다. "옛날 인민(백성)에겐 세 가지 병이 있었으나 오늘날의 경우 이마저도 없어 보인다. 옛날의 포부가 멀고 큰 자는 거리낌이 없었지만 오늘날의 광자는 개망나니처럼 군다. 옛날의 자긍심 가진 이는 원칙을 들먹였지만 오늘날의 자긍심 가진 이는 걸핏하면 성내고 싸우려 든다. 옛날의 어수룩한 이는 솔직(순박)했지만 오늘날의 어수룩한 이는 영악해 속이려 든다."

子曰 : 古者民有三疾, 今也或是之亡也. 古之狂也肆,
자왈　고자민유삼질　금야혹시지망야　고지광야사
今之狂也蕩, 古之矜也廉, 今之矜也忿戾, 古之愚也
금지광야탕　고지긍야렴　금지긍야분려　고지우야
直, 今之愚也詐而已矣.
직　금지우야사이이의

입실　질疾은 병, 문제의 뜻이다. 광狂은 미치다, 진취적이다의 뜻이다. 사肆는 방자하다, 거리낌 없다의 뜻이다. 탕蕩은 쓸어가다, 엉망이다의 뜻이다.

긍矜은 엄숙하다, 아끼다, 자랑하다의 뜻이다. 렴廉은 곧다, 청렴하다, 깨끗하다의 뜻이다. 분忿은 성내다, 화내다의 뜻이다. 려戾는 어그러지다, 사납다, 포악하다, 거세다의 뜻이다.

우愚는 어리석다, 어리숙하다의 뜻이다. 직直은 올곧다, 솔직하다의 뜻이다. 사詐는 속이다, 거짓말하다, 사기의 뜻이다.

여언　사람은 자신에게 당당해야 주위 사람에게 당당할 수 있다. 자신에게 당당하려면 자기 스스로 자신을 믿어야 한다. 자신을 믿으려면 스스로 뭔가를 해낼 능력이 있어야 한다. 능력이 있으려면 스스로 모자라는 것을 그냥 넘기지 않고 어떻게든 풀고야 말겠다는 열정을 가져야 한다.

공자는 주위 사람에게 관용하라고 말하면서 자기 자신에게는 분노할 것을 주문했다. '불분불계不憤不啓'(07.08/159)에서 보이듯(2강 43조목 참조) 학생을 지도하면서 자기의 무지에 화가 나서 알려고 하지 않으면 깨우쳐주지 않았다. '발분망식發憤忘食'(07.19/170)에서 보이듯(2강 32조목 참조) 공자는 스스로 푹 빠질 만한 공부가 있으면 먹는 것조차 눈에 들어오지 않았다. 이렇듯 자기에 대한 분노가 일어 밥을 잊으면서 찾다 보면 실력이 생기고 이어서 자신감이 생기고 이어서 자긍심을 갖게 된다.

실패할 수밖에 없는 우리나라의 교육과 사회 풍토에서 자기긍정의 자긍심을 갖기는 어렵다. 경쟁의 레이스에서 이긴 사람들은 자긍심이 아니라 자만심을 드러낸다. 레이스에서 진 사람은 평생 패배자의 슬픔을 안고 살아간다. 이제 교육과 가정 모두 자긍심을 일깨우는 방향에 눈을 돌려야 할 때다.

공자도 당시 사람들이 자긍심을 원칙과 능력 중시의 방향으로 보지 않는 것에 안타까워하고 있다. 춘추 시대의 자긍심도 오늘날 자만심과 마찬가지로 자기 오만과 타자 모멸로 인해 곳곳에 갈등을 일으키는 원인이었다. 옛날로 돌아간다고 모든 것이 해결되지는 않는다. 늘 진정한 의미에 눈을 떠야 한다. 자긍심도 예외일 수는 없다.

명령하지 않아도 착착 돌아가게끔

불령이행不令而行(13.06/324)

입문 부모나 선생 노릇은 잘하기가 참으로 쉽지 않다. 부모는 아이에게 늘 "착하게 살아라!" 당부하고 또 그렇지 않아 보이면 꾸중을 한다. 거꾸로 아이에게 비쳐지는 부모의 모습은 어떠할까? 아이의 잘못은 아이의 문제로 보이지만 객관적으로 들여다보면 거기엔 부모의 그림자가 들어 있다. 아이는 생김새만 부모를 닮는 것이 아니라 하는 짓도 부모를 닮기 때문이다.

한참 수업을 하는데 학생의 질문인즉 방금 이야기는 전번에 한 이야기랑 다르다고 이의를 제기한다. 선생은 스치듯 말하고 지나갔는지 모르지만 선생의 말은 학생에게 어떠한 식으로든 흔적을 남긴다.

공자는 일찍이 자식이라면 부모의 생각을 존중하고 그것을 따르라고 했다. 이때 묵자와 한비자 등은 현실에는 물론 '부모 같은 부모'가 많지만 '부모 같지 않은 부모'가 있다는 사실을 들어서 부모를 기준으로 할 수 없다는 주장을 펼쳤다.

일리가 있는 말이다. 이때 제대로 된 부모나 선생이라면 아이와 학생은 겪지 않아야 할 고통을 겪지 않을 수도 있다. 그렇지 않으면 가정은 폭력의 소굴이 될 수도 있고 교실은 차별의 온상이 될 수도 있다.

여기서 공자는 부모라면 부모다운 부모가 되어야 한다는 점을 역설하고 있다. 이는 달리 말하면 부모든 선생이든 준비된 부모, 준비된 선생이 되어야 한다는 것이다.

이 이야기가 어디 부모와 선생에게만 적용이 되겠는가? 성차별 발언을 일삼는 국회의원도 준비 안 된 국회의원이고 납득할 만한 설명 없이 공약을 뒤집기만 하는 대통령도 준비 안 된 대통령이다. 그런 사람이 없다면 받지 않아야 할 고통 또한 애초에 없을 것이다.

승당   공 선생이 강조했다. "정치 지도자 자신이 올바르면(모범을 보이면) 이런저런 명령을 내리지 않아도 일이 척척 굴러간다. 하지만 자신이 올바르지 않으면 제아무리 명령을 내린다고 하더라도 인민들이 따라오지 않는다."

子曰 : 其身正, 不令而行, 其身不正, 雖令不從.
자 왈 기 신 정 불 령 이 행 기 신 부 정 수 령 부 종

입실   신身은 몸, 신체, 자기 자신의 뜻이다. 정正은 바르다, 바로잡다, 스스로 교정하다, 모범이 된다의 뜻이다. 령令은 명령하다, 시키다, 요구하다, 명령의 뜻이다. 행行은 가다, 다니다의 뜻으로 여기서는 실행하다, 움직이다의 맥락이다. 수雖는 비록, 하지만으로 양보를 나타내는 접속사다.

여언   사회 어떤 분야에서든 인사철이 되면 여기저기서 수군대기 시작한다. 초점은 '누가'이다. 그 사람이 나랑 어떤 인연이 있을까 등이 중요하다. 하지만 일을 하는 데에는 나와의 관계보다는 제대로 된 사람, 균형 잡힌 사람, 남의 말을 들을 줄 아는 사람, 책임질 줄 아는 사람 등의 요건이 더 중요하다. 이 중 하나라도 없는 사람이라면 피곤한 정도를 넘어서

서 골치가 아프다. 같이 일을 해놓고 결과가 좋지 않으면 자기만 쏙 빠지고 다른 사람에게 책임을 떠넘기는 사람이 있다. 의사 결정을 하는 데 건설적이며 합리적인 의견은 들을 줄 모르고 자신의 이야기만 길게 늘어놓는 사람도 있다. 개인감정을 통제하지 못해 어디로 튈지 모르는 럭비공 같은 사람도 있다.

공자가 말하는 제대로 된 사람이란 있어야 할 것은 있고 없어야 할 것은 없는 사람을 말한다. 균형, 경청, 책임이 있어야 할 것이므로 그것을 갖추어야 한다. 이렇게 준비된 사람이라면 함께 일을 하더라도 얼굴 붉히거나 티격태격할 일이 없을 것이다.

반면 제대로 되지 않은 사람이란 있어야 할 것은 없고 없어야 할 것이 있는 사람을 말한다. 극단, 안하무인, 독단, 무책임은 없어야 할 것이므로 그것을 갖추지 말아야 한다. 이를 하나라도 갖출 경우 준비되지 않은 사람이기 때문에 함께 일을 한다면 여기저기서 불만이 터져나오고 주변 사람은 언제라도 떠나가려는 마음을 먹게 된다.

기본이 제대로 서 있다면 '하라 마라'는 명령이나 '하자 말자'는 권유도 필요 없다. 그렇지 않으면 '하라 마라'는 명령이나 '하자 말자'는 권유를 늘어놓지만 정작 그렇게 해야 할 사람은 말하는 본인일 뿐이다. 그것을 모르면서 사람들에게 되풀이한다면, 그 사람과는 함께 있는 것이 불행이다. 이런 점에서 공직이든 사직이든 자기반성과 배려 그리고 인권 의식을 일깨우는 인문 교양, 윤리 의식, 예술적 미감을 제대로 배워야 하지 않을까? 그렇지 않으니 가정과 학교 그리고 사회에서 겪지 말아야 할 고통을 겪느라 정작 돌봐야 할 인생을 뒤로하게 만든다.

91

관용 恕 | 내가 바라지 않는 것을 타인에게 시키지 마라

기소불욕己所不欲, 물시어인勿施於人(15.24/419)

입문   1989년 1월 1일을 기해 전 국민의 해외여행이 자유화되었다. 그 이전에 보통사람이 관광을 목적으로 해외에 나가려고 했으면 어떻게 되었을까?

당연히 불가능했다. 유학, 출장, 취업 등 뚜렷한 목적이 있을 때만 외국에 나가는 것이 가능했다. 당연히 우리나라에서 외국으로 나가는 사람보다 외국에서 들어오는 사람이 많았다. 간혹 외국인을 보면 그들의 자연스런 애정 표현이 당혹스럽게 느껴졌다. 이에 우리는 "저 사람, 도대체 왜 저래?"라며 불쾌한 반응을 드러냈다.

하지만 이제 우리는 관광으로 외국에 나가서 한국에서처럼 밤늦게까지 술 먹고 고성방가도 주저하지 않는다. 외국인들은 우리더러 "저 사람들, 도대체 무슨 생각으로 저렇게 하는 거야?"라고 반문할 것이다. 서로를 모를 때 자신에게 익숙한 것은 아무 문제가 되지 않고 남들이 하는 행위가 거북하고 이상하게 보인다.

이러한 상호 반응에서 길은 두 가지로 열려 있다. 하나는 잘 따지지도 않고 자신(우리)의 것은 옳고 타자의 것은 그르다고 하고서 타자로 하여금 나에게 맞추도록 하는 길이다. 다른 하나는 서로를 이해하고서 문제가 되지 않는 범위 안에서 상대가 하는 것에 동의하지 않더라도 그것을 받아들이는 길이다.

공자는 춘추 시대에 생활하면서 낯선 것과 함께 어울리는 문제를 고민했다. 고민 끝에 그는 '서'를 대답으로 내놓았다.

승당　　자공이 물었다. "선생님, 한평생 나침반으로 삼아 자신을 이끌어갈 만한 한 마디가 뭡니까?" 공 선생이 대꾸했다. "그건 바로 관용의 원칙이지! 이를 문장으로 표현하면 다음과 같지. 자신이 바라지(당하고 싶지) 않는 것을 주위 사람들에게 끼치지 않도록 하라."

子貢問曰: 有一言而可以終身行之者乎? 子曰: 其恕
자 공 문 왈　유 일 언 이 가 이 종 신 행 지 자 호　자 왈　기 서
乎! 己所不欲, 勿施於人.
호　기 소 불 욕　물 시 어 인

입실　　일언一言은 글자 그대로는 한 마디를 가리키지만 여기서는 "한 말씀 해주시죠"라고 할 때 '한 말씀'에 어울린다. 행行은 다니다, 가다의 뜻으로 가슴에 새기고서 몸으로 실천한다는 맥락이다. 의미상으로 받들어 모시다, 존중하다의 맥락이다.

서恕는 용서하다, 받아들이다, 관용의 뜻이다. '기其~호乎'는 뜻은 없지만 반드시 그러하다는 어감을 나타낸다. 시施는 베풀다, 펴지다의 뜻으로 부과하다, 요구한다는 맥락이다.

여언　　우리는 근대 이전을 전근대로 분류하고서 그 이전을 동질적으로 생각한다. 잠깐 서恕가 왜 나왔을지 생각해보자. 사회가 안정되어 예禮와 같은 기존의 매뉴얼대로 잘 돌아간다면 서가 전혀 필요하지 않다. 안정된 세계에는 새삼스럽게 사람을 어떻게 대우할까라는 물음을 제기하지 않기 때문이다.

326

서의 내용을 보면 먼저 사람은 나와 너로 구분된다. 나는 너를 예에 따라서 기계적으로 대우할 수도 없고 내 마음대로 대우할 수도 없다. 새삼스럽게 나는 너를 어떻게 대우해야 할까라는 문제를 고민하게 되었다. 이 과정에서 나와 너가 종족과 국가를 기준으로 차별되지 않고 모두 같은 지평에서 만날 수 있는 사람으로 자리매김되고 있다. 따라서 서는 우리(나)에 포섭되지 않는 타자를 맞이하고서 그 존재를 어떻게 대우할 것인지 고민 끝에 나온 결론인 것이다.

예컨대 부모가 늘 해오던 대로 초등학교 자제를 대하면 문제가 없다. 다만 아이가 사춘기가 되어 제 생각을 조금씩이라도 펼치게 되면 부모는 기존 방식대로는 자식을 대할 수 없다.

이때 새삼스럽게 부모는 사춘기 자녀를 어떻게 대우할 것인지 고민하게 된다. 즉 같은 자식이라고 하더라도 사춘기를 경계로 낯선 자녀가 되는 것이다. 이 차이를 인정하지 않고 기존 방식을 고수하게 된다면 부모와 자녀가 티격태격하며 갈등이 생기게 된다.

이렇게 보면 공자는 기존의 도덕으로 되돌아가자며 줄기차게 '되돌이표'를 그려낸 작곡가가 아니었다. 그는 타자를 동일성의 자장에서 단순히 재배치하는 것이 아니라 타자와 다양성의 층위에서 공존하는 길을 찾았던 것이다. 그것이 바로 자신이 당하고 싶지 않은 것을 주위 사람들에게 끼치지 않는 서였던 것이다. 이렇게 보면 서는 입장 바꿔 생각하는 '역지사지易地思之'라고 할 수 있겠다.

92
존중敬 │ 오래 사귀어도 처음 본 듯 존중하다

구이경지久而敬之(05.18/110)

입문 남녀가 첫 데이트를 하는 날이면 둘 다 거울 앞에서 보내는 시간이 많다. 이 옷을 입었다가 벗어놓고 또 저 옷을 입어보고 그렇게 시간을 보낸다. 집안사람들에게도 이 옷이 괜찮겠느냐 저 옷이 괜찮겠느냐며 연신 물어본다. 아예 새 옷을 한 벌 장만할걸 하는 생각이 들기도 한다. 하지만 그렇게 설레던 만남이 회를 거듭하게 되면 처음처럼 호들갑을 떨지 않는다. 좀 신경 써서 입고 가라는 말을 들어도 '대충' 하면 된다고 오히려 설득을 하게 된다. 스스로는 자신의 변화가 그렇게 큰 것처럼 보이지 않지만 상대 눈에는 그게 다 보인다.

두 사람 사이가 편해지는 것은 좋다. 하지만 서로 조심해야 할 것도 함부로 말하게 되고 의사를 물어봐야 할 것도 혼자서 지레짐작해서 결정을 해버린다. 이런 일이 되풀이되면 그간 편안하게만 느껴지던 상대가 좀 달리 보이게 된다. 나를 무시하는 것은 아닌가라는 생각이 든다.

안평중은 친구 또는 사람을 잘 사귀는 사람으로 유명했다. 그가 사람을 잘 사귀는 이유가 무엇이었을까? 공자도 이에 대해 꽤나 궁금했던 모양이다. 공자가 나름대로 생각해보고서 결론을 내렸다.

이 글은 공자가 쓰려고 했으면 썼을 친구와 사귀는 법을 다룬 『교우록交友錄』의 핵심 내용이라고 할 수 있다. 친구가 없다고 불평할 것이 아니라 친구가 왜 나를 떠나갔는지 생각해볼 일이다.

승당　공 선생이 이야기했다. "제나라의 안평중 같은 분은 주위 사람들과 참으로 잘 사귀었다. 사람이 오래될수록 서로 존경하는 태도를 잃지 않았다."

子曰:晏平仲善與人交,久而敬之
자왈　안평중선여인교　구이경지

입실　안평중은 제나라의 세 군주를 보좌한 유능한 재상 안영晏嬰을 가리킨다. 그는 고려의 강감찬처럼 150센티미터도 안 되는 단신으로 검소하게 생활하며 직언을 주저하지 않아 백성들로부터 신망을 받았다.

여與는 더불어, 함께의 뜻이다. 인人은 주위 사람들, 새로 알게 된 사람들을 가리킨다. 교交는 사귀다, 교제하다, 어울리다의 뜻이다.

구久는 오래되다, 한참이 지나다의 뜻으로 친구를 사귄 지 오랜 시간이 흘렀다는 맥락이다. 경敬은 공경하다, 조심하다의 뜻으로 사람을 함부로 또는 만만하게 대우하지 않고 늘 예의를 차리며 조심해서 사귄다는 맥락이다.

우리도 사람을 사귀다 조금 친해지면 할 말과 안 할 말을 잘 가리지 않는다. 또 "친구끼리 뭘 그렇게 따지느냐?"며 격의 없이 지내자고 말을 쉽게 한다. 이럴 경우 사람 사이의 부담이 적어질 수 있지만 자칫 상대를 배려하지 않아 상처를 줄 수 있다. 그리하여 친구끼리 일일이 다 말 못하고 끙끙 앓다 보면 함께 어울리기가 부담스러워진다.

여언　『좌전』과 『사기』를 보면 안영의 됨됨이를 알 수 있다. 사마천에 따르면 안영은 재상이 된 뒤에도 식사에 고기를 두 종류 이상 올리지 않았고 첩들에게 비단옷을 입히지 않았으며 군주의 말이라도 사리에 맞지 않으면 간언을 했다.

이렇게 말로 설명하느니 그의 일화를 보면 안영을 더 잘 이해할 수 있을 것이다. 그가 영공靈公을 모실 때 제나라에는 남장男裝이 유행했다. 영공이 이를 금지시키려고 명령을 내렸지만 뚜렷한 변화가 없었다. 사실 남장은 영공의 비빈이 유행을 시킨 것인지라 비빈의 행동을 내버려둔다면 금령의 실효를 거둘 수 없었다. 안영은 영공에게 금령이 마치 "간판에 소머리를 그려놓고 실제로 말고기를 파는 것과 같다"(우두마육牛頭馬肉)라고 말하고서 궁중의 풍습부터 바로잡을 것을 건의했다. 영공이 비빈의 행동을 단속하자 남장이 사라지게 되었다. 이 이야기는 훗날 '양두구육羊頭狗肉'이란 고사의 기원이 되었다.

또 안영이 두 번째로 장공莊公을 모실 때였다. 장공이 아름답기로 유명한 최저崔杼의 부인과 간통을 했다. 이를 안 최저가 보복하려고 일을 꾸몄다. 그는 자신의 집에 잔치를 열겠다고 장공을 유인해서 살해했다. 이 소식을 들은 안영은 사태를 수습하고자 최저의 집으로 달려갔다. 이때 주위 사람들은 안영이 위험에 처할 것을 염려해서 가는 것을 만류했다. 이에 안영은 자신이 아무런 죄가 없으니 도망갈 필요가 없고 군주가 죽었으니 가보지 않을 수 없다며 최저의 집으로 가서 영공을 위해 곡례哭禮를 치렀다. 최저의 수하가 안영을 죽이려고 하자 백성들의 신망이 큰 안영을 죽이면 역풍이 불까 봐 걱정해서 최저가 수하를 만류했다.

사실 공자도 안영이 세 번째로 모신 경공景公 시절 제나라로 갔고 거의 취직을 할 뻔했지만 안영의 반대로 성사가 되지 못하고 제나라를 떠난 적이 있다. 어찌 보면 악연이지만 공자도 이를 마음에 담아두지 않았다. 이렇게 보면 안영의 경敬은 자신의 원칙에 충실하지만 현실의 사람으로부터 적절한 거리를 유지하는 것이다. 그 거리가 공정하고 타당했기 때문에 적(상대)조차 안영을 함부로 대우할 수 없었던 것이다. 만약 사람들이 보기에 그 거리가 어느 한쪽으로 기울어졌다고 판단되었더라면, 안영은 최저로부터 죽임을 당했을 수도 있고 공자로부터 비판의 소리를 들었을 것이다. 친구를 사귀는 데는 편한 것만이 능사가 아닌 것이다.

93 관대寬 | 너그러우면 사람이 모여든다

관즉득중寬則得衆(17.06/457)

입문　과거의 부모와 자식, 선생과 학생, 임원과 직원, 보스와 참모 등등. 이들 관계의 공통점은 일 대 다의 특성에 있다. 부모, 선생, 임원, 보스는 한 사람 또는 소수이지만 자식, 학생, 직원, 참모는 여럿이다. 서로 하기에 따라서 이 관계는 좋고 편안한 사이가 될 수도 있고 나쁘고 불편한 사이가 될 수도 있다. 모두 처음부터 나쁘고 불편한 사이가 되기를 목표로 하지는 않는다.

왜 사람은 사이가 좋기를 바라지만 나쁘게 되는 것일까? 자식 입장에서 보면 부모는 자신들이 바라는 것만을 자식이 하기를 바라고 나머지는 중요하게 생각하지 않는다. 자식이 좋아하는 것이 있으면 부모는 그걸 가치 없는 것으로 치고 자꾸 그만두라고 한다. 부모 입장에서 생각하면 자식은 자신이 하고 싶은 것을 하려고 할 뿐 부모가 바라는 것을 잘 하지 않는다. 이러니 사이가 좋아질 리가 없다. 이와 관련해서 공자는 자식, 학생, 직원, 참모가 아니라 부모, 선생, 임원, 보스 입장에서 사람 사이를 좋게 하려면 어떻게 해야 하는지 고민하고 있다.

승당　자장이 공 선생에게 평화의 길에 대해 물었다. 공 선생이 대꾸했다. "이 다섯 가지 덕목을 하늘 아래(중원 지역) 실행할 수 있다면 평화를 일구는 사람이 될 걸세. …… 공손하면 업신여김을 당하지 않지. 너그러우면 사람(신망)을 얻게 되지. 믿음이 있으면 주위 사람들이 일을 맡기지. 재빠르면 기회가 올 때 공적을 세우게 되지. 많이 베풀면 어려운 일도 주위 사람들에게 부탁할 수 있지."

子張問仁於孔子. 孔子曰 : 能行五者於天下爲仁矣.
자 장 문 인 어 공 자　공 자 왈　능 행 오 자 어 천 하 위 인 의
…… 恭則不侮, 寬則得衆, 信則人任焉, 敏則有功, 惠
　　　공 즉 불 모　관 즉 득 중　신 즉 인 임 언　민 즉 유 공　혜
則足以使人.
즉 족 이 사 인

입실　오五는 아래 나오는 공恭·관寬·신信·민敏·혜惠 다섯 가지 덕목을 가리킨다. 공자는 먼저 큰 그림을 그린 뒤에 하나씩 설명하고 있다.
　천하天下는 글자대로 하늘 아래의 뜻으로 오늘날 세계, 온 세상을 가리킨다. 과거에는 공자만이 아니라 세계의 모든 민족이 자신들이 사는 곳이 세계의 중심이자 전부라고 생각했다. 공자 당시는 '천하'라고 하더라도 그것은 세계 전체와 일치하지 않고 실제로 황하 중하류 지역을 가리켰다.

관寬은 넓다, 너그럽다의 뜻이다. 중衆은 많다, 무리의 뜻이다. 혜惠는 베풀다, 은혜의 뜻이다. 사使는 부리다, 시키다의 뜻이다.

여언　부모, 선생, 임원, 보스는 책임이 많기도 하고 무겁기도 하다. 책임을 맡아 일을 하려면 다른 사람과 함께해야 하지만 최종 책임을 지는 것은 혼자다. 따라서 그들은 목표를 세워 사람들을 이끌어가게 된다. 이때 모든 사람이 보조를 맞춰 착착 나가지 못한다. 목표는 아직 저 앞에 있는데 사람들은 미적대는 것으로 보인다. 그들은 현실과 목표 사이의 거리를 쳐다보며 속이 탄다. 속이 타는 만큼 사람들을 다그쳐서 빨리 움직일 것을 요구하게 된다.

대열에서 조금이라도 벗어나는 사람, 보조를 맞추지 못하는 사람, 일을 해도 자꾸 반대로 하는 사람 등 다양한 사람이 있다. 이들을 데리고 가려면 결국 '관리'자가 되어야 한다. 이때 그들은 상대가 왜 자신들을 이해하지 못하고 자신들과 똑같이 하지 못하는지 난감해한다. 그렇게 할수록 사람들의 속도, 개성, 성향을 받아들이기보다는 나쁜 것으로 내몰고 다그치게 된다. 이로써 몸은 같은 곳에 있더라도 사이는 점차 멀어지게 되는 것이다.

유교에서는 사회적 지위가 올라가면 올라갈수록 관련을 맺어 책임을 져야 할 사람이 많다. 이런 사고에서 왕王을 사람이 귀순해서 몰려오는歸往 센터라고 정의한다. 왕이 사람들이 자신과 완전히 같아지기를 바라고 사소한 잘못에도 엄격히 처벌하고 주는 것보다 바라는 것이 많다면, 사람들은 왕을 벗어나 떠나려고 하지 몰려들려고 하지 않을 것이다.

여기서 공자는 '거상불관居上不寬'(03.26/066), 즉 윗자리에 있으면서 너그럽지 않다면 쳐다볼 것이 없다고 말하면서 너그러움을 강조하고 있다. 이는 내가 나와 다른 사람을 받아들인다는 관용을 말한다. 관용이란 사람을 자신의 영향권 안에 수용한다는 뜻이기도 하고 또 공유하는 가치를 실현하는 다양한 길이 있다는 것을 허용한다는 뜻이기도 한다. 자신만이 옳고 다른 사람은 따르기만 하면 된다고 생각하면, 사람이 잠시 머물 수는 있지만 오래 함께 나아갈 수는 없는 것이다.

94
응보直 | 정도로 원수를 갚다
이직보원以直報怨(14.36/384)

입문 세상을 들여다보는 창은 여러 가지다.

주고받는give and take 틀로도 세상사를 조망할 수 있다. 가게에 가서 돈을 지불하면 파는 이는 물건을 건넨다. 사는 이가 돈을 내지 않아도 문제가 생기고 파는 이가 나쁜 물건을 건네도 문제다. 이것은 주고받는 관계에서 쉬운 축에 든다.

학교에 다니면 주로 선배가 사주고 후배가 얻어먹는다. 후배가 매번 얻어먹으면서 겸연쩍어하면 선배는 "지금 나에게 갚지 않아도 되고, 나중에 후배가 생기면 잘해주라"고 말한다. 여기서는 주더라도 바로 오지 않고 나중에도 돌아오지 않을 수 있다. 주는 사람이 받지 않고 다른 사람이 받는다. 주고받는 관계가 학번을 건너뛰면서 진행되고 있다. 이렇게 학번을 뛰어넘으며 주고받는 관계가 유지되기 때문에 같이 학교에 다니지 않았더라도 후배라거나 동문이라면 남들과 다른 두터운 우의가 자동적으로 생기는 듯하다.

사실 지켜보는 사람이 없다고는 하지만 같은 전공의 좁은 공동체에서 전통과 다른 방식으로 행동하기란 쉽지 않다. 한번 나쁜 쪽으로 소문이 나면 만회하기 어렵기 때문이다.

주고받는 관계는 등가성에 의해 유지된다. 물건을 사고팔 때 1000원 내고 1000원짜리 물건을 받듯, 친구가 밥을 한 번 사면 얻어먹은 사람도 나중에 비슷한 가격대로 한 번 산다. 문제는 나쁜 행위의 경우 등가성을 어떻게 확보할 수 있을까 하는 것이다.

예컨대 누군가 나에게 친절을 베풀면 나도 나중에 친절을 베풀면 된다. 그런데 만약 누군가 나에게 나쁜 짓을 하면 나는 똑같이 나쁜 짓을 해도 되는 것일까? 아니면 상대가 나쁜 짓을 하더라도 나는 사랑으로 감싸야 하는 것일까?

승당　　정체불명의 사람이 의사를 타진했다. "은혜로 원수를 갚는다면 어떻습니까?" 공자가 자신의 생각을 밝혔다. "은혜는 무엇으로 갚아야 할까요? 정도로 원수를 갚고 은혜로 은혜를 갚아야 합니다."

或曰 : 以德報怨, 何如? 子曰 : 何以報德? 以直報怨, 以
혹 왈　이 덕 보 원　하 여　자 왈　하 이 보 덕　이 직 보 원　이
德報德.
덕 보 덕

입실　　이以는 혼자서는 뜻이 없고 '~으로써, ~을 가지고'의 맥락을 나

타낸다. 덕德은 덕, 덕목, 은혜, 혜택의 뜻이다. 원怨은 원망하다, 한탄하다, 원망의 뜻이다. 여기서 덕과 원은 서로 대립되는 말로 각각 은혜와 원망, 은인과 원수의 관계에 대응한다.

하이何以는 어떻게, 무엇으로의 뜻이다. 보報는 갚다, 보답하다, 돌려주다, 갚음의 뜻으로 자신이 누구로부터 대우를 받은 것에 어울리는 방식으로 대응한다는 맥락이다.

여언　일본이 대한제국을 식민지로 만들었다. 남북한은 휴전선을 사이에 두고 대치하면서 간혹 국지적으로 충돌한다. 한국군이 최근 UN평화군의 일원으로 해외 파병을 하게 되자 한국인을 상대로 한 테러와 공격이 심심찮게 일어나고 있다. 이런 경우 각각 어떻게 해야 할까? 어떤 이는 "저들과 관계를 끊고 당한 만큼 갚아줘야 한다"고 하고, 다른 이는 "저들과 관계를 끊지 말고 당했다고 하더라도 도움을 줄 때는 줘야 한다"고 말한다. 이에 대해 공자는 동종 보답의 원칙을 주장하고 있다. "은혜에는 은혜로 갚고 원한에는 정의로 갚아야 한다."

왜 그렇게 해야 하는 걸까? 사회도 알게 모르게 주고받는 관계에 바탕을 두고 굴러간다. 주고받는 것이 끊어지게 되면 사고가 생기는 것이다. 그런데 보통 주고받는 관계는 돈이든 횟수든 대개 등가성을 갖는다. 물론 부모와 자식, 왕과 신하와 같이 특수한 관계에는 등가성이 성립될 수 없다. 자식은 부모에게 절대로 받은 것만큼 갚지 못하기 때문에 모든 자식은 배호의 「불효자는 웁니다」라는 노래 가사처럼 불효자가 되는 것이다.

부모와 자식처럼 특수한 관계가 아니라면 주고받는 등가성이 보장될 때 상호 신뢰가 싹트기 쉽다. 돈, 물질, 상품이든 뭐든 주고받다 보면 그것을 넘어선 관계가 생기게 된다. 함께 사귈 만한 사람이 된다. 반면 받기만 하고 갚지 않는 상대를 나와 같은 사람으로 볼 수 없기 때문이다. 우리도 얻어먹기만 하고 한 번도 밥을 사지 않는 사람을 두고 좋은 소리를 하지 않는다. 물론 여기서 우리는 상대가 내놓을 만한 것이 있는지 없는지 기다리는 슬기가 필요하다. 줄 것이 아무것도 없는 상대에게 받을 것을 생각하면 오히려 주는 사람의 도량이 작은 것이다. 우리가 자식에게 주면서 그네들이 뭔가를 돌려주기를 바랄 수 없는 것과 마찬가지다.

이제 우리는 누구랑 어떤 식으로 어떻게 주고받을 것인지 신중하게 생각해야 할 때다. 받을 수 없는 상대에게 한 번 주고서 뭔가 주지 않는다고 툴툴대지 말아야 한다. 자연과 하느님처럼 일방적으로 주면서 받을 생각을 하지 않는 경우도 있는 것이다.

95
복지惠 | 도움을 주더라도 헤퍼서는 안 된다
혜이불비惠而不費(20.2/515)

입문 아이가 태어나면 처음에는 바닥에 누워만 있다. 그러다 뒤집기를 하고 허리 힘이 들어가면 안길 수 있고 또 조금 있다가는 뭔가 손으로 잡고서 일어나려고 한다.

사람마다 차이는 있지만 대개 1년이 지나면 스스로 혼자 일어서게 된다[自立]. 1년이 지나도 아이가 서지 못하면 부모는 혹시 아이에게 무슨 문제가 있는 게 아닌지 걱정돼서 마음이 급해진다.

　사람은 중고등학교를 거치면서 대개 혼자 설 수 있는 체력이며 학력이며 지력을 갖추게 된다. 성인도 실패에 좌절하고 배반에 분노하며 제 발로 우뚝 서지 못하는 사람이 많다. 부모가 제때 일어나지 못하는 아이를 도와 일으켜 세우듯 가족과 사회도 넘어지고 쓰러진 사람을 도와 일어나게 한다. 공자는 "위태로운데도 지켜주지 않고 넘어지는데도 붙잡아주지 않는다"(위이부지危而不持, 전이불부顚而不扶. 16.01/438)면 문제가 된다고 했듯 우리는 위태로우면 지켜주고 넘어지면 붙잡아준다.

　한 번 넘어진 사람이 또 넘어질 수 있다. 남의 도움으로 일어나다 보니 혼자서 스스로 하기를 겁내고 늘 누구에게 기대려고 한다. 이때 도와주던 사람도 또 넘어진 이에게는 쌀쌀하게 "이제는 혼자서 일어나봐요"라는 말을 건넨다. 도와주던 사람은 넘어진 이에게 자극을 주어 혼자서 해보라고 한 것이지만 넘어진 이는 자신을 내치는 소리로 알아듣고 일어나려던 마음마저 내다 버릴 수 있다.

　넘어진 사람의 일어서려는 의지를 인정하고 그것을 적절하게 끌어내면서 옆에서 꿋꿋하게 서 있는 게 쉽지 않다. 공자는 "도움을 주지만 헤프게 해서는 안 된다"는 '혜이불비惠而不費'의 기준을 제시했다.

승당　자장이 공 선생에게 물었다. "어떻게 하면 제대로 정무를 맡아볼 수 있을까요?" 공 선생이 대꾸했다. "자기 스스로 다섯 가지 미덕을 높이고 네 가지 악덕을 물리친다면 제대로 정무를 맡아볼 수 있겠지."

　자장이 다시 물었다. "먼저 든 다섯 가지 미덕은 무엇을 가리키는지요?" 공 선생이 일러주었다. "자율적 인간은 도움을 주지만 헤프지 않고,

힘들게 일을 시키지만 원망을 듣지 않는다." …… 자장이 자세히 알고 싶어서 보충 질문을 했다. "도움을 주지만 헤프지 않다는 것은 무슨 뜻입니까?" 공 선생이 대꾸했다. "인민(백성)들이 이롭게 여기는 대상을 보장해 그들로 하여금 이로움을 누리게 한다면 도움을 주지만 헤프지 않다는 것이 아니겠는가? 내친김에 다른 것도 설명하자면 누구라도 힘을 들여야 할 일을 골라서 백성들을 힘들게 한다면 도대체 누가 원망을 하겠는가?" …… 자장이 다시 물었다. "앞서 말한 네 가지 악덕은 무엇을 가리키는지요?" 공 선생이 일러주었다. "백성들을 아무런 훈육(훈련)도 없이 죽인다면 학살이라 하지. 어떠한 주의를 주지 않고 결과부터 따지려 든다면 포악이라 하지."

子張問於孔子曰: 何如斯可以從政矣? 子曰: 尊五美,
자장문어공자왈 하여사가이종정의 자왈 존오미
屛四惡, 斯可以從政矣. 子張曰: 何謂五美? 子曰: 君
병사악 사가이종정의 자장왈 하위오미 자왈 군
子惠而不費, 勞而不怨, …… 子張曰: 何謂惠而不費?
자혜이불비 로이불원 자장왈 하위혜이불비
子曰: 因民之所利而利之, 斯不亦惠而不費乎? 擇可
자왈 인민지소리이리지 사불역혜이불비호 택가
勞而勞之, 又誰怨? …… 子張曰: 何謂四惡? 子曰: 不
로이로로지 우수원 자장왈 하위사악 자왈 불
敎而殺謂之虐, 不戒視成謂之暴
교이살위지학 불계시성위지폭

입실   종從은 따르다, 좇다의 뜻으로 여기서는 정치에 종사하다, 참여한다는 맥락이다. 존尊은 높다, 높이다, 우러러보다의 뜻이다. 병屛은 병풍, 막다, 가리다의 뜻이다. 혜惠는 은혜, 베풀다, 돕다의 뜻이다. 비費는 쓰다, 닳다, 없어지다, 줄어들다, 비용의 뜻이다. 로勞는 일하다, 힘쓰다, 피곤하다, 힘들다의 뜻이다. 인因은 비롯하다, 연유하다, 원인의 뜻이다.

여언　요즘 정치권에서 던진 화두가 사회 전체에 커다란 반향을 일으키고 있다. 제1보가 '공정'이었다면 제2보는 '복지'다. 보편적 복지니 선별적 복지니 논란이 뜨겁다. 보편이니 선별이니 말싸움에 골몰할 게 아니라 우리나라 실정에 맞는 모델을 세우는 데 더 많은 노력을 해야겠다. 이와 관련해서 《더 빅 이슈The big issue》 잡지 판매 방식에 귀기울여볼 만하다. 원래 이 잡지는 영국에서 노숙자 자활을 돕기 위해 노숙자 판매용으로 고안된 것이다. 자활 노숙자는 잡지를 팔면서 차츰 자활 의지를 더 높이는 것이다.

잡지의 판매 수칙은 다음과 같다.

① 배정받은 장소에서만 판매한다.
② 《빅 이슈》 ID카드와 복장을 착용하고 판매한다.
③ 《빅 이슈》 판매원으로 일하는 동안 미소를 지으며 당당히 고개를 든다.
④ 술을 마시고 《빅 이슈》를 판매하지 않는다.
⑤ 흡연 중 《빅 이슈》를 판매하지 않는다.
⑥ 판매 중 시민들의 통행을 방해하지 않도록 가장자리에 자리 잡는다.
⑦ 우리 이웃인 길거리 노점상 등과 다투지 않고 협조한다.
⑧ 《빅 이슈》의 판매원으로 활동하는 동안에는 《빅 이슈》만 판매한다.
⑨ 긴급 상황 시 반드시 《빅 이슈》로 연락한다.
⑩ 하루 수익의 50퍼센트는 저축한다.

그 밖에 처음 몇 달간은 고시원(잘 곳)도 제공되며 일정 기간이 지나면 스스로 번 돈으로 자립하게 된다(빅 이슈 코리아 사이트: http://bigissuekr.tistory.com/).

《빅 이슈》의 판매 방식은 공자가 말한 '혜이불비'에 참으로 어울리는 사례다. 우리도 무상이니 유상이니 싸움으로 시간을 보낼 게 아니라 도와야 할 시간을 놓치지 말고 도와서 사람 살 맛 나는 세상을 만드는 데 관심을 집중해보자.

6강 핵심

절대 흔들리지 않는
나만의 가치

6강에서는 자기주도적인 삶이 향하는 방향을 정하는 여섯 가지 핵심 가치를 살펴보고자 한다.

자기가 자신의 삶을 주도적으로 이끌어가려면 내버릴 수 없는 자신의 확고한 가치가 있어야 한다. 아이가 어머니 손에 끌려 피아노 학원을 찾아 피아노를 배운다면 그 아이는 피아노가 스스로 좋아서 시작한다고 말할 수 없다. 요즘 세상에 피아노쯤은 쳐야 한다는 어머니의 생각이 아이를 학원으로 향하게 하는 것이다.

우리는 인생을 살면서 배알이 꼴리더라도 참고 사는 경우가 많다. 그때 배알이 꼴린다고 하더라도 그것이 인격 전체를 허물어뜨리지는 않는다. 만약 그렇다면 그냥 웃고 넘기기에는 참으로 치명적인 일이기 때문이다. 이때 남이 뭐라고 하더라도 자신이 끝내 흔들리지 않으며 굳게 지켜낼 가치를 갖는 것이 중요하다. 나는 그것을 인생의 핵심 가치라고 생각한다.

나는 『논어』에서 도道와 인仁을 비롯해서 여섯 가지를 핵심 가치로 뽑아냈다. 이를 통해 우리가 핵심 가치를 다잡는 데 커다란 도움이 될 것이다.

1강에서 시작해 여기까지 숨 가쁘게 달려왔다. 서술 방식은 연역이 아니라 귀납의 방법을 채택했다. 핵심 가치로부터 이하의 내용을 풀어내는 것이 아니라, 반대로 『논어』의 내용을 생활인이 구체적인 상황에 적용할 수 있도록 하는 데서 시작해 그것이 핵심 가치로 귀결되도록 구성을 짰다. 이것이 '소인유학'에 어울리는 형식이기 때문이다. 6강에서 지금까지 이야기했던 것을 여섯 가지 핵심 가치로 귀결하기 바란다.

6강에서는 앞의 다섯 강과 달리 '승당'에서 『논어』의 원문을 두 구절 인용해서 살펴본다. 여섯 가지 핵심 가치가 추상적인 만큼 한 구절만으로는 그 맛을 전하기가 쉽지 않기 때문이다.

96

도리道

과녁 맞히기 위해서만 활을 쏘는 것이 아니다

사부주피射不主皮(03.16/056)

입문 지금은 '도'가 그렇게 낯설지 않다. 아마 동양 철학 개념 중 도만큼이나 한국어 어휘에 자취를 남긴 말은 드물 것이다. 사람이 나아갈 길[인도人道], 닦아서 길러야 하는 대상[수도修道]처럼 추상적인 맥락으로 쓰일 뿐만 아니라 차가 다니는 길[차도車道], 우리나라 무예의 일종인 태권도처럼 구체적인 맥락으로 널리 쓰이고 있다.

이처럼 도가 다양한 의미 맥락에 걸쳐서 쓰이게 된 데는 공자의 공로를 말하지 않을 수 없다. 그는 선왕이 걸어가신 길[선왕지도先王之道], 아버지가 걸어가신 길[부지도父之道]처럼 도의 외연을 넓힐 대로 넓혀서 사용했기 때문이다.

공자가 도와 관련해서 한 말 중에 "아침에 제 갈 길을 알아차렸다면, 저녁에 죽게 되더라도 괜찮다"(조문도朝聞道, 석사가의夕死可矣. 04.08/074)라는 구절이 가장 널리 알려졌을 것이다. 공자가 대뜸 도를 생사와 연관시켜서 이야기를 하고 있으니, 도가 약간 무거워 보인다. 이 말에는 물론 비장함이 들어 있지만 초점은 간절함에 있다.

우리가 목이 빠지게 바라는 것이 있을 때 누군가 그것을 내놓는다고 하면 자신의 가장 아끼는 것조차 서슴없이 주겠다고 하지 않는가? 예컨대 지독한 구두쇠일지라도 자신이 원하는 이성의 정보를 얻는 일이라면 기꺼이 지갑을 열려고 하지 않던가?

공자에게 도는 있어도 그만 없어도 그만인 것이 아니라 반드시 깨우쳐서 함께 있어야 하는 것이었다. 공자는 그렇게 절실하게 도를 원했던 것이다. 공자와 도의 진한 관계는 마치 인어 공주가 왕자와의 사랑을 위해 목소리를 내놓고 물거품이 될 위험성마저 달갑게 받아들이는 것과 비슷하다고 할 수 있다. 이제 조금 가벼운 마음으로 공자의 도를 알아보자.

승당   공 선생이 들려주었다. "활쏘기 의례(경기)에서는 화살이 가죽의 과녁을 뚫고 지나는 것으로 우열을 가리지 않는다. 왜냐하면 사수의 힘이 똑같지 않을 뿐더러 옛날의 도(규칙)이기 때문이다."

> 子曰:射不主皮, 爲力不同科, 古之道也.
> 자 왈 사 부 주 피 위 력 부 동 과 고 지 도 야

    공 선생이 한마디 했다. "자율적 인간이라면 모두가 나아갈 길을 찾으려고 하지 제 입에 들어갈 밥을 걱정하지 않는다. 농사를 지어도 굶주림이 그 속에 들어 있지만 배우다 보면 안정적인 생활이 그 속에 보장된다네. 자율적 인간은 모두가 나아갈 길을 걱정하지 제 자신의 가난을 걱정하지 않는다네."

> 子曰:君子謀道不謀食. 耕也, 餒在其中矣. 學也, 祿在
> 자 왈 군 자 모 도 불 모 식 경 야 뇌 재 기 중 의 학 야 록 재
> 其中矣. 君子憂道不憂貧. (15.32/427)
> 기 중 의 군 자 우 도 불 우 빈

입실   사射는 활쏘기를 가리킨다. 주主는 위주로 하다, 목표로 하다의 뜻이다. 피皮는 글자대로 가죽의 뜻이지만 여기서는 가죽으로 만든 과녁을 가리킨다. 과科는 등급, 체급의 뜻이다.

모謀는 꾀하다, 꾸미다의 뜻이다. 경耕은 논밭을 갈다, 가꾸다의 뜻이다. 뇌餒는 굶기다, 주리다의 뜻이다. 록祿은 옛날 말로 녹봉이고 오늘날 말로는 월급, 연봉을 가리킨다. 우憂는 근심하다, 걱정하다, 근심의 뜻이다.

여언　공자의 말을 보면 먼저 도는 물질적인 문제로부터 한 발짝 비껴나서 생각하는 여유와 관련된다. 이 말은 자칫 오해의 가능성이 있어서 조금 더 설명이 필요하다.

식량과 가난의 문제를 해결하는 것은 왕(최고 책임자)이 풀어야 할 과제[王道]이므로 물질과 도가 상관이 있다. 그렇다고 왕(최고 책임자)이 직접 논밭에 뛰어들어 농사를 처음부터 끝까지 지을 수는 없는 일이다. 도는 물질 자체를 추구하는 것이 아니라 물질을 생산하고 배분하는 방식을 두고 어느 것이 더 타당한지 논의하는 상위의 포괄적 이론 또는 메타 담론이라고 할 수 있다. 즉 스마트폰 산업의 최고 경영자는 경영 전략을 짜고 제품의 성능과 디자인을 결정하고 기업을 대표해서 대외 업무에 종사하지 직접 생산 라인에 앉아서 제품을 조립하거나 완성품을 포장하지는 않는다. 도는 어떤 단체의 운명과 직결되는 전략이나 목표 설정과 밀접한 관련이 있다고 할 수 있다.

공자가 실제로 사용하는 도를 살펴보자. 공자는 고대의 활쏘기 의례를 소개하면서 도란 말을 쓰고 있다. 고대에는 활쏘기 연습을 하면서 과녁을 맞히거나 뚫는 것을 목표로 하지 않았다. 사람마다 체력이 다른데도 불구하고 과녁을 맞혀야 한다는 목표가 정해지면 활쏘기에서 개인 차이가 전혀 고려되지 않기 때문이다. 여기서 도는 활을 쏘아서 과녁에 맞추는 기술적인 측면이 아니라 활쏘기를 연습하는 이유 또는 활쏘기를 통해 기르고자 하는 품성과 관련이 된다.

앞서 본 활쏘기가 도이기는 해도 그건 옛날의 도이다. 공자 스스로 말하는 도는 어떤 것일까? 공자가 증자(증삼)에게 공자 학파의 도는 하나로 꿰뚫어 있다는 말을 건넸다. 증자는 이 말을 알아들었지만 다른 문인들은 고개를 갸웃거리며 이해하지 못했다.

공자가 자리를 뜨자 궁금하던 동학이 증자에게 공자가 말한 일관의 도를 물었다. 이에 증자는 "선생님의 도는 충서일 뿐이다"(부자지도夫子之道, 충서이이의忠恕而已矣. 04.15/081)라고 대답했다.

충서는 진실과 관용으로 풀이할 수 있다. 이 둘은 사람이 살아가는 데 반드시 지켜야 하는 길이다. 사람이 진실하지 않으면 사람 사이의 믿음이 생기지 않고, 믿음이 없으면 함께 어울려 지낼 수가 없다. 사람이 관용하지 않으면 수많은 사람이 각자 자신의 가치와 습관을 기준으로 내세울 것이고, 각자 기준을 고집하면 공론이 불가능해진다. 이렇게 보면 사람이 서로의 차이를 인정하면서 서로 믿고 공동체를 이루려면 진실과 관용, 즉 충서忠恕는 기본 중의 기본인 것이다.

그런데 공자의 도가 어렵기만 하고 나와 아무런 관련이 없다고 할 수 있겠는가? 그렇지 않다. 충서는 공자 당시 사람들도 인생살이에서 지키면서 걸어가야 할 길이었고, 오늘날 사람들에게도 역시 그러하다고 할 수 있다. 전략이란 말과 관련지으면 충서의 도는 사람과 사람이 어울려 지내면서 개인의 행복과 공동의 번영을 위한 최적의 전략을 수립하는 것이라고 할 수 있다. 이런 최적의 전략을 짜내면서 옷장을 자꾸 기웃거리며 입고 다닐 옷이 없다고 투덜거리거나 음식 메뉴를 뒤적이며 먹을 음식이 없다고 한다면 그 사람이 과연 공동체를 위해 뜻을 둔 사람이라고 할 수 있을까? 공자는 아니라고 보았다.

"최고 경영자, 지식인, 공무원, 국회의원, 대통령, 사회사업가 등이 큰 길에 뜻을 두고서 거지 옷이니 싸구려 음식이니 불만을 늘어놓는다면, 더불어 나아갈 길을 이야기할 만하지 않다"(사지어도士志於道, 이치악의 악식자而恥惡衣惡食者, 미족여의야未足與議也. 04.09/075).

우리는 『노자』 첫 장의 "말할 수 있는 도는 영원한 도가 아니다"(도가도道可道, 비상도非常道)라는 말 때문에 '도' 하면 우주의 본질처럼 나와 관련성이 잘 보이지 않으면서 머리만 아픈 것으로 생각하기 쉽다. 하지만 공자의 도는 그렇게 초월적이지 않고 사람이 사람으로서 살아가려면 지켜야 하는 길을 말하고 있을 뿐이다.

『논어』에는 사람이 걸어가야 할 여러 갈래의 길이 나 있다. 『논어』를 들추어서 잘 보이지 않는 길을 찾아보자. 우리는 누구나 어린 시절에 숨은 그림 찾기를 해보지 않았던가!

97

사랑仁 예의를 만나 성숙한 주체로 거듭나다
극기복례克己復禮(12.01/295)

입문 나는 형제자매가 모두 다섯 명이었다. 옛날로 보면 그리 많은 편은 아니지만 그래도 적지는 않았다. 나는 부모님으로부터 형제자매끼리 "싸우지 말고 사이좋게 지내라"는 말을 줄기차게 들으면서 자랐다. 아마 부모님 생각에는 자식이 서로 다투다 보면 의가 상하게 되고 의가 상하면 집 안에 바람 잘 날 없으리라 걱정을 하신 듯하다. 다섯 명이 서로 부대끼며 살다 보니 자연히 학교나 사회에 나와서도 주위 사람들과 나름대로 그럭저럭 어울리며 잘 지내게 되었다.

오늘날은 가정마다 아이가 하나 아니면 둘이다. 특히 아이가 한 명뿐이라면 집에서 형제자매끼리 싸울 일이 없다. 집에서 싸움을 덜해서 그런지 외동자식은 학교나 사회에서 자신과 다른 사람과 잘 어울리지 못하는 경향이 있다. 집에서 워낙 자기중심적으로 자란 탓인지 각기 그런 사람이 만나서 부딪치니 서로 사소한 일에도 화를 내고 화를 잘 참지 못한다.

요즘 학교와 기업에서는 창의와 도전을 모토로 많이 내건다. 20여 년 전만 해도 '인화 단결'이란 말이 우리나라 곳곳의 건물 벽에 교훈·사훈·부훈部訓으로 널리 쓰였다. 그만큼 학교·회사·부서에서 구성원끼리 경쟁을 시켜서 차이가 크게 나는 것을 긍정적으로 보기보다는 서로 불편하게 여겼다. 오늘날은 차이가 나게 해서 사람을 분발하게 하므로 새로운 것을 향한 도전이 적극적으로 권장되고 있다. 그러면 공자 사상을 대표한다는 인은 인화 단결과 창의·도전 중 어느 쪽과 가까울까?

승당 안연이 공 선생에게 평화에 대해 물었다. 공 선생이 대구했다. "스스로 반성(숙련)해 소통의 절차를 밟아가면 평화의 세계를 창출하게 된다. 하루라도 스스로 반성해 소통의 절차로 돌아가면 온 세상 사람들이 평화의 길로 돌아온다. 사람이 평화롭게 되는 것은 자기로부터 시작하지 주위 사람들(타자)로부터 시작하겠는가?"

顔淵問仁. 子曰: 克己復禮爲仁. 一日克己復禮, 天下
안 연 문 인 자 왈   극 기 복 례 위 인   일 일 극 기 복 례   천 하
歸仁焉. 爲仁由己, 而由仁乎哉?
귀 인 언   위 인 유 기   이 유 인 호 재

번지가 평화(화해)에 대해 물었다. 공 선생이 대꾸했다. "주위 사람들
을 사랑하는 것이지."

樊遲問仁. 子曰: 愛人.(12.22/316)
번 지 문 인   자 왈   애 인

입실　　復은 다시를 나타내면 '부'로 읽고 돌아가다, 회복하다를 나타
내면 '복'으로 읽는다. 여기서는 반返과 같이 예로 돌아간다는 맥락이므
로 '복'으로 읽는다. 유由는 말미암다, 따르다, 시작되다의 뜻이다. 애愛는
좋아하다, 사랑하다, 아끼다의 뜻이다. 같은 '사랑'이라고 하더라도 가슴
이 콩닥콩닥 뛰는 감정의 측면이 있고 복리 증진을 위해 골머리를 앓아
가면서 최선의 정책을 짜내는 이성의 측면이 있다. 공자의 경우 감정의
측면이 더 강하다고 할 수 있다.

　인人은 일반적으로 사람으로 풀이된다. 공자의 사랑은 먼저 가족에 집
중되고 다음에 가족 아닌 사람으로 확장된다. 따라서 이 인人은 처음에
는 모든 사람을 가리키기보다는 나의 생활 세계를 중심으로 만나서 인사
하고 서로 안부를 묻는 가족과 지역 공동체 범위와 더 어울린다고 할 수
있다. 그래서 주위 사람 또는 함께 어울리는 공인共人으로 보고자 한다.

여언　　인의 글자 모양을 보면 사람 인人 자와 두 이二 자로 되어 있다.
인仁은 사람이 공동체나 타자로부터 분리되어 개인만이 발휘할 수 있는

능력이나 자질이 아니라는 것을 알 수 있다. 최소한 두 사람으로 이루어진 공동체에서 인은 사람이 갈가리 나뉘어 서로 으르렁거리지 않고 긴밀하게 합쳐져 서로 끈끈하게 지내는 상태를 가리키기 때문이다. 이런 점에서 인은 인화 단결과 닮았다고 할 수 있다.

그러면 어떻게 사람들이 갈기갈기 찢어지지 않고 돌처럼 단단하게 하나로 뭉쳐질 수 있을까? 첫째, 인자는 주변 사람들을 사랑하는 것이다. 사랑이란 상대를 나와 같은 존재로 생각해 아끼고 소중하게 여기는 것이며 또 돕고 이해하는 것이다. 즉 사랑한다는 것은 상대를 수단으로 여기지 않고 나처럼 돌보고 아끼는 목적적 존재로 보는 것이다. 결혼해서 아이가 생겼을 때를 생각해보라. 내가 먹는 것보다 아이 먹는 것이 먼저 신경 쓰이고 내가 잠자는 것보다 아이가 쌔근쌔근 잠자는 것이 더 앞이다.

이렇게 보면 인은 박애처럼 무조건적인 사랑 또는 무차별적인 사랑으로 보인다. 공자의 사랑은 궁극적으로 박애를 지향한다고 하더라도 단계와 제한이 있다. 맹자가 요령 있게 표현했듯이 먼저 가족과 가깝게 어울려 지내고 나서 백성을 아끼며 여유가 있으면 동식물까지로 사랑을 넓혀간다(친친이인민親親而仁民, 인민이애물仁民而愛物). 아무리 공자라고 하더라도 가족이 먼저 그의 눈에 들어오는 것이다. 이어서 공자는 "평화를 일구고 공평한 사람만이 사람을 제대로 좋아할 수 있고 제대로 미워할 수 있다"(유인자능호인唯仁者能好人, 능오인能惡人. 04.03/069)고 말했다. 그의 사랑은 '이직보원以直報怨'(5강 94조목 참조)에서 보이듯 좋아할 만한 사람에게 한정되지 그렇지 않은 사람에게 베풀 정도로 무조건적이지는 않다.

다음으로 공자의 사랑은 예의 관문을 통과해야 한다. 예란 아래에서 보겠지만 사람이 상대에게 호의적으로 다가가서 서로 환심을 사는 절차다. 사람이 세상에 태어나 살면서 하나같이 어설프지 않은 것이 없다. 우리가 자기 자신에게 다가가는 데는 특별한 길을 바라지 않지만 주위 사람에게 다가가는 데는 헤아릴 것이 많다. 그것을 지키지 않고 사람에게 다가가면 우리는 너나없이 '무례한 놈'이라고 소리친다. 그 소리는 보통보다 크게 나면서 동시에 나와 그 사람이 서로 다가서는(드나드는) 문이 쾅하고 닫히는 상징 행위를 나타낸다.

우리가 절차를 지키면서 주위 사람에게 호의적으로 다가갈 때 사람과 사람 사이에, 나아가 세상에 인이 넘치게 되는 것이다. 이때 우리는 서로가 각자 변하게 된다. 나는 밖으로 밀어내던 상대를 나의 품에 안게 되고 무관심하던 모습에서 얼굴을 마주하는 자세로 변하게 된다. 주위 사람도 그냥 배경인 양 내 주위를 떠도는 물체가 아니라 의미와 품격을 지닌 인물로 변하게 된다. 이는 우리가 낯선 사람을 만나서 우의를 쌓으면서 점차로 너와 나의 구별 의식이 약해지면서 없을 수 없는 친구로 되어가는 과정을 생각해보면 이해할 수 있을 것이다.

이로써 인은 처음에는 가족을 대상으로 서로 한없이 가까워지는 데서 출발해 차츰 범위를 넓혀간다. 인은 주위 사람을 거쳐 최종적으로 온 세상에 적대와 대립이 사라지고 신뢰와 공존이 이루어지는 것을 목표로 하게 된다. 장자나 주희 같은 사상가들은 이를 모든 존재가 하나의 덩어리가 되는 '만물일체萬物一體'라고 표현했다. 자식을 여럿 두면 자식끼리야 서로 다툴 수 있지만 부모에게는 "열 손가락 깨물어서 안 아픈 손가락이 없다"고 하듯이 모두가 사랑스럽다. 인도 그러한 부모 마음을 닮았다고 할 수 있다.

기업이든 정부든 조직이 있으면 그 안에는 서로 패가 갈려서 상대를 나쁘게 말하는 사람이 많다. 하지만 책임자 입장에서 보면 나쁘다고 말하는 사람이나 나쁜 대상으로 지목된 사람도 하나같이 품어야 하는 인물일 뿐이다. 이래서 인은 평화라고 할 수 있겠다. 『논어』는 세상에 평화를 일구기 위한 에너지가 가득 찬 곳간이다. 곳간을 뒤져서 평화를 찾아 마구 퍼내 쓰면 좋겠다.

98
정의義 | 절대 긍정과 절대 부정을 넘어 상황을 보라
무적무막無適無莫(04.10/076)

입문　우리나라 사람은 둘만 모이면 ○○회를 만든다. 조직 본능이라고나 할까! 지연을 중심으로 향우회가 있고, 취미를 매개로 동호회가 있으며, 학연을 울타리로 동창회가 있다. 각종 모임의 총무를 해본 사람이라면 회비를 걷고 경조사를 챙기며 할 일을 분담하는 것이 얼마나 귀찮고 어려운 일인 줄을 안다. 이런 일에 조금이라도 불만이 생기면 총무가 잘못한다는 소리가 크게 들린다.

이런저런 소리를 없애려면 모임마다 회칙을 정해서 무슨 문제가 생기면 그에 따라 처리하면 된다. 문제는 회칙이 모임에서 일어날 수 있는 모든 상황을 다 포괄할 수 있느냐에 있다. 회칙을 만들 때는 물론 이후에 일어날 수 있는 경우의 수를 감안해서 조항을 완비해두려고 한다. 하지만 인간사가 늘 각본대로 되지 않듯이 조항을 두고서 사람들이 해석을 달리해 서로 신경전을 벌이기도 한다. 그에 따라 초기에는 회원 사이에 친목을 도모하며 공동의 일을 많이 해서 잘나가던 모임도 해석을 두고 갈등이 생기면 모임이 두 동강으로 갈라지게 된다.

우리나라도 요즘 들어 "법대로 하자!"는 소리를 많이 한다. 이해 당사자가 각자 자신의 입장을 고수하므로 사법부에 판결을 맡기고 나아가서 헌법재판소에 심리를 의뢰한다. 개인이 자신의 의사를 주장할 수 있다는 점에서 이는 사회 발전이자 인권 신장이라고도 할 수 있다. 하지만 개인의 이성과 양식보다는 국가 기관의 제도화된 이성을 더 권위 있게 생각한다는 점에서 신뢰의 상실이라고도 할 수 있다. 자칫하면 머지않아 사람이 죽고 사는 것도 전적으로 법의 심판에 의해서만 가능해지지 않을까 염려가 된다.

공자는 어떻게 문제 상황을 공정하게 판정하려고 했을까?

승당　　공 선생이 들려주었다. "자율적 인간이 하늘 아래의 일을 검토하면서 반드시 나아가야 하는 것도 없고, 절대로 해서 안 되는 것도 없다. 그이는 다만 상황 적절성을 좇을 뿐이다."

子曰：君子之於天下也, 無適也, 無莫也, 義之與比.
자 왈　군 자 지 어 천 하 야　무 적 야　무 막 야　의 지 여 비

공 선생이 정나라의 뛰어난 정치가 자산을 두고 교훈을 이야기했다. "그이는 공직자가 걸어갈 길의 네 가지를 갖추었네. 첫째, 재상의 신분에도 몸가짐이 겸손하기 그지없었다. 둘째, 20여 년간 집정執政으로 지내며 윗사람을 모시는 태도가 공경으로 일관했다. 셋째, 인민의 생계를 책임

356

질 때는 사랑이 넘쳤다. 넷째, 인민을 동원할 때는 기준을 지켰다."

子謂子産, 有君子之道四焉. 其行己也恭, 其事上也
자 위 자 산 유 군 자 지 도 사 언 기 행 기 야 공 기 사 상 야
敬, 其養民也惠, 其使民也義. (05.17/109)
경 기 양 민 야 혜 기 사 민 야 의

입실　적適은 꼭 하다는 뜻으로 절대 긍정을 가리킨다. 막莫은 절대로 안 된다는 뜻으로 절대 부정을 가리킨다. 비比는 나란히 하다, 좇다의 뜻이다. 자산은 춘추 시대 정나라의 현명한 정치가로 균형 외교를 펼쳐 약한 나라의 정치 안정을 이끌어냈다.

　사事는 일, 일삼다, 섬기다, 모시다, 보좌하다, 돕다의 뜻이다. 양養은 기르다, 키우다, 돌보다의 뜻이다. 양민養民이란 말에서 치자와 백성의 관계를 부모와 자식 관계로 보는 사고방식이 숨어 있다고 할 수 있다. 오늘날엔 양민을 부모와 자식이 아니라 하인과 주인의 관계로 바꿔서 생각할 수 있다. 치자는 공복으로서 주권자인 시민의 생활을 행복하게 만들도록 최선을 다해야 하고 그렇지 못하면 물러나야 하기 때문이다.

　사使는 시키다, 부리다, 동원하다의 뜻이다. 과거에 신민은 국가에 현물(후대에는 화폐)과 노역 그리고 특산품으로 세금을 냈다. 오늘날엔 사민을 헌법과 법률에 따라 시민에게 공적 의무를 부과하고 불이행자에게 불이익을 준다는 맥락으로 받아들이면 좋겠다. 이처럼 시대 상황이 달라지면 원의를 존중하면서도 새로운 맥락에 맞게끔 재해석하는 자세를 견지해야겠다.

여언　고통이든 임무든 비용이든 각자의 몫을 정할 때 기준의 유무가

중요하다. 기준이 있다면 사람이 영성 또는 지성을 발휘해서 그것을 파악해 상황에 적용하면 된다.

유럽 문화의 경우 유일신의 계시나 이데아의 절대선이 오랜 시간에 걸쳐 기준 노릇을 해왔다. 역사적으로 해석의 문제가 생겨났을지언정 기준 자체를 부정하지는 않았다. 유럽은 이 기준이 보편성을 갖는 것으로 보아 다른 문화권이 본받아야 할 절대 기준처럼 제시했다. 이 논리에 따르면 유럽은 정의와 같은 기준이 살아 있는 지역인 반면 다른 문화권은 정의와 같은 기준이 없는 지역으로 간주되었다. 이로써 유럽 중심주의가 생겨났던 것이다.

우리나라를 비롯해 동아시아에서는 절대 기준이란 개념 의식이 약하다. 기준이 있다고 하더라도 특권자는 그것의 구속을 피하려고 권력을 사용했고, 말 좀 하는 사람은 다양한 상황 논리를 들이대며 기준의 가혹한 적용을 벗어나려고 한다. 기준은 현실을 지배하지 못하고 늘 현실에 의해서 변용되거나 상황에 따라 수정되었다. 사회 질서가 하나의 절대 기준에 의해서 규정되지 않고 분위기와 대세에 따라 좌우되었다. 그러다 보니 시간이 지나도 역사가 시대정신에 의해서 변혁되지 않고 커다란 변화 없이 장기간 존속된 전통에 의해서 유지되었다.

동아시아 전통의 문화는 『논어』에 나타난 '의'의 의미와도 통하는 점이 있다. 공자는 의가 어떠한 상황에서도 반드시 존중되어야 한다는 사고를 가지고 있지 않았다. 그에게는 절대 긍정도 절대 부정도 없이 구체적인 현실 상황에 따라 기준을 융통성 있게 활용하는 것이 중요했다. 즉 의 자체가 절대적으로 중요한 게 아니라 성인聖人처럼 특별한 능력을 갖춘 사람이 의를 상황에 따라 해석하는 것이 중요했다. 이는 아무래도 의

(기준)의 절대성이 신에 의해서 보증되지도 이데아의 선험 논리에 의해서 정당화될 수도 없기 때문에 성인이 현실에 개입할 수밖에 없다는 문화적 특성을 반영하고 있는 것이다.

물론 『논어』의 세계에는 유연한 의만이 있는 것이 아니다. 독자적으로 문제가 될 때 의는 상황 논리에 영향을 받는다. 반면 대항 논리와 상대해서 쓰일 경우 의는 대항 가치와 양보할 수 없는 대립적 특징을 드러내게 된다. 예컨대 의의 이러한 특성은 이익을 나타내는 리利와 대조적으로 쓰일 때 가장 잘 드러난다.

공자는 '견득[리]사의見得[利]思義'(1강 23조목 참조)를 무척 강조하므로 이 연장선상에서 "자율적 인간은 정의(본분)에 투철하고 작은 사람들은 혼자만의 이익에 투철하다"(군자유어의君子喩於義, 소인유어리小人喩於利. 04.16/082)라고 말했다.

공자는 정의에 어울리는 이익을 부정하지 않는다. 이에 정의(도의)와 이익이 하나로 모일 수 있는 가능성을 열어둔다. 하지만 그는 정의(도의)가 없는, 또는 정의(도의)의 규제를 받지 않는 이익의 존재를 인정하지 않는다. 다시 말해서 그는 인간의 물질적 삶을 가능하게 하는 이익을 부정하지 않으면서 또 이익과 구별되면서 동시에 이익의 정당성을 심리하는 정의(도의)의 독자성을 굳건하게 주장하고 있다.

아울러 그는 국가가 시민에게 또는 조직이 구성원에게 임무를 부여하고 고통을 부과할 때 반드시 일정한 한도를 넘지 않도록 요구했다. 그것을 침범하게 되면 국가는 국가로서의 존립 근거를 스스로 위반하는 것이다. 이에 대해 공자 이래 참된 유학자라면 목숨을 걸고 항쟁했다. 이처럼 『논어』에는 다양한 얼굴의 의가 살아 있다고 할 수 있다.

99

예의禮

예의가 윤활유처럼 사람 사이를
부드럽게 하다
예용화귀禮用和貴(01.12/012)

입문 우리는 처음에 인사를 하면서 예를 몸으로 배운다. 양손을 배에다 포개고 허리를 숙여서 사람에게 인사하는 것이다. 이렇게 예가 몸으로 찾아온 뒤에 새로운 예를 계속 배운다. 예를 차리지 않으면 버릇이 없다느니 예의가 없다느니 하며 주위 사람들이 면박을 주곤 한다. 그러다가 무례한 사람까지 되면 그 사람은 옴짝달싹 못하고 주위 사람들로부터 몹쓸 사람이 되어 따돌림마저 당하게 된다.

이처럼 우리는 예에 대해 그렇게 좋지 않은 인상을 갖다 보니 예가 무슨 필요가 있을까라는 생각을 갖게 된다. 특히 번잡하고 불필요한 예식을 뜻하는 번문욕례繁文縟禮 또는 허례허식이란 말이 널리 쓰이면서 예는 귀찮고 돈만 낭비하는 것으로 여겨져서 버려야 할 것으로 간주되었다. 그런데 다음 네 가지 정경을 상상해보라.

시골의 민박집을 찾아가니 주인장이 반갑게 맞이하며 주위를 안내해주고 불편한 것을 미리 챙겨서 해결해주며, 음식이 모자라 걱정하면 김치까지 선뜻 내준다. 또한 쇼핑을 나서면 백화점 문을 열자마자 "안녕하십니까, 고객님. 무엇을 도와드릴까요?"라는 소리가 귓가에 쟁쟁거린다. 어떤 가게는 문을 열고 들어가도 누구 하나 돌아보지 않고 본체만체하는 경우도 있다. 또 과거에 남대문이나 동대문을 가면 약간 성가실 정도로 사람을 끌어 물건을 보라며 호객 행위를 하기도 한다.

만약 위 네 경우에 차이가 있다고 한다면 그것은 무엇일까? 바로 예가 정답이다. 이러한 예가 과연 지금 아무짝에도 쓸모없는 것이라고 할 수 있을까? 공자와 그 제자들이 예를 어떻게 바라보는지 알아보자.

승당　유 선생이 들려주었다. "전통 의식의 작용은 다른 것과 서로 잘 어울리게 함을 목표로 한다. 고대의 모범적인 왕들의 길도 이와 같았기 때문에 아름답고 바람직하게 여겨진다. 크고 작은 일은 모두 이 원칙을 따른다. 그러나 만약 제대로 풀리지 않는 경우가 있다면 나름의 이유가 있다. 즉 서로 잘 어울리게 해야 한다는 점에 사로잡혀서 서로 잘 어울리게 하려고만 할 뿐 전통 의식에 따라 잡도리를 하지 않으니 제대로 풀어갈 수 없는 것이다."

有子曰：禮之用, 和爲貴. 先王之道, 斯爲美, 小大由之.
유자왈　예지용　화위귀　선왕지도　사위미　소대유지
有所不行, 知和而和, 不以禮節之, 亦不可行也.
유소불행　지화이화　불이례절지　역불가행야

　　림방이 공 선생에게 전통 의식의 본바탕을 물었다. 공 선생이 만족해하면서 일러주었다. "중요한 질문을 하는구나! 전통 의식은 호화롭거나 사치를 부리기보다는 차라리 꾸밈없이 수수한 것이 낫다. 상사는 매끈하게 진행하기보다는 차라리 참으로 슬퍼해야 한다."

林放問禮之本. 子曰：大哉問! 禮, 與其奢也寧儉. 喪,
임방문례지본　자왈　대재문　례　여기사야녕검　상
與其易也寧戚.(03.04/044)
여기이야녕척

입실　유자는 공자의 제자로 유약有若을 가리킨다. 공자와 외모가 많이 닮아서 공자 사후에 후계자로 삼자는 논의가 있었지만 성공하지 못했다. 화和는 어울리다, 조화의 뜻이다. 귀貴는 귀하다, 소중하다의 뜻이다. 소대小大는 글자대로 작다와 크다의 뜻으로 여기서는 크고 작은 일, 즉 모든 일을 가리킨다. 절節은 조절하다, 잡도리하다의 뜻이다.

본本은 밑, 근본, 밑바탕의 뜻이다. 대大는 크다, 좋다, 훌륭하다, 대단하다의 뜻이다. '여기與其 ㄱ녕寧 ㄴ'은 'ㄱ을 하느니 차라리 ㄴ이 낫다'는 관용구로 쓰인다. 사奢는 분수에 지나치다, 낭비하다의 뜻이다. 검儉은 꾸밈없이 수수하다, 적다의 뜻이다. 이易는 매끈하다, 쉽다의 뜻이다. 척戚은 척慽과 같이 슬퍼하다, 근심하다의 뜻이다.

여언　아마 충격적으로 들릴지 모르지만 공자는 당시의 예에 대해서 불만이 많았다. 공자가 임금을 모시며 예를 다 차리자 주위 사람들이 공자더러 뭔가를 챙기려고 아첨한다고 생각했다(03.18/058). 예가 이미 필수적인 절차가 아니라 경우에 따라 건너뛸 수 있는 것으로 여겨졌던 것이다. 이러한 상황에서 공자는 예를 폐기할 것이 아니라 어떻게 하면 되살릴 수 있을까를 고민했다.

우리 정치가 마음에 들지 않는다고 헌법과 법률을 다 내다버릴 수는 없지 않은가? 공자도 마찬가지로 예의 재생을 위해서 자주 예의 근본정신 또는 본질을 되물었다.

공자는 먼저 예의 정신을 상호 존중[敬]과 어울림 또는 조화[和]에서 찾았다. 그는 "인사권을 가진 윗자리에 있으면서 너그럽지 않고, 전통 의식에 참여하면서 공경(경건)하지 않고, 상례를 치르며 슬퍼하지 않는다면"(거상불관居上不寬, 위례불경爲禮不敬, 임상불애臨喪不哀, 03.26/066) 그런 사람은 아무런 가치가 없다는 극언을 서슴지 않는다. 이 말은 이해하기가 그리 어렵지 않다. 예는 원래 사람이 귀신에게 다가가는 절차에서 생겨나 점차 사람 사이로 일반화된 것임을 떠올려보라.

아무리 나이 차이가 많이 나더라도 처음 보는 사람에게 '반말'한다는 것은 거북하기도 하고 불쾌하기도 하다. 여기에는 사람을 깔보고 무시하는 태도가 들어가 있으므로 '반말'에 제대로 된 말이 나가기 어렵다. 이처럼 반말은 말문을 험악하게 할 뿐만 아니라 상호 소통을 해친다. 예와 상호 존중이 반드시 결합되어야 하는 것이다.

왜 유비와 제갈량의 '삼고초려三顧草廬'가 아직도 사람들 입에 오르내리는 고사가 되었을까? 그것은 바로 두 사람 사이에 군신의 일방적인 요구가 아니라 예의 상호 존중이 자리해 죽음을 뛰어넘는 유대를 가능하게 했기 때문이다.

예를 차려서 사람에게 다가가면 나와 너가 같은 자리에서 하나로 어울리게 된다. 서로의 차이를 인정하면서 공동의 가치를 추구할 수 있다. 하지만 예의 어울림이란 측면이 지나치게 강해지면 서로의 차이가 분명하지 않게 될 수 있다. 예컨대 우리 현대사에서 문민정부가 들어선 뒤에 권위주의가 사라지고 사람 사이의 평등이 강조되었다. 하지만 이의 폐해로서 합리적인 권위마저 권위주의의 유산으로 착각되어 비판받는 일이 생겨났다. 이를 막으려면 다시금 예가 신분이 아닌 역할 차이에 따른 것으로서 제자리를 찾아야 할 필요가 있는 것이다.

예의 근본정신은 제도화된 규범의 준수가 아니라 인지상정의 자연스런 반응으로 나타난다. 예컨대 혼례를 치를 때 부모 심정이야 '더 많이 더 좋게'라며 이것저것 더 챙겨주고 싶을 것이다. 하지만 번쩍번쩍한 예물이며 화려한 절차가 결혼의 의미를 살려주지 않을 뿐만 아니라 행복을 담보해주지도 않는다. 차라리 결혼을 검소하게 치르며 그 의미에 충실한 것이 바람직하다. 또 상례도 문상객을 맞이하는 것부터 빈틈없이 매끈하게 진행되는 것보다 죽은 이를 기리며 슬퍼하는 것이 더 중요하다. 예라는 것은 꼭 물건을 많이 마련하고 호화롭게 치르는 게 중요한 것이 아니다. 돈이 없으면 정화수 한 그릇 떠놓고 결혼할 수도 있는 것이다. 이를 모두 과거의 일로만 넘겨버릴 수 있을까?

공자는 이렇게 예의 근본정신으로 돌아가서 예로써 사람과 사람 사이를 부드럽게 만들고자 했던 것이다. 예는 윤활유와도 같은 것이다. 차에 윤활유를 치지 않으면 각종 기어 장치가 삐거덕거리다가 고장이 나게 된다. 사람 사이에도 예라는 기름이 흘러 그 사이가 쇳소리 나지 않게 되는 것이다.

100

지혜知
슬기로운 자는 헷갈리지 않는다
지자불혹知者不惑(09.29/239)

입문 수학능력시험을 치르고 나서 고3 학생은 각자 자신이 갈 수 있는 대학 전공의 정보를 캐기 위해서 부산하게 움직인다. 내신에서 1등급 받고 수능에서 1위를 하지 않는 한 모두가 가고자 하는 대학에 원서를 써놓고서 어찌될 줄 몰라 가슴을 졸이게 된다. 결과를 모른다는 것이 사람을 불안하게 만들고 또 다른 가능성을 찾아보게 만드는 것이다.

널리 알려진 고사로 '기우杞憂'가 있다. 기나라 사람의 걱정이란 뜻이다. 기나라의 어떤 사람이 하늘이 무너지지 않을까, 앉으나 서나 걱정을 한 데서 비롯된 이 말은 쓸데없는 걱정, 바보 같은 짓 정도로 알려져 있다. 사실 기나라 사람은 상당히 과학적 사고를 한 사람이다. 그이는 기둥이 천장을 받치고 있듯이 땅 위의 기둥이 하늘을 받치고 있다면 아무런 걱정을 하지 않았을 터이다. 그런데 기둥이 없으니 하늘이 언젠가 갑자기 무너지지 않을까 생각했던 것이다. 당시 그이는 과학적 해답을 찾을 수는 없었지만 시대를 뛰어넘는 질문을 했던 것이다.

결과가 어떻게 될지 모르고 일이 어떻게 바뀔지 모르면, 사람은 불안해지고 걱정이 들며 뭘 어떻게 해야 할지 몰라 헷갈리게 된다. 이 때문에 인류는 유사 이래로 앎을 추구해서 하나씩 차곡차곡 쌓아왔던 것이다. 공자도 무지의 두려움에서 벗어나려고 했는데, 그가 말하는 지식(앎)이란 어떤 특성을 갖는 것일까?

승당　공 선생이 일러주었다. "슬기로운 자는 헷갈리지 않고, 평화를 위해 사는 이는 속을 태우지 않으며, 용기 있는 자는 두려워하지 않는다."

子曰：知者不惑, 仁者不憂, 勇者不懼.
자 왈　지 자 불 혹　인 자 불 우　용 자 불 구

번지가 공 선생에게 지혜(슬기)에 대해 물었다. 이에 공 선생이 일러주었다. "인민으로서 해야 할 본분에 힘을 쏟고, 귀신을 우러러 받들지만 멀리하라. 이런 사람이면 '슬기롭다'고 할 만하다."

樊遲問知. 子曰 : 務民之義, 敬鬼神而遠之, 可謂知
번지문지 자왈 무민지의 경귀신이원지 가위지
矣.(06.22/143)
의

입실　혹惑은 헷갈리다, 의심하다의 뜻이다. 우憂는 근심하다, 걱정하
다, 근심의 뜻이다. 구懼는 두려워하다, 무서워하다, 두려움의 뜻이다. 무
務는 힘쓰다, 힘쓰게 하다, 일로 삼다의 뜻이다. 의義는 옳다, 본분의 뜻이
다. '경敬~원遠'은 회피하다, 피하다라는 뜻의 경원이란 말의 출처다(경원
은 야구 용어이기도 하다). 원遠은 멀다, 멀리하다의 뜻이다.

여언　공자도 무지가 주는 공포를 충분히 이해하고 있었다. 그래서 지
자의 가장 기본적인 덕목으로 몰라서 더 이상 헷갈리지 않는 것을 말하
고 있다. 말로는 간단하게 보일지라도 모르고 확실하지 않아서 며칠 동
안 잠을 설치며 고민해본 사람은 헷갈리는 것의 고통을 절실하게 느낄
터이다.

　공자가 사람이 알아서 더는 헷갈리지 않게 되는 것을 바랐다면, 그는
도대체 무엇을 그렇게 알고자 했을까? 라이트 형제처럼 하늘을 나는 비
행기를 만드는 것을 알고자 했을까? 플라톤처럼 복사본에 불과한 현상
세계를 만들어낸 변하지 않는 밑그림(원본)이 무엇인지 알아내고자 했을
까? 그것도 아니면 대박을 터뜨릴 주식 종목을 찾는 방법이나 땅값이 오
를 지역을 미리 내다보는 방법을 알고자 했을까? 이를 알려면 우리는 공
자가 알고자 하는 것을 살펴보지 않을 수 없다.

　번지가 공자에게 지혜(분별력)에 대해 물은 적이 있다. 공 선생이 간단
하게 대꾸했다. 지혜는 사람을 아는 것, 주위 사람들의 잘잘못을 알아서

쓰는 것이다. 이 말을 듣고서 그 말이 무슨 뜻인지 번지는 알 수 없어 보충 설명을 요청했다. 공자의 설명에 따르면, 올곧은 인물을 뽑아서 굽은 사람 위에 두면 굽은 사람을 올곧게 만들 수 있다는 것이다(번지문지樊遲問知. 자왈子曰 : 지인知人. 번지미달樊遲未達. 자왈子曰 : 거직조제왕擧直錯諸枉, 능사왕자직使枉者直. 12.22/316).

공자는 앎을 사람을 아는 것으로 명쾌하게 정의하고 있다. 물론 사람을 안다는 것이 오늘날 학문 분야 중 생물학 또는 미생물학의 지식을 말하는 것은 아니다. 그것은 아래 부연 설명을 보면 사람이 올곧은 사람인지 굽은 사람인지 분별할 줄 안다는 맥락이다. 공자 시대에는 사람을 시험 성적으로 선발하지 않고 평판으로 걸러내고 추천으로 압축해서 작은 일을 맡겨 검증해보고서 그 결과에 따라 최종 선발했다.

오늘날 우리는 대통령을 비롯해서 교육감, 국회의원 등을 선거로 뽑는다. 짧은 선거 기간 중에 후보자 면면을 잘 알지 못하고 선입견이나 정당 그리고 인물을 기준으로 투표를 한다. 후보자가 당선인이 되고 나면 우리가 뽑은 사람이 그렇게 훌륭하지도 모범적이지도 않다는 사실이 드러난다. 예컨대 현직 국회의원이 대학생들과 식사하는 자리에서 아나운서를 지망하는 한 여학생에게 말했다. "다 줄 생각을 해야 하는데 그래도 아나운서를 할 수 있겠느냐?" 이 발언이 알려진 뒤 당사자는 즉각 부인했지만 아나운서들은 강하게 반발했다. 이처럼 우리는 뽑고 나서 후회하는 일이 얼마나 많은가?

이 같은 맥락에서 공자도 사람 됨됨이를 제대로 알고서 쓰는 것이 앎의 중요한 문제라고 본 것이다. 사람을 알기가 얼마나 어려운가? 각종 증명서와 자격증서가 있지만 그것은 자격과 능력일 뿐 그 사람이 도대체 어떤 사람인지는 알 수가 없다. 그래서 요즘 형식적인 면접을 지루하게 하느니, 차라리 술집에서 술을 마시면서 면접하거나 노래방에서 노래를 부르며 면접을 한다고 한다. 이는 아무래도 무의식적으로 드러나는 측면을 통해 인간 됨됨이를 엿보려는 방법이라고 할 수 있다. 이런 면접이 고육지책이라는 것은 이해하지만 그렇게 바람직한 방식은 아니다. 술 못 마시는 사람도 있고 노래를 부르지 못하는 사람도 있는데, 똑같이 하라고 한다면 옳은 일은 아니다. 또 얼마든지 속일 수 있지 않은가!

뽑고자 하는 곳에서 어떤 유형의 사람을 원한다면 그 유형을 측정할 수 있는 다양한 방법을 강구하는 게 바람직하다. 예컨대 도전과 창의에 초점이 있다면, 각종 설문지에 도전과 창의를 측정할 수 있는 항목을 설정해서 심층 면접을 하고 그 사람의 속내를 환히 들여다보는 것이다. 여기까지만 이야기해도 공자가 왜 앎을 사람 아는 것과 연관지었는지 그 복잡한 사정을 이해할 만하다.

또 공자는 앎을 인민의 본분과 귀신과 적절한 거리를 두는 것으로 풀이하고 있다. 사람을 아는 것은 치자와 관련된다. 인민의 본분을 아는 것은 사람이 공동체 일에서 주인 의식을 가지고 자신의 의무를 찾는 것과 관련 있다. 여기서 앎은 사회와 정치적 질서와 밀접하게 관련되고 있다. 귀신 이야기는 다소 의외로 들릴지 모르겠다. 공자는 개인의 인격과 공동체 번영을 위해 신의 계시와 심판에 의존하지 않고 사람의 주체적인 노력에 기댈 것을 강조했다. 공자에 따르면 신에 의존하는 것은 인간이 스스로 할 일을 내팽개치고 요행을 바라는 것이다. 이렇게 보면 공자는 사람이 자신의 본분(의무)을 자각하고 제대로 된 지도자의 안내를 좇아 정치적 사회적 질서를 안정시켜야 한다는 맥락에서 앎을 강조하고 있다.

101

믿음信

서로 믿지 못하면 우리가 될 수 없다

무신불립無信不立(12.07/301)

입문　한국 사람은 군 문제에 아주 민감하다. 한때 유력한 대통령 후보자였던 사람도 자식의 군 문제로 커다란 곤혹을 치렀다. 2011년 2월 한 훈련병이 훈련소에서 자살했는데 그 사실이 5월에야 널리 알려졌다. 훈련병은 중이염으로 통증을 호소하며 상급 병원 진료를 요청했지만 번번이 거절당하고 모욕당하자 자살을 하게 되었다. 소대장은 '피해자가 중병이 아닌데도 훈련을 기피할 목적으로 진료를 희망한다'고 판단해서 피해자에게 폭언을 하며 혼을 냈다고 한다.

우리는 시민이 국방의 의무를 위해 입대하면 당시 육군참모총장 김상기의 지휘 서신에도 있듯 '꾀병도 병이라는 생각으로 진료해야 한다'는 방식으로 병사를 돌보리라 믿는다. 하지만 훈련병의 자살 사건을 보면 소대장으로 표상되는 관리자(국가)는 일반 시민이 갖는 믿음을 만족시킬 만하다는 확신을 주지 못하고 있다. 환자는 의학적으로 판단해야 한다. 소대장은 그런 판단을 할 전문 지식을 가지고 있지 않다. 그렇다면 훈련병의 질병 여부는 다른 전문가의 판정에 맡겨야 하는데도 그이는 의학적 기준이 아니라 윤리적 기준으로 판단하고 있다. 참으로 어처구니없는 노릇이다.

소대장은 그간 아프지 않으면서 꾀병을 부린 병사를 경험했을 수도 있고, 대부분 그렇다는 식으로 교육을 받았을 수도 있다. 그이는 무슨 배짱인지 지휘 서신을 아예 준수하지 않았을 뿐만 아니라 무슨 근거인지 병자의 말보다도 개인적인 경험과 교육을 중시하고 있다. 이러한 '잘못된 확신'이 여전히 이 땅에서 얼마나 숱한 사람에게 부당한 고통을 가하고 있다. 서푼의 경험을 진실보다 더 중시한다면, 그곳을 사람이 살만 한 곳이라고 할 수 있을까?

승당　자공이 정치의 우선 과제에 대해 물었다. 공 선생이 대꾸했다. "대내적으로 식량을 풍족하게 하고, 대외적으로 국방을 튼튼히 하며, 인민들이 정치 지도자를 믿도록 하면 된다." 자공이 주문했다. "만약 어찌할 수 없어 어떤 것을 제쳐놓아야 한다면, 셋 중에 어느 것을 먼저 검토할까요?" 공 선생이 대꾸했다. "국방 문제를 제쳐놓아야지." 자공이 또 주문했다. "어찌할 수 없어 어떤 것을 제쳐놓아야 한다면, 둘 중 어느 것을 먼저 검토할까요?" 공 선생이 대꾸했다. "식량 문제를 제쳐놓아야지. 예로부터 사람은 모두 예외 없이 죽었다네. 인민들이 정부 또는 군주를 믿지 않으면 그 나라는 한순간도 존립할 수 없는 것이라네."

子貢問政. 子曰 : 足食, 足兵, 民信之矣. 子貢曰 : 必不
자공문정 자왈 족식 족병 민신지의 자공왈 필부
得已而去, 於斯三者何先? 曰 : 去兵. 子貢曰 : 必不得
득이이거 어사삼자하선 왈 거병 자공왈 필부득
已而去, 於斯二者何先? 曰 : 去食. 自古皆有死, 民無信
이이거 어사이자하선 왈 거식 자고개유사 민무신
不立.
불립

공 선생이 들려주었다. "사람인데도 믿음성이 없다면 앞으로 무엇이 될지 모르겠다. 예를 들자면 소가 끄는 큰 수레에 끌채가 없고, 말이 끄는 작은 수레에 끌채 고리가 없다면 어떻게 굴러갈 수 있겠는가?"

子曰:人而無信, 不知其可也. 大車無輗, 小車無軏, 其
자왈 인이무신 부지기가야 대거무예 소거무월 기
何以行之哉?(02.22/038)
하 이 행 지 재

입실 족足은 원래 발의 뜻이지만 여기서는 풍부하다, 넘치다의 맥락
이다. 거去는 가다, 떠나다의 뜻이지만 여기서는 선택지 중에서 빼놓다,
제외하다, 제거하다의 맥락이다. 예輗는 큰 수레의 끌채를 가리키고, 월
軏은 작은 수레의 끌채 고리를 가리킨다. 둘은 말과 수레를 연결하는 클
러치와 같은 기능을 한다. 행行은 가다, 나아가다의 뜻으로 수레가 굴러
간다는 맥락이다.

여언 공자는 믿음이 가지는 의의를 두 가지 설득력 있는 이야기로
풀이하고 있다. 하나는 수레의 비유다. 수레에는 스스로 움직이는 동력
이 없다. 수레가 앞으로 나아가려면 말과 연결되어야 한다. 두 가지는 원
래 별도의 것이므로 둘을 하나로 묶는 장치가 필요하다. 이것이 바로 예
와 월이라는 장치다. 이 장치가 없으면 수레와 말은 따로따로 떨어져 있
게 된다. 연결 부위가 없으면 말이 앞으로 나아가더라도 수레는 땅바닥
에 그대로 있게 된다. 수레가 제 기능을 하려면 예와 월이 반드시 필요하
다는 것이다.

공자는 신뢰의 가치를 바로 예와 월의 기능에 비유하고 있다. 공동체
는 사람과 사람이 서로 이어져 공동선을 추구한다. 우리는 다른 것은 몰
라도 공동선의 가치에 모두 동의하고 그것의 실천에 동참한다고 전제한
다. 그렇지 않으면 공동체 자체가 성립 불가능하기 때문이다. 만약 '나'를
빼고 나머지 사람들이 공동선을 저버린다고 생각한다면 우리는 함께 공

공의 가치를 실현하기 위해 노력할 수 없다.

다른 하나는 정치 과제의 우선순위를 매기는 것이다. 한 공동체가 존속하려면 대외적인 요소와 대내적인 요소가 결합되어야 한다. 먼저 대외적으로 자립을 꾀할 수 있는 군사력이 필요하다. 기업이라면 자본이 필요하다. 대내적으로는 식량과 신뢰가 있어야 한다. 사람이 살려면 당연히 먹지 않을 수 없다. 자연재해와 천재지변을 고려해서 국가적으로 몇 년 치 비상식량이 준비되어 있어야 한다. 그런데 공자는 식량과 신뢰 중에서 신뢰가 더 중요하다고 본 것이다.

얼핏 생각하면 공자의 생각에 문제가 있어 보인다. 한 끼라도 굶으면 큰일이 날 텐데……. 서울의 성곽과 베이징의 만리장성을 생각해보라. 일찍이 그 건축물이 외적을 방비하는 데 실제로 쓰인 적은 없다. 그 나름대로 기능을 했었을 수는 있다. 하지만 외적이 쳐들어오기 전에 내부 사람들이 부패로 썩을 대로 썩어서 나라를 지킬 뜻이 없었다. 그들은 자신의 이익이 보장된다면 기꺼이 성문을 열어줄 준비가 되어 있었다. 서로 믿지 못하고 서로 싸우려는 마음이 있는데 식량이 제아무리 많이 있다고 하더라도 무슨 소용이 있겠는가?

잘나가던 회사가 부도로 쓰러지는 일이 심심찮게 일어난다. 하지만 회사를 살려야겠다는 생각이 강하면 회사원들이 사채를 내서라도 부채를 갚고 회사를 정상화시킨다. 중요한 것은 그때 각자 살길을 찾아서 뿔뿔이 흩어지느냐 아니면 서로 믿으며 똘똘 뭉쳐서 설령 손해를 본다고 하더라도 회사를 지켜내야겠다고 믿느냐에 달려 있다.

사실 신뢰는 사랑보다 더 기본적이다. 사랑은 바뀔 수도 있고 저버릴 수도 있지만 신뢰는 저버릴 수 있을지언정 바뀔 수는 없다. 사랑은 다른 대상으로 옮아갈 수도 있고 더 큰 가치로 전향할 수도 있다. 반면 신뢰는 지키느냐 저버리느냐는 길이 있을 뿐 옮겨갈 수가 없다. 이런 점에서 신뢰는 사람이 서로 어울려서 지내며 공동의 가치를 좇아갈 수 있는 바탕이 된다.

이때 신뢰는 추상적 가치로서 배울 것이 아니라 자원으로 캐내야 할 것이다. 신뢰가 없는 사람이 아무리 사랑을 큰소리로 외친다고 해도 그것은 공허하기 그지없다. 신뢰가 없는 사람이 아무리 정의와 공정을 강조한다고 해도 그것은 부정의와 불공정을 감추는 수사적 표현일 뿐이다. 신뢰가 없는 사람이 상생을 부르짖는다고 해도 그것은 언제 독생獨生으로 바뀔지 모르는 한때의 쇼일 뿐이다.

공자는 스스로 믿지 못하면서 주위 사람들을 믿게 할 수 없다고 보았다. 우리는 자신의 말을 스스로 믿고 있는 걸까?

감사의 글

공자나 『논어』와 관련해서 글을 참 많이 썼다. 이 글도 '또' 쓴다는 생각
이 들 정도다. 이렇게 계속 쓰게 만드는 힘 또는 이유는 어디에 있는 걸
까? 『논어』에는 여러 갈래의 길이 있으므로 그걸 찾다 보니 한 권으로 만
족할 수 없는 것이다. 나는 여러 권의 책을 쓰고 옮겼지만 책마다 내용을
달리하려고 노력했다.

예컨대 『반논어』 『논어의 숲, 공자의 그늘』 『공자씨의 유쾌한 논어』
『공자신화』 『공자의 인생 강의』에서 공자와 『논어』를 전문적으로 다루었
다면, 『사람다움의 발견』 『사람다움이란 무엇인가』 『공자와 순자, 역사를
만들고 시대에 답하다』에서는 공자와 『논어』를 부분적으로 다루었다.

책만이 아니라 방송과 온라인 매체에서도 『논어』를 강의했다. 〈EBS
인문학 특강〉에서 '논어, 인간의 길을 찾다'라는 제목으로 7차례 강연했
고, K-MOOC에서 '논어: 사람 사이를 트는 지혜'라는 제목으로 14차례
강연을 했다.

내가 나름대로 쉽게 공자와 『논어』의 세계를 밝혀냈다고 하더라도 여
전히 어렵다는 소리가 들리는 것이다. 이 책은 아예 어렵다는 소리를 겨
냥해서 『논어』를 '소인유학'의 관점에서 재해석하려고 한 것이다.

난이도와 가독성을 수치로 표현해서 교양 서적은 1로, 전문 서적은

2로 보자. 요즘 1.5 수준의 책들이 많이 나오고 있다. 1.5의 미덕은 1과 2 사이에 다리를 놓는 데 있다. 간혹 1.5의 책에는 불확실한 추정과 부정확한 단정 그리고 1에 대한 까닭 모를 우위와 2에 대한 뿌리 깊은 불신이 들어 있다. 나는 이 책을 1.7 정도로 생각하고 썼다. 불확실성과 부정확성을 걷어내고 무엇이든 확실하고 정확하면서도 쉽고 분명하게 밝히려고 했다.

집필하는 내내 '아는 것과 하는 것은 원래 쌍둥이다'라는 점을 생각했고, 늦게 귀가하며 밤하늘에 별이 있던 날 불쑥 치밀어오르는 자괴감을 조금 덜 수 있었다.

책에 썼던 말들이 독자에게도 전달되겠지만 나에게도 되돌아온다. 이 말들은 다했다고 내놓은 보고서가 아니라 이전에도 그랬고 앞으로도 그렇듯이 풀어야 할 숙제이다. '숙제'라고 느끼는 만큼 앞으로 조금씩 나아지리라 믿어본다.

함께 살아가면서 늘 힘이 되어주는 유정란, 전영철, 유현석, 최기진, 이희섭, 백희자, 강남춘, 백정자, 백석종, 백경자 님께 이 자리를 빌려 고마운 마음을 전하고자 한다. 책이 나오기까지 평소 원고를 읽어줘 허점을 메워준 김미영, 모영환, 박만규, 임종수, 임태규, 금종현, 이택용 여러분에게도 늘 고맙기 그지없다는 말을 전하고 싶다. 마지막으로 오랜 인연을 이어온, 21세기북스의 정지은 본부장님과 편집 과정에서 많은 의견을 주고받은 윤홍 님께 깊은 감사의 말을 전한다.

2019년 12월 수어재에서
여여 신정근 씁니다.

KI신서 8827

마흔, 논어를 읽어야 할 시간

1판 1쇄 발행 2011년 10월 5일
1판 43쇄 발행 2019년 9월 9일
2판 1쇄 발행 2019년 12월 11일
2판 6쇄 발행 2022년 1월 12일
3판 1쇄 발행 2022년 9월 1일
3판 2쇄 발행 2023년 8월 14일

지은이 신정근
펴낸이 김영곤
펴낸곳 (주)북이십일 21세기북스

인생명강팀장 윤서진 **인생명강팀** 강혜지 최은아 심세미 황보주향
디자인 표지 디자인규 본문 제이알컴
출판마케팅영업본부장 한충희
마케팅2팀 나은경 정유진 박보미 백다희
출판영업팀 최명열 김다운 김도연
제작팀 이영민 권경민

출판등록 2000년 5월 6일 제406-2003-061호
주소 (우 10881) 경기도 파주시 회동길 201(문발동)
대표전화 031-955-2100 **팩스** 031-955-2151 **이메일** book21@book21.co.kr

(주)북이십일 경계를 허무는 콘텐츠 리더

21세기북스 채널에서 도서 정보와 다양한 영상자료, 이벤트를 만나세요!
페이스북 facebook.com/jiinpill21 **포스트** post.naver.com/21c_editors
인스타그램 instagram.com/jiinpill21 **홈페이지** www.book21.com
유튜브 youtube.com/book21pub

당신의 인생을 빛내줄 명강의! 〈유니브스타〉
유니브스타는 〈서가명강〉과 〈인생명강〉이 함께합니다.
유튜브, 네이버, 팟캐스트에서 '유니브스타'를 검색해보세요!

ⓒ 신정근, 2019

ISBN 978-89-509-8483-0 04320
       978-89-509-8485-4 (세트)